Schwäbische Frauenbilder

Schwäbische Frauenbilder

Agatha Streicher, Madame Kaulla,
Anna Barbara Künkelin,
C. W. F. von Grävenitz, Franziska
von Hohenheim, Ottilie Wildermuth,
Friederike Kerner, Margarete Steiff,
Isolde Kurz, Agnes Günther,
Auguste Supper u. a.
in Schilderungen und eigenen Texten

Mit über siebzig alten Illustrationen

Herausgegeben von Diethard H. Klein

STIEGLITZ VERLAG, E. HÄNDLE
D-7130 Mühlacker
A-8952 Irdning/Steiermark

Konzeption: Bücher-GmbH, Bayreuth
Zusammenstellung, Bildauswahl, Layout:
Diethard H. Klein
Textbeschaffung und -bearbeitung,
Worterklärungen und Werkverzeichnis:
Teresa Müller-Roguski

ISBN 3-7987-0268-3

Satz, Repros, Montage: Repro + Satz Kreisl, Hof
Druck und Bindearbeiten: Wiener Verlag, Himberg bei Wien

Inhalt

Vorwort

Die hier zusammengestellten Porträts, Schilderungen und Auszüge aus Werken, Erinnerungen und Tagebüchern machen den Leser vertraut mit 17 Frauen, die zwischen dem Beginn des 15. und der Mitte des 20. Jahrhunderts in Württemberg wirkten. Zugleich aber vermitteln diese Texte eine bunte Vielfalt lebendiger Zeitbilder aus den verschiedensten Epochen und Bevölkerungsschichten.

Am Anfang steht (und es sei hier, um einen falschen Eindruck vom Charakter dieses Bandes zu vermeiden, darauf hingewiesen, daß sich dies aus der chronologischen Anordnung ergibt) das Lebensbild der heiligmäßigen Nonne und Mystikerin Elisabeth Achler aus Waldsee, verehrt als „Gute Beth" – es gibt uns nebenbei auch tiefe Einblicke in die Volksfrömmigkeit dieser Zeit. Mit der Welt des gehobenen Bürgertums und den geistigen Auseinandersetzungen in der Reichsstadt Ulm macht uns sodann der Lebensabriß einer schon durch ihren Beruf zur damaligen Zeit herausragenden Frau bekannt – der Ärztin Agatha Streicher. Eine höchst streitbare Person war die Bürgermeistersgattin von Schorndorf, Anna Barbara Künkelin, deren berühmte Tat uns die Wirren der Franzosenkriege um 1690 nahebringt.

An den württembergischen Hof werden wir durch zwei ganz unterschiedliche Frauengestalten an der Seite der Landesherren versetzt; das ist

zum einen die berüchtigte „Landesverderberin" Wilhelmine von Grävenitz, die für zwei Jahrzehnte zur eigentlichen Herrscherin Württembergs wurde, zum anderen Franziska von Hohenheim, auch sie zunächst Mätresse und erst in späten Jahren zweite Gattin des Herzogs, die aber auf Carl Eugen einen offenbar durchaus positiven Einfluß ausübte und auch ein Herz für die Untertanen hatte.
Auch Unternehmerinnen fehlen nicht. Eine ganz erstaunliche Frau war Madame Kaulla, ein „weiblicher Rothschild" – für die Höfe in Donaueschingen, Hechingen, Sigmaringen und Stuttgart beschaffte sie enorme Summen. Uns Heutigen bekannter ist Margarete Steiff, die trotz erheblicher körperlicher Behinderung von Jugend an aus den Anfängen einer bescheidenen Nähstube heraus den Grundstein für ein Weltunternehmen legte.
Kleists „Käthchen von Heilbronn" sollte als berühmte Frauengestalt nicht fehlen, auch wenn weiterhin umstritten ist, ob sie denn nun ein lebendes Vorbild hatte oder nicht. Als „erste deutsche Journalistin von weitgehender literarischer Bedeutung" wurde Therese Huber bezeichnet, die von Cotta 1816 mit der Leitung des „Morgenblattes für gebildete Stände" beauftragt wurde.
Zwei der hier vorgestellten Frauen waren vor allem bedeutend als Gefährtinnen ihrer berühmteren Männer. War es bei Justinus Kerners Gattin Friederike vor allem die praktische Be-

triebsamkeit und die Herzenswärme und Anteilnahme, die den Dichterfreunden, aber auch Patienten und sonstigen Hilfesuchenden im Weinsberger Kernerhaus zugutekam, so entfalteten sich die Talente der Tübinger Professorentochter Anna von Helmholtz auf anderer Ebene: in ihren Salons in Heidelberg und Berlin „fanden sich die Aristokratie des Geistes und die Aristokratie der Geburt zusammen."

Und dann schließlich die württembergischen „Frauen der Feder": Luise Pichler schildert anrührend die Jugendzeit im bescheidenen Pfarrhaus, Ottilie Wildermuth ihren (teils gereimten) Briefwechsel mit Kerner, Stifter und Gotthelf, aber auch ihre Besuche bei der Königin von Holland, bei ihrem Verleger in Stuttgart, bei den Verwandten in Cannstatt und manchen fröhlichen Ausflug im Schwabenland. Tony Schumacher, als Tochter eines Generalleutnants geboren und mit einem Geheimen Hofrat verehelicht, berichtet aus den Tagen des deutsch-französischen Krieges von 1870/71.

Eher fröhlich gestimmt sind die Schilderungen der Isolde Kurz u.a. von der Vierhundertjahrfeier der Tübinger Universität. Die durch ihren Roman „Die Heilige und ihr Narr" schlagartig berühmt gewordene Agnes Günther kommt uns näher durch Auszüge aus ihren Briefen, und Agnes Supper schließlich steuert manch heitere Szene aus den Tagen ihrer jungen Ehe mit einem Göppinger „Eisenbahnjuristen" bei.

Diethard H. Klein

Hermann Tüchle

Elisabeth Achler, die Gute Beth

Elisabeths Heimatstadt Waldsee

Das kleine Städtchen Waldsee im schwäbischen Oberland, mitten zwischen zwei Seen gelegen, erlebte im ausgehenden 14. Jahrhundert unruhige Tage. Noch besaß die Stadt keine 100 Jahre das Stadtrecht und hatte unter den Herren von Österreich einen mächtigen Aufschwung erlebt. Nun wurde sie an die Herren von Waldburg, die Truchsesse, verpfändet. Die strebsamen Bürger sahen ihre Freiheiten in Gefahr. Hatten sie bisher sogar eine Lateinschule für Knaben errichten können, ein wohlhabendes Spital gestiftet und unterhalten und dem Ulmer Stadtschreiber Fressant eben das stattliche Kornhaus mitten in der Stadt abkaufen können, so glaubten sie unter dem strengen Daumen des nahen Herrn für ihren Wohlstand und ihre Freizügigkeit fürchten zu müssen.

Die Waldseer Leineweber waren mit denen der anderen oberschwäbischen Städte bereits in der ganzen Welt bekannt und Waldseer Kaufleute reisten regelmäßig zur Frankfurter Messe. Zwar hatte der Truchseß die alten Rechte garantiert, als die Bürgerschaft ihm huldigte; aber die schwüle Stimmung in der Stadt entlud sich in einem revolutionären Auflauf, bei dem sogar die

Wirtschaftsgebäude des Truchsessen in Flammen aufgingen. Natürlich kam es, wie es kommen mußte. Der Truchseß fuhr scharf durch, sechs Rädelsführer wurden hingerichtet, sechs aus der Stadt verwiesen und jedes Jahr mußte dem Truchseß der Treueid neu geschworen werden.

Geburt in unruhiger Zeit

Die Wellen der Beklemmung und Aufregung schlugen wohl auch in das kleine Häuschen in der nordwestlichen Ecke der Stadt, nahe der Mauer, in dem der Webermeister Johann Achler mit seiner Familie wohnte. Er war ein strebsamer, weitausschauender und recht energischer Mann, dessen Stimme und Meinung in der Weberzunft aufmerksam gehört wurde. Er hatte es dank seiner Tüchtigkeit zu einem gewissen Wohlstand gebracht, hielt Gesellen und Lehrlinge und ernährte eine zahlreiche Kinderschar.

Das kleine Mädchen Elisabeth, eines der Jüngsten in der Familie, das am 25. November 1386 zur Welt kam, wußte freilich nichts von den Sorgen und Aufregungen des Vaters. Unter der guten Hand der frommen Mutter, die an ihrer Namenspatronin Anna die rechte Kindererziehung ablas, blühte sie auf, „hold und lieb für alle". In der alten Kirche der Chorherren von St. Peter erlebte das Kind die großen Feste des Kirchenjahres. (...)

Unter Konrad Kügelins geistlicher Obhut

Nach der Sitte jenes Jahrhunderts kam das Kind erst mit 14 Jahren zu den heiligen Sakramenten. Elisabeth war groß geworden, stattlich und schön mit leuchtenden Augen, und überragte alle Altersgenossinnen an Zucht und Frömmigkeit. Da führte Gottes Gnade sie nun einem klugen und heiligmäßigen Beichtvater zu, dem Chorherrn Konrad Kügelin, der selber ein gebürtiger Waldseer war. Er hatte wohl schon längst das Kind gekannt, nun aber lernte er seine Seele kennen und staunte ob der Lauterkeit des Geistes und der Reinheit des Herzens, des aufrichtigen und offenen Gewissens. In dieser Seele mit der Gnade Gottes mitzuhelfen, das Gute zum herrlichen Wachstum zu führen, das wurde ihm ein ernstes Seelsorgeanliegen und eine heilige Verpflichtung vor Gott, der ihm diese Seele zur Führung anvertraut hatte. Auch das Mädchen spürte die gütige Sorge, die dieser Beichtvater ihm entgegenbrachte, stellte sich sein ganzes Leben lang unter seine Leitung und versprach ihm Gehorsam und Bereitschaft. (...)

Aufnahme in den Dritten Orden des hl. Franziskus

Die Seelenführung brachte reiche Frucht. Der Chorherr mahnte das Mädchen, der Welt zu entsagen und seinen Willen dem göttlichen Willen zu unterwerfen und gleichförmig zu machen. Schließlich empfahl er ihm die Annahme der Regel des 3. Ordens des heiligen Franziskus als sicheren Weg zum einzigen Dienst Gottes und zur Erlangung ewigen Lebens. Das junge Mädchen erhielt in der Kirche das Kleid des Armen von Assisi und lebte als Tertiarin, ohne Aufsehen zu erregen, weiter in der Welt, von der sie sich innerlich bereits gelöst hatte.

Daheim verstand man das geheimnisvolle Walten des Heiligen Geistes in Elisabeth nicht. Der Vater trug sich schon mit Heiratsgedanken für seine schöne, hochgewachsene Tochter. Das Hausgesinde in der Weberstube, die Handwerksgesellen und die anderen Dienstboten, waren ein leichtes Volk. (...)

Der Beichtvater sah mit Besorgnis diesem Leben und Treiben zu, war er doch davon überzeugt, daß Gott dieses Mädchen zu etwas anderem berufen habe, als eine tüchtige Meistersfrau für einen Handwerker zu werden. Weil nun der geistliche Beruf gefährdet schien, forderte er von ihr die Entscheidung. (...)

Elisabeth sah im Rat ihres Beichtvaters den Willen Gottes, dem sie entschlossen alles zum Opfer brachte. Die Eltern freilich waren durch ihr Vorhaben empfindlich verletzt, sie verstanden den Ruf Gottes in der Seele ihrer Tochter nicht und suchten sie von ihren versponnenen Plänen abzuhalten.

Als alle Vorstellungen nichts fruchteten und Elisabeth das Vaterhaus, Vater und Mutter und ihre Geschwister, alles, was ihre Jugend so unbekümmert und froh gemacht hatte, auch gegen den Willen der Eltern verließ, war für lange Zeit alle Gemeinschaft mit den Ihrigen gelöst. Ohne Elternsegen, ohne Mitgift und ohne jegliche Unterstützung stand das junge Mädchen nun allein in der Welt, nur von Gottes Gnade geführt und behütet.

Kügelin brachte die Fünfzehnjährige bei einer alleinstehenden Frau unter, die ebenfalls dem Dritten Orden angehörte und durch Weben ihr Leben fristete. Bei dieser frommen, armen Frau erlernte Elisabeth nun das Weberhandwerk, das ihr ja von daheim nichts Fremdes war. So gingen die Tage hin zwischen gemeinsamem Gebet und fleißiger Arbeit. (...)

Planung eines Klosters in der Abgeschiedenheit zu Reute

Mit den Jahren freilich wurde die Meisterin Elisabeths älter und gebrechlicher und Kügelin sah wohl ein, daß der Aufenthalt in ihrem Haus keine Dauerlösung für Elisabeth sein konnte. Auch andere junge Mädchen und Witwen hatten sich in jenen Jahrzehnten voll lebendigen Glaubens in der kleinen Stadt ein geistliches Leben erwählt und sich unter die Leitung des erfahrenen Chorherrn gestellt. Für sie alle mußte er sich auch um die wirtschaftliche Sicherstellung kümmern.

Eine Reihe von ihnen lebte in der Beginenklause an der Stadtmauer, andere aber wohnten da und dort, einzeln oder zu zweit in den Häusern der Stadt. Sollten sie nicht um des größeren geistlichen Fortschrittes willen zusammenwohnen, und zwar weg von der Unruhe der betriebsamen Stadt mit dem Lärm der Handwerkerstuben und den Neuigkeiten der großen Verkehrsstraße?

Der Chorherr hatte sich bereits umgesehen und glaubte eine günstige Möglichkeit gefunden zu haben. Eine Stunde von Waldsee auf beherrschender Höhe im Süden lag das uralte Dorf Reute, das seit bald 50 Jahren vom Chorherrnstift Waldsee kirchlich zu versorgen war. Nun war Kügelin selber zum Pfarrer des Dorfes bestellt worden. (...) Ein paar Grundstücke neben der Kirche gehörten dem Chorherrnstift. Auf ihnen wollte Kügelin ein kleines Klösterlein erbauen.

Sein Waldseer Propst Jakob von Metsch war sofort für den Plan gewonnen. Er stellte nicht bloß die Güter des Stiftes zur Verfügung, er ließ auch zahlreiche Bettelbriefe an die Pfarrherrn der Umgebung und an die adeligen Standesherrschaften in der Nachbarschaft um eine Gabe zum Bau des Klosters hinausgehen. Auch den Stadtamtmann von Waldsee gewann Kügelin für sein Vorhaben, der am Tag vor dem Heiligen Abend 1402 eine Sammlung veranstaltete.

Schließlich wurde sogar der Waldseer Truchseß zum Förderer des Unternehmens. Er gab einen namhaften Beitrag und bettelte auch bei den umliegenden Ständen. So konnte der Bau im Jahre 1403 mutig und zuversichtlich begonnen werden. Gottes Fügung und Mithilfe war ja offenkundig. Vier Jahre später schrieb der Propst den ersten Stiftungsbrief für das Kloster, eigentlich eine Klause für höchstens acht Frauen.

Als Küchenschwester in der Klause Reute

Noch war der Bau nicht fertig, da führte Kügelin die 17jährige Elisabeth und vier andere Tertiarinnen aus Waldsee in die Klause ein. Welch eine Freude für diese Frauen, nunmehr ein eigenes Heim für ihre Gemeinschaft zu besitzen, ungestört von den neugierigen Blicken der Waldseer Hausgenossen und Nachbarn Gottes Lob zu singen und ihr geistliches Leben pflegen zu können!

Die Begeisterung und der Schwung dieser jungen Schwestern waren so groß, daß sie gar nicht merkten, wie unfertig das Haus, wie leer noch Küche und Kasten waren. Aber das irdische Leben forderte doch sein Recht. Die Spenden hatten nicht einmal ganz zum Bau des Klosters gereicht. Was blieb anders übrig, als daß die Schwestern in Stadt und Land um milde Gaben betteln mußten. Pfarrer Kügelin richtete für zwei Schwestern die Klausur ein, zwei andere ordnete er für die Bettelfahrten ab. Die Schwester Elisabeth, weitaus die Jüngste, wollte er wegen ihrer kindlichen Unschuld und Einfalt nicht in die Welt hinausschicken. Er bestellte sie zur Küchenschwester. Mit allem Fleiß und großer Sorgfalt übernahm Elisabeth die Magdarbeit und die nicht leichte Aufgabe, aus den kümmerlichen Vorräten täglich ein ausreichendes Essen auf den Tisch zu bringen. Der Oberin, die Kügelin in der Person der Margarethe Bazer als Mutter und Meisterin der kleinen Sammlung gab, war sie in aufrichtigem Gehorsam ergeben. (...)

Die Hl. Kommunion als einzige Nahrung

In diesem Mühen um die letzte Gewissensreinheit, in täglicher strenger Selbstprüfung vergingen ein paar Jahre. Eines Tages kam es ihr wie überirdische, unwiderstehliche Eingebung in den Sinn, sie solle keine irdische Speise mehr essen und sie werde nicht aufhören, im menschlichen Leibe zu leben. Sie war natürlich genug, um sofort das Auffallende einer solchen Eingebung zu verspüren und schickte einen Boten nach Waldsee, wo sich Kügelin gerade aufhielt, damit er käme. Als sie ihm die Einsprechung geoffenbart hatte, wollte der erfahrene Seelenführer zunächst nicht ja und nicht nein sagen und sich zuerst bei weisen geistlichen Personen Rats erholen.

In dieser Absicht besuchte er auch die Klause in Warthausen, wo eine fromme und kluge Schwester Elisabeth Mutter und Meisterin war.

Gott ist allmächtig, sagte sie zu Kügelin, will er es so haben, so kann es auch geschehen. (...)

Elisabeth fing nun an, sich aller Nahrung zu enthalten und lebte drei Jahre ohne alle leibliche Speise. Die junge Schwester scheute das Aufsehen, das diese Art von Lebenshaltung mit sich bringen mußte. In ihrem gesunden menschlichen Empfinden wollte sie auch alles Auffällige und Übernatürliche vermeiden, aber der Gehorsam ging ihr über alles. Ihre Liebe zum Gehorsam ausnützend, versuchte auch der Böse, sie vom Hören auf Gottes Einsprechungen abzubringen. Da erschien er ihr nach drei Jahren in Gestalt der Oberin mit einer Schüssel Gerstenmus und befahl ihr, im Gehorsam davon zu essen, damit sie wieder zu Kräften komme. Elisabeth gehorchte und aß, ihr Leib aber ertrug die fremdgewordene Speise nicht mehr. Sie erbrach in furchtbaren Krämpfen und als die Oberin wirklich dazukam, zeigte sich, daß eine unheimliche Macht hier am Werk gewesen war. Die Oberin hielt nun zu ihr, sie pflegte sie und glaubte an sie.

Die Mitschwestern freilich konnten sich ihre Nahrungslosigkeit nicht erklären und hatten sie im Verdacht, daß sie heimlich Speise entwende. Der Böse verstand ja sein Handwerk, Verdacht und Argwohn zu säen.

Die Tage und Jahre waren bitter schwer für die oftmals kranke Küchenschwester, so sehr, daß sie Gott bat, er wolle sie doch wenigstens zum Schein vor den Schwestern essen lassen, damit diese glaubten, sie nähme Speise zu sich wie andere Menschen. Als sie in den Einsprechungen des Herzens wieder die Erlaubnis erhalten hatte, etwas zu essen, fing sie an, wenn Gäste da waren, Speise zu sich zu nehmen. Aber niemals hätte sie von dem wenigen ihre Kraft und ihr Leben erhalten können. Doch selbst das Wenige, die Fischlein und andere Kleinigkeiten, konnte sie nicht bei sich behalten. Die letzten 12 Jahre ihres Lebens war die Heilige Kommunion ihre einzige Nahrung.

Mystik – das Versenken in die Passion

Der Beichtvater beobachtete mit großer Aufmerksamkeit seine so begnadete Schülerin. Wollte Gott hier nicht der Welt eine Lehre geben von dem einen Notwendigen, jenem Brot, von dem man ewig lebt, gerade in jenen Jahren, als die Bürger in den Städten die Fastenzeit zu streng fanden und beim Papst um Milderung der Vorschriften einkamen? So hatten auch die Landsleute Elisabeths um Milderung angehalten und eine solche im Jahre 1415 erhalten.

Doch wußte Kügelin, daß solche Charismen der Seele den Weg der Nachfolge Christi nicht ersparen wollen. Darum unterwies er die Schwestern, besonders aber Elisabeth, daß die beständige Betrachtung des bitteren Leidens und Sterbens Jesu Christi die beste und heilsamste Arznei der Seele sei. Da übte sich nun die

Schwester in dieser Betrachtung und brachte es zu solcher Meisterschaft, daß sie alle innerliche Übung und alles äußere Tun mit dem Leiden Christi zu vereinigen wußte. (...)

Stigmatisiert – die Wundmale Jesu am Leib der Guten Beth

Die heilige, fromme Versenkung in das Leiden des Herrn, das Mitleid mit dem gekreuzigten Heiland wuchs in der jungen Schwester zu einem solchen Grad der Stärke an, daß eines schönen Tages sich ihre linke Seite auftat, so daß das Blut daraus lief und in reicher Fülle quoll wie das Wasser aus dem Brunnen. (...)

Es waren die „Minnezeichen Christi", die an Elisabeth sichtbar wurden. In der Fastenzeit brachen die Wunden täglich auf, oft mehrmals, sogar sechsmal am Tage. Sonst bluteten die Stigmata besonders an den Freitagen. (...)

Die Echtheit der Christusfrömmigkeit Elisabeths steht aber außer allem Zweifel. Ihr war es bitter ernst, wenn sie in solchen Schmerzensstunden betete: „O Gott, schone meiner nicht, oder getraust du dich nicht an mich? Gib mir dein Leiden tiefer zu durchdringen und laß mich deine Schmerzen fühlen, so wie dies möglich ist. Ich weiß, daß keiner von den Sterblichen dein Leiden genügend geistig erfassen kann, aber am Jüngsten Tag wird es offenbar werden."

Aussätzig

Der Herrgott prüfte diesen Leidenswillen auf seine Echtheit und Stärke. Er offenbarte ihr, sie werde aussätzig werden, zu den Feldsiechen gehören, wie jene Zeit damals sagte. Elisabeth schickte sich in den Willen Gottes. Die

Lebensbeschreibung erzählt: „Sie wurde aufgedunsen und aussätzig und ungestalt und übelschmeckend.“ Man hätte sie absondern müssen von den anderen Schwestern. Da wurde sie nach drei Tagen durch das Kommen des Herrn in der Heiligen Kommunion plötzlich wieder gesund.

Der Gut-Betha-Brunnen

Daß ihre Mitschwestern ihretwegen soviel Mühe und Arbeit hatten, daran trug Elisabeth schwer. Vor allem war der Weg zum Brunnen im Dorf so weit und zumal in der Winterzeit mit dem Waschkorb recht beschwerlich. Auch Kügelin sah die Beschwernis und sprach darüber offen mit Elisabeth. Sollte es denn in der Nähe, auf dem eigenen Grund des Klösterleins kein Wasser geben, das man in einen Brunnen fassen konnte?

Elisabeth hatte die Gewohnheit, bevor sie Antwort gab, immer zuerst auf Gott hinzuhorchen. So auch diesmal. Nachdem sie in kurzem Gebet das Anliegen Gott empfohlen hatte, zeigte sie eine Stelle im Garten auf der Höhe des Hügels, dort werde man mit Erfolg nach Wasser graben. Im Vertrauen darauf fing nun Kügelin an, mit anderen Männern, die sich aus freien Stücken dem Kloster und den Schwestern zur Verfügung gestellt hatten, zu graben und wieder zu graben. Es war mitten im Winter. Innert sechs Wochen hatten sie eine dreißig Fuß breite Grube ausgegraben. Wasser hatte sich noch keines gezeigt. Dagegen stieß man auf mächtige Steine in Menge. Allmählich schwand der Glaube der Leute an das Wort der Schwester, sie lachten den Priester aus und wollten aufhören. Ihm gelang es aber wieder, die Männer zur Arbeit zu bewegen, und man fand dann auch in der Tiefe von acht Klaftern eine ergiebige Quellader, die noch heute fließt.

Prophezeiung einer Beendigung der Kirchenspaltung

Die Kirche war gespalten, drei Päpste machten ihre Ansprüche geltend, die Bischöfe waren uneins, die weltlichen Herren hielten bald zu dem einen, bald zu dem andern Papst, selbst die Pfarreien waren oft doppelt besetzt.

Seit drei Jahren war das Konzil in Konstanz versammelt, um die Not der Kirche zu beheben; es gelang auch dem aufrichtigen Willen aller Beteiligten fast nicht, der Hindernisse Herr zu werden. Da konnte Elisabeth ihrem Beichtvater gegenüber, als er im Jahre 1417, wahrscheinlich in Vertretung des Propstes, nach Konstanz reisen sollte und vorher Abschied in Reute nahm, in geheimnisvoller Vorausschau versichern: „Ich getraue, wir werden auf St.-Martins-Tag ein einheitliches Oberhaupt haben." Tatsächlich wurde auch am 11. November 1417 nach dreitägigem Konklave Papst Martin V. gewählt und damit die unselige Spaltung der Kirche beseitigt.

Jahrhundertfeier der Seligsprechung der Guten Beth in Reute, Juni 1867

Von der Welt entrückt

In den Ekstasen war sie verzückt, der Leib ohne Sinne, ohne Atem, ohne Bewegungen; zwei Tage, drei Tage lang ruhte so der Leib von allen äußeren Dingen. Ihre Seele brauchte seine Hilfsdienste nicht, sie schaute von Angesicht zu Angesicht in Vorausnahme der Schau der Seligen. Wenn sie dann wieder zu sich kam, geschah das mit großen Schmerzen, so daß der blutende Schweiß aus allen Gliedern drang. Auf ihrem Angesicht aber lag in solchen Stunden ein Schimmer ewiger Schönheit und himmlischer Vollkommenheit. Bei dieser Rückkehr zur Besinnung war Kügelin öfters zugegen. (...)

Den Gegensatz zu diesen Stunden des mystischen Jubilierens erfuhr sie in den Visionen des Fegfeuers. Von diesen geheimnisvollen Gesichten berichtet die Lebensbeschreibung, daß dabei ihr Leib derart schwitzte, daß Kleider und Decken so naß wurden, als wären sie im Bache umgewendet worden. (...)

Der Tod der Seligen

Am Vorabend des St.-Katharinen-Tages 1420 ließ sie ihren Beichtvater zu sich rufen. Sie fühlte ihre letzte Stunde nahe. Der Propst blieb die ganze Nacht bei ihr, spendete ihr die Sterbesakramente und erbaute sie mit geistlichen Gesprächen. Elisabeth wollte auch in ihrer Todesstunde kein Vorbild für die andern sein. „Man hat das Leben Christi, Mariä, der heiligen Apostel und anderer lieben Heiligen, diese rufet an, ich bin nur eine armselige Sünderin." Dann ließ sie ihre Mitschwestern zu sich rufen. Kügelin las auf ihre Bitten die Leidensgeschichte Christi vor. Als er an die Stelle vom Tod des Heilands kam, sagte er zu ihr: „Ich habe gelesen, wie Christus am Kreuz hängend seinen Geist in die Hände des himmlischen Vaters empfahl, also befehle auch du dich dem himmlischen Vater." Da begehrte sie St. Johannes Minne zu trinken. Sie trank ein paar Tropfen von dem geweihten Johanneswein, dankte ihrem Beichtvater und verschied ohne Schmerzen in der Morgenfrühe des 25. November 1420, ihrem Geburtstag vor vierunddreißig Jahren.

Kügelin ließ der Schwester ein Grab in der Kirche herrichten, drei Fuß hoch über dem Boden, und einen Stein mit Bild und Inschrift darauf legen. Zur Prüfung ihres Lebens sandte der Propst wenige Monate später eine lateinische Lebensbeschreibung nach Konstanz und ließ sie dann ins Deutsche übertragen. Eine weitere deutsche Fassung war schon am Tag nach Fronleichnam 1421 vollendet und wurde bald viel abgeschrieben und zur frommen Lesung in zahlreichen Klöstern gebraucht. Das Original der deutschen Lebensbeschreibung samt dem Chorrock, den Elisabeth für den Propst gefertigt hatte, sind 1653 dem Feuer zum Opfer gefallen; der für Waldsee bestimmte ist noch erhalten.

Wallfahrt und Klosterneugründung

Das Grab der Guten Beth war bald das Ziel vieler Wallfahrer und frommer Beter. Einer der ersten und höchsten Besucher war 1421 Kardinal Branda Castiglione, der damals im Auftrag des Papstes die Chorherrenstifte visitierte und so auch nach Waldsee kam.

Die Stadt selbst ließ das Bild ihrer Tochter an den Toren anbringen, wo es bis 1803 blieb, 1624 an der Stelle ihres Elternhauses eine Kapelle bauen, die fünf Jahre nach der Aufhebung des Klösterleins in Reute dem Geist des Josephinismus weichen mußte, dafür dann 1910 ein Brunnendenkmal der Seligen errichten.

Bei der Öffnung des Grabes in Reute 1623 wurde der Leichnam fast unversehrt gefunden. Man begann nun mit dem Bau einer neuen Kirche; Rom erlaubte, über dem Grab einen Altar zu errichten, den der Konstanzer Bischof persönlich stiftete.

Doch ging der Prozeß ihrer Seligsprechung wegen der leidigen politischen Verhältnisse nicht vonstatten. Erst 1766 kam sie zustande und wurde von ganz Oberschwaben, zumal der Stadt Waldsee, die dazu eigens eine „Grenadiergarde" gegründet hatte, 1767 machtvoll gefeiert.

1854 übernahm eine junge Genossenschaft von Franziskanerinnen wieder die Obhut des Grabes der Seligen. Neben den Schwestern, die in die Diözese hinausziehen zu Krankenpflege und Unterricht, ahmen immer auch einige Reklusen das abgeschlossene Gebets- und Bußleben der Seligen nach. Ihr Leichnam wurde nach dem Zweiten Weltkrieg wiederum erhoben und 1946 in einen neuen Sarkophagaltar übertragen. Dort ist nun, was sterblich war an der Patronin und Wohltäterin Oberschwabens, den frommen Betern nahe und sichtbar.

Lore Sporhan-Krempel

Agatha Streicher

Ärztin von Ulm
Um 1520 – 1581

Ein Reisender, der die Reichsstadt Ulm ungefähr um das Jahr 1560 besuchte, sah sich in einer Stadt von fast noch rein gotischem Charakter. Über enge Straßen neigten sich die schmalen getreppten Häuser, hochgezogen gleich den Säulen im Innern des Münsters. Alles atmete Einfachheit, hinter der man aber doch den Wohlstand spürte. Die Stadt hatte um die Mitte des 16. Jahrhunderts schon eine reiche und bewegte Geschichte hinter sich. Nicht nur der Handel lockte die Fremden in die Stadt, sie wurde auch mit Vorliebe als Tagungsort für Kreis- und Herrentage gewählt. Was sich in Ulms Mauern zutrug an Kämpfen, Freuden und Leiden wurde niedergelegt in den Protokollen und Aktenbänden, die heute im Stadtarchiv liegen. In einem dieser Bände, dem „Ordnungsbuch" der Stadt Ulm, findet sich unter der Rubrik der nicht von der Stadt bestellten Ärzte folgender Eintrag:

„Jungfrau Agatha Streicherin hat eines erbarn Rats alter und neuer Ordnung zu halten gelobt auf Samstag, den 15. März anno 1561."

Man stutzt. Eine Frau als öffentlich anerkannte Ärztin in der Mitte des 16. Jahrhunderts?

Wie ging das zu? Wer war diese Agatha Streicher? Gibt es noch andere Hinweise auf sie außer diesem Eintrag im Ordnungsbuch? In der Tat finden sich noch einige Nachrichten über sie. Die einen berühren ihre ärztliche Tätigkeit, die andern zeigen die religiöse Umwelt Agathas, die zu den Anhängern des schlesischen Reformators Caspar Schwenckfeld gehörte.

Agatha Streichers Lebenszeit fällt in die Jahre zwischen 1520 und 1580. Für Ulm eine Zeit der Macht und des Glanzes nach außen und schwerer Glaubenskämpfe im Innern des städtischen Lebens. Hatte in der Donaustadt auch die lutherische Lehre den Sieg davongetragen, so lebten neben den altgläubigen doch vor allem auch noch sektiererische Einflüsse in der Stadt.

Zwei Männer sind hier vor allem zu nennen, die in der ersten Hälfte des 16. Jahrhunderts auf das Ulmer religiöse Leben eingewirkt haben: Sebastian Franck und Caspar von Schwenckfeld. Beide Männer, die wegen ihrer religiösen Ansichten an andern Orten schon mancherlei Unbill hatten ausstehen müssen, fanden in Ulm dank der toleranten Einstellung des Rates und insbesondere des Bürgermeisters Bernhard Besserer eine Zuflucht. Franck kam 1533, Schwenckfeld zwei Jahre später in die Stadt. Beide führten ein untadeliges Leben. Daß sie mit ihren religiösen Anschauungen im Widerspruch zum offiziellen kirchlichen Leben Ulms, insbesondere zum Leiter der Ulmer Kirche, Martin Frecht, standen, ist Tragik und Schicksal, nicht nur per-

Alte Ansicht Ulms

sönlich, sondern auch sachlich. Die Schriften von Franck und Schwenckfeld erregten mehr und mehr den Unwillen der herrschenden protestantischen Orthodoxie und beide Männer wurden von der offiziellen Theologie immer heftiger befehdet, so daß der Rat – weitherziger und menschlicher, möchte man sagen, als die theologischen Herren – ihnen das Ulmer Asyl nicht mehr offen halten konnte. Franck mußte im Sommer 1539 – mit ehrenvollem Abschied – aus Ulm wegziehen. Schwenckfeld verließ ein Vierteljahr später, ebenfalls in allen Ehren, die Stadt.

Sebastian Franck gründete keine Gemeinde in Ulm. Nicht so Schwenckfeld. Der schlesische Edelmann kann in gewisser Hinsicht als ein Vorläufer seines Landsmannes Jakob Böhme und des Pietismus gelten. Er legte das Evangelium nach seiner Art aus und lehrte ein Christentum der Seele, das auf Äußerlichkeiten keinen Wert legte. Schwenckfeld gewann viele Anhänger, besonders in Württemberg. Sein Beschützer war der Freiherr Georg Ludwig von Freyberg der Ältere zu Justingen und Öpfingen. Auch in Ulm hatte der Reformator einflußreiche Freunde, u. a. den Bürgermeister Bernhard Besserer und dessen Schwiegersohn Walter Ehinger. Nach der Ausweisung aus Ulm fand Schwenckfeld Zuflucht bei dem Freyberger auf Justingen.

Die Streicher gehörten zu den treuesten Anhängern Schwenckfelds in Ulm. Sie waren alteingesessene Ulmer Bürger. Ein Aktenfaszikel im Stadtarchiv, das die Schmid-Hutzsche Stiftung betrifft, gibt einige Auskunft über die Familie. Vor dem Jahr 1409 hatte der Ulmer Bürger Hans Schmid eine Meß-Stiftung gemacht, deren Lehenschaft auf den in erster Ehe mit Anna Schmid verheirateten Schwiegersohn, den Goldschmied Hans Hutz übertragen worden war. Laux Hutz, einer seiner Nachkommen, starb kinderlos im Jahr 1520. Die Lehenschaft vererbte sich danach auf den oder die Älteste der Nachkommenschaft des Hans Schmid, was vornehmlich die Familien Gienger und Lupin betraf. Gegen diese beiden Sippen hauptsächlich führte nun um 1559 Dr. Augustin Streicher einen Prozeß, da er selbst als Nachkomme des Hans Schmid Anspruch auf die Lehenschaft erhob. Aus den Akten ergibt sich, daß Augustins Großvater ein Hans Streicher gewesen war, sein Vater gleichen Namens war 1522 gestorben und bei den Barfüßern begraben worden. Der Grabstein dieses jüngeren Hans Streicher wies das Wappen der Schmid, zwei gekreuzte Hämmer auf. Daraus leitete Augustin seine Schmidsche Abstammung her. Er war aber auch über seine Mutter mit den Hutz verwandt. Diese, Helena, war die Tochter des Ulrich Rockenburger, Substitut an der Ulmer Kanzlei, und der Elisabeth Gienger, deren mütterliche Vorfahren auf den Goldschmied Hutz zurückgingen. Die Gienger waren damals die reichste und angesehenste Familie in Ulm, die Rockenburger genossen sehr hohes Ansehen, waren aber nicht mit demselben Reichtum gesegnet wie die Gienger. Die Streicher gehörten der oberen Schicht der zünftigen Familien an und hatten durch ihre Verwandtschaft mit den Rockenburg-Gienger ihre soziale Stellung bedeutend verbessert.

Agatha gilt gemeinhin als das jüngste Kind aus der Ehe Streicher-Rockenburger. Ihr Bruder war der schon erwähnte Hans Augustin Streicher, Doktor der Medizin, außerdem kennen wir noch eine Schwester Katharina. Eine nach 1580 mehrfach genannte Helene Streicher dürfte die Nichte Agathas gewesen sein. Helena Streicher, die Mutter, ist wahrscheinlich um 1549 gestorben.

Bei den Mitgliedern der Familie Streicher scheint ein sehr waches religiöses Interesse vorhanden gewesen zu sein, das sie aber mehr auf Seiten der freieren Religionsgemeinschaften als zu den strenger gebundenen Religionsformen trieb. Vielleicht waren sie in den zwanziger Jahren des 16. Jahrhunderts sogar wiedertäuferisch gewesen. Später schlossen sie sich Schwenckfeld an, und ihr Haus wurde nach dem Wegzug des Reformators aus Ulm Mittelpunkt seiner dortigen Gemeinde. Schwenckfeld richtete mehrere seiner „Sendschreiben", in denen er sich über religiöse Fragen verbreitete, an die Streicherinnen. Läßt sich nach dem Inhalt der Briefe auf die Empfänger schließen, so müssen die Streicherinnen kluge und nachdenkliche Frauen gewesen sein, die auch einem schwierigen theologischen Gedankengang folgen konnten. Unter den „Sonderlingen", die ihres Glaubens wegen in den Jahren 1544/45 in Ulm vor die Religionsverordneten und Kirchenpfleger geladen wurden, waren auch die Geschwister Agathas, Dr. Hans Augustin Streicher, ihre ältere Schwester Katharina und ihre Base Juliana Rockenburger. Agatha selbst begegnet uns da noch nicht.

Augustin Streicher verheiratete sich im September 1560 in Geislingen/Steige, das zum Ulmischen Herrschaftsgebiet gehörte, mit Euphrosina Furtenbacher. Er hatte seine Haushaltung in Geislingen, scheint aber doch auch nach Ulm zum Praktizieren gekommen zu sein. Im Januar 1561 beschwerten sich nämlich die Doktoren Martin Neiffer und Friedrich Fuchs sowie die beiden Apotheker der Stadt beim

Ulmer Rat gegen das Medizinieren des Dr. Augustin Streicher und seiner Schwestern in der Stadt als „Ärzte, so von ainem Rath nit sonderlich darzu bestöllt und die gewenlich ordnung im Steuerhaus nit geschworen haben". Daraufhin beschloß der Rat, solche Kuren zu verbieten. Die Bitte Dr. Streichers, ihm das Praktizieren in der Stadt auch ohne Eid zu vergönnen, wurde abgeschlagen. Es wird dabei nicht ganz klar, ob Streicher aus religiösen Gründen den Eid verweigerte oder ob er nicht schwören wollte, weil er laut solchem Eid keine selbstzubereiteten Arzneien verabreichen durfte. Daß dies letztere eher der Grund seiner Weigerung gewesen sein dürfte, darauf weist die endliche Vereinbarung des Rats mit Streicher hin: „dass er allein mit denen der ordnung zu geleben schuldig sein soll, So er allhir Inn der Statt Inn sein Chur uffnimpt, was er aber usserhalb der Statt mit seiner Arzney uberal handele, darinnen sol er frey und unverbunden seyn."

Agatha hingegen schwor den verlangten Eid. Sie mußte versprechen, daß sie „ainem Burgermaister, Ratt und gemainer Statt getreu und gewör sei, iren fromen werben und schaden warnen soll und wöll. Item ob sie von ainichen Burger oder Burgerin, Einwoner oder Einwonerin diser Statt, Reich oder Arm seiner Krankheit halben, ussgenommen in der Krankhait der Pestilenz, da die gemainlich hie regiert, gefordert wurd, das sie darin ungevärlich, willig, fleissig und unsewmlich erscheinen und dem selben kranken zu seiner Krankheit das best nutzest und getrewst nach irer besten verstandnus raten und helfen und sich deswegen an zimlicher belonung benügen lassen söll und wöll …

Item das sie auch nymandt keinen Sirop oder Recep, dann die durch diser Statt geschworne Appoteker gemacht werden, geben …

Item, das sie auch kein Appoteker hie ze Ulm fur den andern nicht furdern, loben, noch schellten, noch auch die Lewt zu ainem fur den andern weder umb nutzet, gaub, Neid, Hass, fruntschafft, veintschafft, noch anderer sache willen nicht weisen, sondern ainem yeden selbs gan und kaufen lassen soll und wöll wa und wie In verlusst …"

Nachdem Agatha diesen Eid abgelegt hatte, durfte sie in der Stadt unverhindert und frei medizinieren, sofern sie nicht gegen ihre Verpflichtungen verstieß.

Woher hatte Agatha ihre ärztlichen Kenntnisse? Von einem regulären Studium der Medizin kann keine Rede sein, denn der Besuch der Universitäten war damals und noch lange nachher ausschließlich dem männlichen Geschlecht vorbehalten. Aber der Gedanke liegt nahe, daß Agatha ihr Wissen von ihrem Bruder, Dr. Augustin Streicher, hatte. Vielleicht hatte sie ihm zuerst nur geholfen, war seine „Assistentin" gewesen. Natürliche Neigung und Geschick trieben sie dann zu eigener Praxis. Heilkundige Frauen hat es zu allen Zeiten gegeben. Besonders in früheren Jahrhunderten findet man unter ihnen so manche verhinderte Ärztin. Diese aber mußten ihre Kuren heimlich, sozusagen unter der Hand machen. Zu ihnen gehörte Agatha nicht, denn sie übte eine öffentlich anerkannte Praxis als geschworene Ärztin aus. Ein solcher Fall dürfte im 16. Jahrhundert sehr selten gewesen sein. Man könnte sogar vermuten, daß noch ein anderer gewaltiger Lehrmeister im Hintergrund stünde: Paracelsus. Er hielt sich öfters in Süddeutschland, auch in Ulm auf, stand als „freier Christ" mit den Freunden von Franck und Schwenckfeld und diesen selbst in Verbindung, und seine ärztlichen Lehren waren vielleicht nicht ohne Einfluß auf Dr. Augustin Streicher geblieben.

Schwenckfeld war schwer krank im Jahr 1561 auf Aufforderung Agathas nach Ulm gekommen. Sie hoffte, ihm mit ihrer ärztlichen Kunst helfen zu können. Die Streicherinnen hielten Schwenckfeld in ihrem Haus am Markt verborgen. Agatha tat, was sie konnte, um sein Leben zu erhalten, doch neigte es sich dem Ende zu. Schwenckfeld ahnte wohl, wie es um ihn stand. So lag ihm am Herzen noch zu sagen und zu tun, was ihm notwendig schien. An manchen Tagen arbeitete er über sein Vermögen, so daß ihn Agatha und ihre Schwester Katharina flehentlich baten, sich doch zu schonen. An alle, die ihm lieb waren, sandte er noch Grüße und Botschaften. Auch Agatha erhielt einen Auftrag an ihren abwesenden Bruder Augustin. Schwenckfeld sagte zu ihr: „Agatha, gesegne mir deinen

Bruder Augustin Streicher, er wirds wohl finden, man muß Guts für Bös tun, gib ihm das zum Gedächtnis." Schwenckfeld starb im Dezember 1561 im Streicherschen Haus und wurde heimlich in dessen Keller begraben. Eine andere Version von Schwenckfelds Tod, wonach er bei dem Freyberger zu Öpfingen gestorben und auch dort begraben worden, ist ungenau und hat wenig Wahrscheinlichkeit für sich. Auf jeden Fall steht fest, daß Agatha Streicher als seine Anhängerin und Ärztin mit seinem Leben und Hinscheiden eng verbunden war.

Die Meinung, Schwenckfeld habe seine letzten Lebenstage im Haus Streicher verbracht und auch dort seine Ruhestätte gefunden, stützt sich in erster Linie auf eine Handschrift, die früher in der Berliner Staatsbibliothek lag und heute in der Westdeutschen Bibliothek in Marburg zu finden ist. Die Handschrift ist Bestandteil einer Sammelhandschrift und gehörte einstmals zur Bibliothek des Straßburger Gelehrten Daniel Sudermann. Die Sammelhandschrift enthält Schwenckfeldische Schriften aus verschiedenen Jahren und von verschiedenen Personen.

Die vorhin erwähnte Sammelhandschrift enthält auch den Bericht über Schwenckfelds Tod. Manche Historiker glauben, diese Beschreibung sei von Agatha Streicher selbst verfaßt worden. Daran ist wohl auch kaum zu zweifeln. Ob der Text von Agatha auch selbst *geschrieben* wurde, ist unsicher, da man keine authentische Schrift von ihr zum Vergleich hat. Deutlich unterscheiden sich drei „Federn“ innerhalb der Handschrift. Von Feder 1 stammt die Notiz auf dem Titelblatt: „Beschreibung Herrn C. S. abschieds aus dieser Zeit von Jungfrau Agatha verzeichnet. Gehört Frau Agnes Märtin.“ Von Feder 2 – in ihr erkennen wir Sudermanns eigene Schrift – ist geschrieben: „Daniel Sudermann. Von dem von Remchingen und seiner Tochter her.“ Dann beginnt der Text in einer dritten – großzügigen und anfangs sehr gut leserlichen Handschrift, die gegen Ende flüchtiger und undeutlicher wird. Von Feder 1 sind dabei über dem Text oder auf dem Rand öfters kurze Ergänzungen oder Erläuterungen gegeben.

Der Bericht ist sicherlich von jemandem verfaßt, der Augenzeuge der letzten Lebenszeit von Schwenckfeld war; der Inhalt gibt nicht nur eine medizinisch genaue Schilderung des leiblichen Krankheitsverlaufs, sondern ebenso auch dessen, was Schwenckfeld in diesen letzten Wochen und Tagen getan und gesagt. Gegen den Schluß hin steigert sich der Bericht zu fast dramatischer Spannung, wenn erzählt wird, wie Schwenckfeld im Fieber seine Feinde, die Ulmer Prädikanten, an seinem Bett zu sehen glaubte, denen gegenüber er seine Lehre mit aller Leidenschaft verteidigte, doch nicht weniger auch seine immerwährende Bereitschaft zu friedlicher Zusammenarbeit ausdrückte, die sie zurückgestoßen hatten. Als er die Prädikanten zu erkennen vermeinte, sagte er gleich zuerst: „Das ich alhie gen N. (Feder 1 darüber: Ulm) bin komen, ist J. A.

(Feder 1 darüber: Jungkfr. Agatha) schuld die weit und brait beschrait ist und gott hatt ir geben die gaub (Gabe) der gesundmachung. Und hatt auch nichts ahn mir gespart und verseumpt, aber es ist der wil gottes nit gewesen (Feder 1 darüber: daß sie mir hellff) weil Es nit sein kahn, will ichs lasen bleiben sie kahn mir nit helffen. ich hab Ir aber ahn der sel geholffen. den ich hab sie auff den Heren Christum gewisen und das gantz haus." Aus diesen Worten geht hervor, daß Agatha schon vor dem Jahr 1561, als sie den Ärzte-Eid leistete, eine sehr bekannte Ärztin gewesen sein muß.

Der Bericht wird wohl nicht lange nach Schwenckfelds Tod geschrieben worden sein, es ist noch viel lebendige Erinnerung und ehrfürchtiger Schmerz daraus zu lesen. Agathas Verfasserschaft dürfte fast sicher stehen. Doch mit dem Original haben wir es in dem uns erhalten gebliebenen Exemplar kaum zu tun, sondern viel eher mit einer Abschrift, wie sie wohl bei Schwenckfelds Freunden und Anhängern häufig zu finden war.

Lange nach Schwenckfelds Tod blieb man noch duldsam in Ulm gegen seine Anhänger. Man wußte zwar wohl, daß das Streichersche Haus nach wie vor Mittelpunkt der Schwenckfeldischen Gemeinde war und in den Ratsprotokollen wird öfters nicht von den Schwenckfeldern, sondern von der „Streicherin Sekte" gesprochen. Durch Agathas Ruf als Ärztin kamen aber doch so viele einflußreiche Fremde in die Stadt, daß man Agatha nicht zu nahe treten wollte. Im Gegenteil, der Rat war sehr erfreut über diesen Besuch hoher Herrschaften. So ließ er im Jahre 1574 der Agatha Streicher sagen, man sei sehr damit einverstanden, daß sie den Bruder des Bischofs von Mainz in der Stadt in ihre Kur nehme. Man werde dann auch, wenn er komme, ihn mit dem Wein verehren. Es war Sitte, daß vornehme Fremde, die in die Stadt kamen, vom Rat als Gruß oder Gastgeschenk eine „Verehrung" erhielten. Sehr häufig bestand diese in Wein, unter Umständen verehrte man aber auch z. B. ein Faß Fische oder bei sehr prominenten Gästen einen mit Dukaten gefüllten Pokal.

Agatha selbst erhielt ebenfalls Wein als Verehrung von ihren dankbaren Patienten. So weiß man aus der Nachricht, der Bischof von Speyer habe ihr im Jahr 1580 Wein verehrt, daß der Kirchenfürst damals zu ihren Patienten zählte. Doch muß er schon Jahre zuvor ihren ärztlichen Rat gesucht haben, denn als anno 1572 der Superintendent Dr. Rabus – der ebenso streitbare Nachfolger Frechts in der Leitung der Ulmer Kirche – wegen der „Streicherin Sekte" beim Rat vorstellig wurde, erhielt er zur Antwort, er solle wieder anmahnen, wenn der Bischof von Speyer hinweg sei. Offenbar wollte man von Ratswegen während der Anwesenheit des Bischofs der Ärztin keine Unannehmlichkeiten machen.

Der Höhepunkt von Agathas ärztlicher Tätigkeit war ihr Ruf an das Krankenbett Kaiser Max

II. nach Regensburg im September 1576. Der Kaiser litt schon seit vielen Jahren schwer am Zipperlein oder an der Gicht und kam sehr krank auf den Reichstag nach Regensburg. Seine Umgebung suchte Rat und Hilfe für sein Leiden. Da lobte der Landvogt von Schwaben, Georg Ilsung, dem Kaiser die Heilkunst der Agatha Streicher. Auch der ebenfalls anwesende Propst von Trient, Franz von Prinkenstein, stimmte ihm bei. Graf Günther von Schwarzburg rühmte, sie habe ihm vom Zipperlein geholfen, von derselben Krankheit, an welcher der Kaiser litt. Daraufhin ließ Max II. nach Ulm schreiben und um Entsendung Agathas nach Regensburg bitten.

Zwei Eintragungen in den Ratsprotokollen der Stadt Ulm weisen auf diesen Besuch Agathas hin. Am 7. September 1576 heißt es: „Der R. Kays. Mjt. soll uff Ir Junkfraw Agatha Streicherin halben gethan gnedigst schreiben und begeren widerum underthenigst antwort volgen und Bey Ir uberschickt werden. Und sollen meine günstigen Herrn Stettrechner sie (Agatha) uff eines E. Raths costen mit dem Schiff, auch dem begerten öfelin und guten erfarnen Floßleuten dermaßen bedenken und solche verordnung thun, damit sie Inn allen zu ... not versehen sey." Und zwei Wochen später: „Uff Herrn Jurgen Ilsungen des Landvogts Schreiben sollen meine günstigen Herren Stettrechner stehen und bevelchen, damit das schiff, darinnen man die Streicherin gen Regenspurg gefiert, wieder In ains E. Raths verwarung komme."

Es war nichts Alltägliches: die Ärztin wurde auf einem besonderen Schiff, auf das man ein Öfelein gestellt hatte, denn es war September und schon kalt auf der Donau, nach Regensburg zu dem kranken Kaiser gebracht. Die Herren, auf deren Empfehlung hin man sie gerufen hatte, waren ohne Zweifel auch ehemalige Patienten Agathas, denn ihre Kuren genossen gerade unter dem hohen Adel und bei der Geistlichkeit besondere Berühmtheit.

Es ist nun sehr interessant, daß auch verschiedene Berichte vom kaiserlichen Hoflager zu Regensburg des ärztlichen Besuchs der Agatha Streicher beim Kaiser gedenken. Der kaiserliche Oberkämmerer Adam von Dietrichstein schreibt über den Tod des Kaisers: „Die vorhergehenden Tage waren die Schmerzen durch warme Umschläge und verschiedene Arzneimittel gelindert worden, die ein Mädchen aus Ulm, die eigens deshalb berufen worden war, weil wahrscheinlich im Ruf großer medicinischer Kenntnisse stehend, bereitete. Nur half nichts mehr."

Eine sehr ausführliche Nachricht über Agathas Verweilen in Regensburg besitzen wir von dem kaiserlichen Leibarzt Johann Crato von Kraftheim. Sein Bericht lautet allerdings unfreundlich. Aber man weiß, daß Crato mit seinen Kollegen nicht gut stand, was sollte er da erst von einer *Kollegin* Rühmendes sagen! Der Unwille darüber, daß ihm die Frau als ärztlicher Berater vorgezogen und er einige Tage vom

Krankenbett des Kaisers ferngehalten wurde, klingt unverkennbar durch seine Zeilen. Besonders ärgerlich war er darüber, daß sein Kollege Dr. Julius Alexandrinus, der erste Leibarzt des Kaisers, zu Agathas Kur seine Zustimmung gab.

Durch Crato erfahren wir aber wenigstens etwas über die Behandlungsweise Agathas. So verbot sie dem Kaiser den Wein, der nach Cratos Ansicht nahezu das einzige Mittel zur Erhaltung der Kräfte darstellte. Ferner soll sie einen Kräutertrank gegeben haben, wie man ihn im Volk gegen Fallsucht reichte. Oft wendete sie vier verschiedene Arzneien an einem Tag an. Alles Mittel, über die sich Crato mißfällig äußert. Aber wir möchten heute sagen, Agatha habe die Krankheit besser erfaßt als Crato, das beweist ihr Abstinenzgebot. Der weibliche Scharlatan, als den sie Cratos Mißgunst darstellen möchte, war sie auf keinen Fall. Helfen konnte freilich auch sie dem kaiserlichen Herrn nicht mehr. Er starb am 12. Oktober 1576. Es scheint als sei Agatha bis zu seinem letzten Tag bei ihm gewesen.

In den Jahren nach 1575 ging der Ulmer Rat plötzlich strenger gegen die Schwenckfelder vor, vermutlich gedrängt durch das unablässige Mahnen der Theologen, besonders von Dr. Rabus und durch die Haltung Herzog Ludwigs von Württemberg gegenüber Sektierern und Schwärmern. War noch 1570 die Rede davon, die Ulmer Anhänger Schwenckfelds und auch Agatha selbst durch Unterweisung und gütliches

Untersagen von ihrem Glauben abzubringen, so klingt es 1578 schon drohender: „... das ... mein günstig Herren Ainunger Jungkfraw Agatha Streicherin magt Susanna Hornungin beschicken und Ir von ains Raths wegen mit allem ernst ufferlegen sollen, Sich Innerhalb vierzehn tag außer der Statt hinweg ziehen, und Darinnen wie auch in ganzer Herrschafft und ein meil wegs zu gerings herumb neher dabey ohne ains E. Raths verlassen und bewilligen nit finden und betreten zu lassen. Zum andern, So sollen mein günstig Herren, unser Frawen Bawpfleger, Jungkfraw Agatha Streicherin, und alle die Personen, so Ihren verdechtigen ein- und ausgang zu Ir, und auch sonst unter Inen selbst zueinander haben, beschicken, und denselben mit gleichem ernst sagen, daß sie nit allein kaine versamblung halten, sonder auch niemans in Irer Sect ainige underweisung oder lehr geben, dann solle von ainem oder mehr weitere ubertrettung beschehen, So werde ain E. Rath ander wohlbefugte mittel dagegen fürnemmen müssen."

Etwa gleichzeitig hatte der Rat auch bei verschiedenen Schwenckfeldern Bücher beschlagnahmen lassen. Wegen dieser Sache verantwortete sich Agatha selbst vor dem Rat, wie überhaupt aus allen auf uns gekommenen Zeugnissen hervorgeht, daß sie unerschrocken für ihre Überzeugung und ihre Glaubensgenossen eintrat. Trotz wiederholter Bitten Agathas, ihre Magd behalten zu dürfen, mußte diese doch die Stadt verlassen. Aber auch noch andere

Schwenckfelder wurden aus Ulm verwiesen. Die meisten fanden bei den Freybergern auf Justingen Zuflucht. Die Herren von Freyberg waren selbst überzeugte Anhänger Schwenckfelds, gewährten aber in ihren Herrschaften Justingen und Öpfingen ihren Untertanen volle Religionsfreiheit, ein seltener Fall im Zeitalter des „cuius regio, eius religio."

In ihrem Testament setzte Agatha ihren um des Glaubens willen vertriebenen Mitbürgern ein hohes Legat aus, „durch Michael Ludwig und Ferdinand, beeden v. Freyberg gebrüdern zu Justingen und Öpfingen, ihren lieben Junkhern und nebens ihrem l. freund Dr. Marx Schweigger, burger zue Augspurg, nach ihrem guthansehen wann, wem und wo Sie wollen getreulich auszuetheilen, ohn gebung einiger red und rechenschaft menniglichen, allein wie Sie es an jenem Tag getrauen zu Verantworten."

Im Jahr 1582 wurden dann alle Anhänger Schwenckfelds, die sich nicht belehren lassen wollten, aus Ulm entfernt. Das wagte man aber doch erst dann zu tun, nachdem Agatha selbst schon nicht mehr am Leben war. Im April 1581 war sie gestorben und der Rat hatte befohlen: „Die verstorbene Junkfraw Agatha Streicherin soll in der Bahr ohn das ober lid oder brett zur Erden bestattet werden."

Warum vergönnte man Agatha das „ober Lid oder Brett", d. h. den Totenschild nicht? Geschah das nur ihrer bürgerlichen Abkunft wegen oder gewissermaßen als Strafe, weil sie eine

Blick aufs Ulmer Münster

Schwenckfelderin war? Eine Ulmer Begräbnisordnung von 1616 sagt nämlich, daß Personen, die mit falscher Lehre behaftet waren, ohne Sang und Klang zu Grabe gebracht werden müßten. Ob diese Sitte aber auch schon 1581 galt, ist nicht sicher.

Gleichsam als Vermächtnis Agathas übernahmen nach ihrem Tod ihre Nichte Helene Streicher und deren Ehemann, Friedrich von Watzdorf, die Sorge für die Ulmer Anhänger Schwenckfelds. Die Eheleute wohnten in Söflingen und in den Ulmer Protokollen ist öfters von ihnen die Rede.

Wir kennen bis jetzt weder ein Bild noch eine Handschrift der Ärztin von Ulm. So bleibt es der Fantasie eines jeden einzelnen überlassen, sich das Bild der Agatha Streicher selbst auszumalen, die zweifellos eine der erstaunlichsten Frauengestalten des 16. Jahrhunderts war. Ihre Heilerfolge beruhten wohl nicht nur auf ihrem praktischen Wissen, sondern auch auf der Kraft ihrer Persönlichkeit. Agatha aber ist nur ganz zu verstehen aus ihrer Glaubenswelt heraus, die selbst durch die wenigen Zeugnisse ihres Lebens wie ein Licht schimmert.

Anna Barbara Künkelin

Festrede
des Herrn Professor Dr. Schott
anläßlich der 200-Jahrfeier
der „Weiber von Schorndorf"
am 6. September 1888
in Schorndorf

Zum zweiten Mal binnen weniger Wochen feiert unser schwäbisches Volk einen nationalen Gedenktag, aber so eigenartig steht der heutige da, daß in unserer ganzen vaterländischen Geschichte, die so reich ist an schönen Ehrentagen, an herrlichen Jubelfesten, ihm kein anderer an die Seite gestellt werden kann. Die schwäbische Kunde von der Bürgermeisterin von Schorndorf hat einen guten Klang, überall im Schwabenland weiß man zu singen und zu sagen von ihr und ihrer tapferen Tat. Unvergessen lebt sie fort, nicht bloß eingeschrieben in die stillen Bücher der Geschichte, sondern auch frisch und herrlich in den Herzen derer, welche mit stolzer Freude sie ihre Bürgermeisterin nennen. Und mit der Stadt, die sich festlich geschmückt hat, ihre Retterin zu ehren, freut sich jeder echte Schwabe über die wackere Frau, die es gewagt hat, mitten in den Tagen der tiefsten Schmach, da die Übermacht des Feindes jeden Widerstand unmöglich zu machen schien, da Mutlosigkeit und Verzagtheit aller Herzen zu überwältigen drohten, die halb verschollene alte schwäbische Herzhaftigkeit und Tapferkeit wieder aufleben zu lassen und zu Ehren zu bringen. Aus jenen trüben, schweren Dezembertagen des Jahres 1688 bricht die Verteidigung von Schorndorf wie ein heller glänzender Sonnenstrahl, herzerquickend den schönen Tag der Befreiung verkündigend. – Es ist ein Bild namenlosen Jammers, entsetzlichen Elendes, das der schreckliche Franzoseneinfall vor 200 Jahren vor unserem geistigen Auge aufsteigen läßt. Mitten im Frieden da, wie der alte Chronist sagt, „auch die klügsten Staatsleute Europas keinen Krieg vermuteten", brach der Feind über den Rhein, schutz- und wehrlos waren die reichgesegneten Gaue am Rhein und Neckar den plündernden Horden preisgegeben; denn die schwäbischen Kriegstruppen standen in Ungarn, im Kampfe gegen die Türken; Philippsburg, die einzige Festung wurde nach wenigen Wochen erobert, Speyer, Mainz, Heidelberg, Mannheim, alle Städte in weitem Umkreis ergaben sich, fast ohne Widerstand zu leisten. In dem vielgespaltenen deutschen Reiche zeigte sich nirgends ein Helfer und Erretter, in dumpfer Ergebung mußten die unglücklichen Einwohner alle Mißhandlungen und Bedrückungen, welche ein übermütiger, habgieriger Feind ihnen auferlegte, über sich ergehen lassen. Auch die sittlichen Kräfte, welche das letzte und höchste

Gut eines Volkes sind, Mut und Besonnenheit, Pflichttreue und Tapferkeit, schienen in dem Jammer der Zeit den deutschen Herzen entschwunden zu sein. Wie ein bedrückender Alp lastete die Erinnerung an die furchtbaren Drangsale des 30jährigen Krieges auf den Gemütern der Alten, die ihn miterlebt hatten; wohl teilte das jüngere Geschlecht ihren Kleinmut nicht, in ihm regte sich ein edler Funken deutschen Nationalstolzes; aber so oft sie versuchten, Widerstand zu leisten und den Franzosen eine feurige Antwort zu geben, wurden sie genötigt, die Waffen zu strecken und in den Ratsprotokollen einfältige und unverständige Bürger gescholten. In solch übler Lage war auch das

Herzogtum Württemberg; sein Herzog, der 12jährige Eberhard Ludwig, war mit seinem Vormunde Friedrich Karl nach Regensburg geflüchtet, an der Spitze der Regierung stand mit dem übrigen Vormundschaftsrat die Herzogin Mutter, die fromme, treffliche Magdalene Sibylle; mit dankbarer Verehrung blickt der Württemberger heute noch auf das Andenken dieser ausgezeichneten fürstlichen Frau; als echte Mutter des Landes blieb sie unter ihren Untertanen. In der gefährlichsten Lage zeigte sie eine Würde, eine Höhe, welche dem rohesten französischen Gesellen Achtung einflößte, an die tatkräftige kluge Frau wandte sich alles um Trost und Hilfe, aber ihre unglücklichen Untertanen von dem grausamen Feinde zu befreien vermochte sie nicht. Anfang Dezember 1688 war Württemberg bis zur Alb in den Händen der Franzosen; der Asperg, der die Mitte des Landes beherrscht, war ihnen ausgeliefert, Tübingen ergab sich trotz seines festen Schlosses an General Peysonel, nur noch auf 3 Festungen wehte das württembergische Hirschhorn unangetastet: auf dem fernen unüberwindlichen Hohentwiel, auf der stolzen Zinne des Neuffen und auch auf den starken Wällen des wichtigen Schorndorf. Fielen diese letzten Bollwerke der Unabhängigkeit, dann war Land und Volk jeder Willkür des brutalen Feindes preisgegeben, dann konnten jene entsetzlichen Befehle Ludwigs XIV. ausgeführt werden, welche heute noch gen Himmel schreien: Unter der Drohung der Plünderung und vollständigen

Das Burgschloß zu Schorndorf

Zerstörung solle man den Einwohnern so viel Geld als möglich abpressen, die Städte Stuttgart, Eßlingen, Tübingen, überhaupt alles, was man erreichen könne, zerstören, ja selbst Mordbrenner dingen, um durch den Schrecken der nächtlichen Feuersbrünste den Ertrag der Kontributionen möglichst zu steigern. Schorndorf zu gewinnen war die erste Aufgabe, dem wildesten und grausamsten französischen Offizier wurde sie zugewiesen, dem General Mélac. Mélac – wo dieser Name erschallt, da steigt noch jetzt nach 2 Jahrhunderten in jeder deutschen Brust ein beinahe unaustilglicher Haß und Ingrimm auf gegen diesen rohesten Kriegsknecht, gegen den Verwüster der Pfalz, gegen den entsetzlichen, gefürchteten Mordbrenner, vor dem alles zitterte und dessen einzige Taten Plünderung und Verwüstung waren. Damals seufzte das unglückliche Eßlingen unter seiner erbarmungslosen Faust; von dort zog er am 7. Dezember gen Schorndorf. Einen stattlichen Anblick bot in jenem Jahrhunderte Schorndorf mit seinen ragenden Türmen, seinem starken Burgschloß, drohend richteten sich die Kartaunen auf dem mächtigen Walle gegen jeden Feind; die wohlverwahrte Feste schützte Württemberg gegen Osten, sperrte die große Straße nach Nördlingen und Nürnberg, darum stach sie auch jedem Eroberer in die Augen. Kein Krieg war im schwäbischen Lande ausgefochten worden, in welchem Schorndorf nicht eine Rolle gespielt hätte; so manchen Feind hatte sie schon vor ihren Toren gesehen; Spanier, Schweden, Franzosen; weltbekannte Heerführer, Frundsberg, Alba, Turrenne waren nacheinander ihre Herren gewesen, aber bei allen Friedensschlüssen war die Stadt wieder an Württemberg gefallen, und treu hielt die Bürgerschaft zu dem angestammten Herrscherhause. Jetzt hielt Mélac mit 40 Reitern vor dem Tore, pochend auf den Schrecken seines Namens, auf die Furcht vor einem Heere, dem bisher niemand widerstand. Aber das Schicksal der Stadt, die Ehre des württembergischen Namens war in eine treue starke Hand gelegt. Der Stadtkommandant Johann Günther Krumhar hatte Kopf und Herz auf dem rechten Flecke. Erst seit Ausbruch des Krieges befehligte er die Festung, aber schon hatte der wackere Soldat das volle Vertrauen der Bürgerschaft gewonnen. Furchtlos wie er im fernen Osten gegen die Türken gefochten, stritt er jetzt in seiner Heimat gegen die französischen Eindringlinge; ihm hatte der Herzog ans Herz gelegt: mit seinen Soldaten und mit der Bürgerschaft durch Losbrennung der Geschütze Widerstand zu leisten; noch war kein Schuß in die Stadt gefallen, noch war an Wall und Mauer nichts beschädigt, schon waren die Kreistruppen in Bayern angelangt, hielt er die Festung nur wenige Tage, so kam die Hilfe, und der Feind mußte aus Württemberg weichen. Pflicht und Klugheit geboten, den wichtigen Posten aufs äußerste zu halten, und als ihn Mélac aufforderte, die Festung zu übergeben, erteilte ihm Krumhar einen runden bündigen Abschlag. Der französische General mochte toben und mit Mord und Brand drohen, der wackere Schwabe forcht sich nit, und mit stolzer Verachtung wandte sich der ehrliche Mann ab, als ihm der Franzose 2 000 Dublonen anbieten ließ. Wutentbrannt zog der Feind ab – eine Mühle und einige Häuser vor der Stadt, die in Flammen aufgingen, mußten seinen ohnmächtigen Grimm entgelten. Es war der erste ernsthafte Widerstand, welchen die Franzosen im eigentlichen Württemberg erfuhren; unmöglich konnten sie dies dulden; sie fürchteten, der lang verhaltene Zorn des Volkes über die Mordbrenner werde in hellen Flammen losschlagen, Schorndorf mußte in ihrer Gewalt sein, dann war den Entsatztruppen der Paß versperrt; was sie selbst nicht erzwingen konnten, sollte die Regierung in Stuttgart dem Kommandanten befehlen; stets hatte dieselbe den Drohungen nachgegeben, und sie gab auch diesmal nach. Die schlimmsten Gerüchte schwirrten in der Luft: die Franzosen werden nach Stuttgart kommen und etliche beim Schopfe nehmen, von allen Seiten kamen Hiobsbotschaften über weitere Gewalttaten; endlich nach langen peinlichen Verhandlungen beschloß die Regierung: in der angefangenen Submission zu verharren, Schorndorf zu übergeben und durch eine gute Kapitulation den armen Untertanen und Bürgern der ganzen Landschaft den besten Rat zu schaffen. Der Kriegsrat Heller, dessen gefährliche Beredsamkeit vor kurzem erst den Kommandanten vom Asperg bewogen, nachzugeben, wurde mit dem Hofjunker von Hoff abgesandt, diesen Befehl dem Kommandanten zu überbringen und ihn umzustimmen. Aber Krumhar war nicht der Mann, seiner Pflicht untreu zu werden, für ihn galt nur der Befehl, welchen ihm der Herzog gegeben, ihn schreckte nicht der Vorhalt: wenn Schorndorf nicht übergeben werde, so würde Stuttgart durch seine Schuld verbrannt und geplündert. Laßt sie brennen und plündern, rief er, wenn sie es mit gutem Gewissen tun können, meine Pflicht ist, meinen Eid zu halten. Ohne die Kommissäre

Die Frauen im Ratssaal

weiter einer Antwort zu würdigen, ging er auf den Wall, um nach den Feinden, aber auch nach dem Entsatz zu sehen. Auf eigene Faust hatte er den Kreistruppen Boten entgegengeschickt und sie zur Eile ermahnt, in wenig Märschen mußten sie kommen. Vom Soldaten, wo ihr Versuch gescheitert, wandten sich die Kommissäre an die Väter der Stadt; sie drangen in den Bürgermeister Walch und die übrigen Ratsherren, den Befehl der Regierung auszuführen. Umsonst wiesen diese hin auf die Treulosigkeit und Grausamkeit der Feinde, auf den nahenden Entsatz; mit aller Bestimmtheit verlangten die Kommissäre augenblicklichen Gehorsam, schon neigte sich der Rat zur Nachgiebigkeit, das Schicksal der Stadt schien besiegelt, da trat eine Wendung ein, welche niemand erwartet hatte. Wo die Männer verzagten, da faßten die Frauen Mut, die Freiheit der Stadt wurde gerettet durch die Weiber von Schorndorf, vor allem durch die Bürgermeisterin Anna Barbara Walch-Künckelin. Wie mochte der wackeren Frau das mutige deutsche Herz schwellen vor Zorn über den grausamen Feind, wenn abends sich der Himmel rötete vom Brand der Dörfer und Höfe in der Nachbarschaft, wenn die Bauern vom Schurwald und Remstal ihr Armütlein hinter die festen Mauern von Schorndorf flüchteten und erzählten von den Greueln der Franzosen, daß sie selbst das Korn in Bäche und Brunnen werfen und die Leute aufs entsetzlichste mißhandeln! Und einem solchen Feinde – denn die Kunde, daß eine Kapitulation drohe, war bald zu ihr gedrungen – wollte der Magistrat, wollte ihr eigener Mann ihr geliebtes Schorndorf in die Hände geben! Sie war nicht in Schorndorf geboren, aber in den 9 Jahren, seit sie von Leutkirch in die Stadt eingezogen als ehr- und tugendsame Jungfrau Agrikola, hatte sie die Stadt liebgewonnen, wie eine Mutter ihr eigenes Kind. Rasch beriet sie mit ihrer mutvollen Freundin Katzenstein, schnell und klug wurde der Plan ersonnen: die Frauen sollen für die Männer, welche durch ihre Pflicht

Zeitgenössische Darstellung des „Weiberaufruhrs“

gebunden seien, das Regiment führen; die Frauen haben keinen Amtseid geschworen, niemand gehuldigt, sie können in so geschwinden Zeitläuften den Befehl der Regierung mißachten, unbeschadet der Treue gegen das Regentenhaus. Auf ihren Wink eilte der schlaue Weingärtner Kurz von Haus zu Haus und entbot die Frauen, wer von ihnen Herz im Leibe habe, bewaffnet, vor das Haus der Bürgermeisterin. Das ganze Schorndorfer Weibervolk strömte auf den Ruf der allgemein geachteten Bürgermeisterin zusammen, schnell wurden sie in Kompagnien eingeteilt, geordnet marschierten sie gegen die Verräter. Schon manches heitere und traurige Ereignis hatte sich auf dem Marktplatz zu Schorndorf abgespielt, aber wohl nie sah die Bildsäule des Herzogs Ulrich, welche so ernst auf denselben herabschaut, seltsameres, als an jenem denkwürdigen Wintertage, da die bunte Schar der Frauen, bewaffnet mit allem möglichen, was Haus und Küche darbot, in militärischer Ordnung einherzog, an der Spitze die Bürgermeisterin, als der Marktplatz besetzt und das Rathaus umstellt wurde. Von wenigen begleitet schlich sie sich vor das Sitzungszimmer – ob sie vielleicht im großen Kachelofen gelauscht, wie die Sage berichtet, ich weiß es nicht – bald merkte sie, ihre Vermutung, daß die Stadt übergeben werden solle, sei nur allzuwahr, da forderte sie ihren Mann vor sich, beschwor ihn, nicht zur Übergabe zu raten, und drohte, so klein und unansehnlich sie auch war, ihn mit eigener Hand totzuschlagen als einen Verräter; das gleiche Schicksal, rief sie, stehe den übrigen Verrätern bevor. Die ahnungslose Versammlung war völlig überrascht und gelähmt. Mann für Mann mußten die Ratsherren geloben, gegen die Übergabe zu stimmen, dann wurden sie entlassen, Kriegsrat Heller aber in strengem Gewahrsam von den Weibern gehalten und mit schnöden Spottreden überhäuft, bis der Kommandant den unglücklichen Kommissär heimlich aus der Festung entließ; Hofjunker von

Hoff aber mußte zu besonderer Genugtuung der weiblichen Soldaten mit auf dem Walle schanzen. Dorthin und zum Tore eilten dann die mutigen Frauen, um den Feind, wenn er anrücke, blutig zu empfangen. Es war eine rettende Tat. Verschwunden war nun auch der Kleinmut der Bürger, alles griff zu den Waffen, und als Mélac das Tal heraufzog, meinend in die Stadt nur einrücken zu dürfen, da fand er Tore und Wall besetzt und die Verteidiger so mutig und kriegslustig, daß er einen Angriff gar nicht wagte. 2 Tage und 3 Nächte brannten die Wachtfeuer der Frauen auf dem Marktplatze, hielten diese ihr Regiment aufrecht, dann war der Entsatz so nahe auf württembergischen Boden, daß keine Gefahr mehr zu befürchten war. Der Anfang der Befreiung Württembergs war damit gemacht, die Franzosen selbst eilten, das Land zu verlassen, das ihnen unheimlich geworden war, da das erbitterte Volk sich anschickte, sich gegen den Feind zu erheben und blutig die erlittene Unbill zu rächen. Und wenn am Weihnachtsfest 1688 kein französischer Soldat mehr auf württembergischem Boden stand, so hat zu dieser raschen Befreiung den Anstoß gegeben und am meisten beigetragen die Verteidigung Schorndorfs; die Namen derer, welche damals mitgewirkt, gehen darum heute noch von Mund zu Mund vom Kommandanten bis zum Weingärtner Kurz. Hoch über alle aber ragt das Andenken der Frau Bürgermeisterin, vor uns steht sie als das Bild einer echten Schwäbin, einer heldenmütigen

Frau, einer frommen würdigen Matrone. Des Lebens Ernst ist noch genug an sie getreten; ihr erster Mann starb, auch den zweiten, den Bürgermeister Künckelin, unter dessen Namen sie die Nachwelt kannte, überlebte sie, ihr einziges Söhnlein sah sie in den Tod sinken, als eine 90jährige Pilgerin durfte sie am 20. November 1741 zu ihrer Ruhe eingehen. Die letzten 20 Jahre ihres Lebens hatte sie erblindet zugebracht, aber die Frische ihres Geistes war nicht gebrochen, sie blieb die hochverehrte Frau Bürgermeisterin, die jedem gerne mit klugem Rate beistand, die Liebe ihres warmen Herzens war nicht erloschen, das Schorndorfer Bürgerskind, das sich ihres Stipendiums erfreut, der fromme Christ, der ihre Abendmahlskanne auf dem Altare seiner Vaterstadt sieht, gedenkt mit inniger Liebe und gerechtem Stolze seiner wahrhaft edlen Bürgermeisterin. – 200 Jahre sind seit jenem Franzoseneinfall vergangen, die festen Mauern, die starken Wälle Schorndorfs sind seitdem gefallen, ein lieblicher Kranz von herrlichen Gärten umgibt jetzt die friedliche Stadt.

Eduard Vehse

Wilhelmine von Grävenitz

Christiane Wilhelmine Friederike von Grävenitz wurde am 4. Februar 1686 in Schwerin geboren und starb am 21. Oktober 1744 in Berlin. Dennoch haben wir sie hier als eine bekannte weibliche Gestalt aus der Geschichte Württembergs aufgenommen: Als Geliebte des württembergischen Herzogs Eberhard Ludwig war die Grävenitz im ersten Drittel des achtzehnten Jahrhunderts zwei Jahrzehnte lang die eigentliche Herrscherin des Landes. Wie verhaßt sie in der Bevölkerung war, zeigt ihr Beiname „Landesverderberin". 1707 ging sie als Gräfin von Urach eine morganatische Ehe mit Eberhard Ludwig ein, die jedoch im Jahr 1710 vom Kaiser für ungültig erklärt wurde. Vor allem nachdem die Grävenitz 1711 eine Scheinehe eingegangen und mit dem Herzog zurückgekehrt war, blieb sie bis 1731 die heimliche Herrin des Landes.

... Im Anfang machte Fräulein von Grävenitz auf den Herzog keinen Eindruck und erregte seine Aufmerksamkeit erst durch ihr Auftreten in den Komödien, welche bei Hofe aufgeführt wurden, und bei denen nicht nur die ersten Kavaliere und Hofdamen, sondern auch der Herzog selbst öfters mitspielte. Von jetzt an fesselte sie ihn immer stärker, da sie in den reizendsten Kostümen auftrat, unverkennbares

Talent zur Repräsentation, gesellschaftliche Gewandtheit und nicht geringen Verstand zeigte.

Frau von Ruth und Hofmarschall von Stafforst entwarfen nun einen Plan, durch den der schönen Mecklenburgerin eine dauernde Existenz am Hofe geschaffen werden sollte. Der alte Oberstallmeister von Berga sollte veranlaßt werden, sie zu heiraten, er konnte sich aber nicht dazu entschließen. Vor der Hand blieb also Fräulein von Grävenitz Hofdame bei der Herzogin und wohnte im Stafforstschen Hause. Um den Herzog ganz ins Netz zu ziehen, ward er eifersüchtig gemacht. Man bediente sich dazu des Fürsten Friedrich Wilhelm von Hohenzollern-Hechingen. Er war ein alter Freund der Frau von Ruth und zugleich intimster Vertrauter des Herzogs. Ihm war nichts heilig, er unterzog sich mit Behagen der Intrige. Er wußte mit Meisterschaft die Leidenschaft des Herzogs zum höchsten Grade zu steigern.

Der Herzog ließ seiner Geliebten jetzt eine eigene Wohnung im Jägerhause zurichten. In den Akten, die nach ihrem Sturze unter dem Nachfolger Karl Alexander in der gegen sie erhobenen summarischen peinlichen Anklage geführt wurden, findet sich die Beschuldigung, „daß die peinlich Angeklagte die ganze Zeit über, da sie sich am Hofe aufgehalten, in Verdacht gestanden, daß sie zu Gewinnung Serenissimi defuncti Liebe allerhand magischer und sympathischer Mittel sich bedient, so daß der Herr gegen seine rechtmäßige Gemahlin nicht nur eine ungemeine Aversion bekommen, sondern auch ohne die Gräfin nicht bleiben können, und in ihrer Abwesenheit oft solche Bangigkeit von sich spüren lassen, daß Sie Ihres Lebens halber besorgt sein müssen und oft ausgerufen: ‚Je suis perdu!' – Daher Sie dann zu derselben geeilt und sobald Sie dahin gekommen, von diesem Affekt wieder frei worden."

Offenbar sind diese sympathetischen Mittel, wenn Fräulein Grävenitz sie auch wirklich gebraucht haben mag, nur Beweise ihres eigenen Aberglaubens und charakterisieren die Unbildung der Zeit. Die Sache verlief ganz natürlich. Der Herzog selbst schrieb 1706 an den Prälaten Johann Osiander, er habe die Gräfin als eine junge Person und gleichsam mit Gewalt und weinenden Augen zum Vergangenen gebracht.

Die Akten warfen dem Fräulein Grävenitz weiter vor, daß sie vor der Verbindung mit dem Herzog ein anderes und zwar von Folgen begleitetes Liebesverhältnis unterhalten habe.

Noch ahnte niemand, welch hohen Preis das mecklenburgische Fräulein von dem Herzog forderte. Selbst Herr von Stafforst, der tief im Geheimnis zu sein glaubte, ward von der Entwicklung überrascht. Ganz allein mit ihrem Bruder und der Frau von Ruth wurden die Pläne verabredet. Das Fräulein entwickelte dabei eine ungemeine Klugheit und Verstellung.

Die Herzogin hatte Kenntnis von dem neuen Verhältnis ihres Gemahls erhalten. Sie war untröstlich, aber weder imstande, ihm die unterhaltende Rivalin zu ersetzen, noch ihrer selbst genug mächtig, um ihn nicht mit der größten Unfreundlichkeit sein Unrecht fühlen zu lassen. Sie schrieb nach Durlach an ihren Vater.

So standen die Sachen, als im Jahre 1707 Ende Mai Marschall Villars in Schwaben einbrach. Der Herzog, der bei den Reichstruppen stand, nahm Reißaus. „Mich deucht, daß es eine große Schande vor den Herzog von Wirtenberg ist, sein Land nicht besser zu beschützen“, schreibt die Herzogin von Orléans aus Versailles unterm 7. Juni 1707. Unter den Personen des Hofs, die damals von Stuttgart, das Villars schon am 8. Juni besetzte, nach Baden in der Schweiz flüchteten, befand sich auch Fräulein von Grävenitz. Kaum waren aber die Franzosen im Juli wieder vertrieben, so eilte auch der Herzog von den Reichstruppen weg und seiner Geliebten in die Schweiz nach. Sie kam hierauf mit ihm nach Württemberg zurück. Bei der Rückkunft fand auf dem Gute der Frau von Ruth zu Oberhausen die regelrechte Trauung statt. Ein junger Magister, Phäler von Tübingen, sprach den priesterlichen Segen, Zeugen waren der Fürst von Hohenzollern, ein Herr von Hornberg und noch einige andere Personen. Die Trauung geschah zur Rechten.

Unmittelbar nach der Trauung begab sich der Herzog mit seiner Geliebten nach Schlangenbad. Zehn Wochen nachher sandte er einen Unterhändler nach Wien, um ihr den Gräfinnentitel zu erwerben. Vier Monate nach der

Trauung machte er den Geheimen Räten förmliche Eröffnung von dem, was geschehen sei. Stafforst befand sich unter diesen Geheimen Räten; der Herzog erklärte ihnen, er habe die Sache mit Gott und seinem Gewissen überlegt, versicherte aber zugleich, der Wahrheit entgegen, die Trauung sei schon vor Jahr und Tag vor sich gegangen; ja, er mutete den Herren sogar zu, der Herzogin, seiner Gemahlin sowohl, als auch der noch lebenden Herzogin Mutter die Nachricht zu überbringen.

Das Grafendiplom traf darauf von Wien ein, es kostete über 20 000 Gulden und erhob die Grävenitz zur Reichsgräfin von Urach. Dieses anfänglich auf die Schwester allein lautende Grafendiplom wurde später auf Bruder und Schwester zugleich umgefertigt und beide, der Bruder mit seinen ehelichen Leibeserben und die Schwester, zu Reichsgrafen von Grävenitz erhoben. Zwanzig Jahre später, 1726, erhielten der Graf und die Gräfin Grävenitz Sitz und Stimme auf der fränkischen Grafenbank.

Nun aber wurden beim Herzog von allen Seiten Vorstellungen gegen den ganz ungewöhnlichen Schritt erhoben. Den Geheimen Räten saß Friedrich Maximilian Baron von Menzingen vor, der der Schwiegervater des berühmten nachherigen hessischen Ministers Johann Friedrich Baron von Stein wurde, der damals Hofmeister des Erbprinzen war und mit ihm nach Lausanne ging. Menzingen und die übrigen Geheimen Räte reichten eine schriftliche Remonstration ein, der Synodus ließ gleichergestalt eine Gewissensrüge zugehen, das Konsistorium verweigerte dem Herzog das Abendmahl. Alle deutschen Fürsten und auswärtige Potentaten erließen abmahnende Schreiben, selbst von Karl XII. lief aus dem Hauptquartier Nova Pola, 27. Januar 1708, kurz vor seinem Zug nach der Ukraine und der Niederlage von Pultawa, ein sehr nachdrückliches Schreiben ein. Aber der Herzog begnügte sich, zu erwidern, „daß geschehene Dinge nicht ungeschehen gemacht werden könnten". Er erklärte dem Oberhofmeister und Kanzler, Baron Christoph Peter von Forstner, seinem Jugendfreunde: „Ich bin Papst in meinem Lande und niemandem anders als mir selbst Rechenschaft schuldig. Ein lutherischer Fürst ist in Gewissensfällen nur Gott verantwortlich."

Es dauerte nicht lange, so erschienen, von Wien aus beauftragt, ein braunschweigisch-wolfenbüttelscher und ein hessen-casselscher Gesandter in Stuttgart. Ihr Kommissoriale war vom 29. Februar 1708. Die Herzogin hatte es durch ihre Vorstellungen bei ihrem Vater zu Durlach durchgesetzt, daß er sich das Einschreiten des Kaisers erbat. Der Herzog war anfänglich darüber so sehr betroffen, daß er erklärte, katholisch werden zu wollen. Der Fürst von Hohenzollern hatte ihm auf solchen Fall sein Wort gegeben, daß der Papst die erste Ehe des Herzogs lösen werde. Kaum konnten der kriegerische Prälat Johann Osiander und der Kanzler Jäger

Eberhard Ludwig um 1700

mit den ernsthaftesten Gegenversicherungen, daß der Papst das nie tun werde, durchdringen. Unterm 4. August 1708 erließ Papst Clemens XI. jedoch Schreiben an Kurmainz, Kurtrier und Kurpfalz, an die Bischöfe zu Basel, Würzburg, Münster, an den Abt von St. Gallen und an die katholischen Schweizerkantone, daß sie sich die Beförderung und Unterstützung der vom Herzog von Württemberg verhofften Bekehrung sollten angelegen sein lassen.

Der Herzog geriet außer sich, als er vernehmen mußte, daß die kaiserliche Kommission darauf bestehe, die Gräfin Grävenitz solle weggeschafft werden. Er reskribierte unterm 2. Mai an seine Geheimen Räte, daß keiner von ihnen „bei Verlust des Kopfes zu Abandonnierung der Gräfin" raten solle, ja er ging so weit, ihnen zu vernehmen zu geben, daß „so gut ein kommandierender General seinen untergebenen Generalen Befehl bei Todesstrafe erteilen könne, so viel eher müsse ein Herr berechtigt sein, seinen Dienern solche Befehle zu geben. Geheime Räte und nicht Vormünder und Hofmeister haben wir uns bestellt". Endlich gelang es dem unerschrockenen Prälaten Johann Osiander, der das Mürbemachen verstand, den Herzog am 22. Juni doch zu einer förmlichen Nichtigkeitserklärung seiner Trauung zu bewegen. Zur Entfernung der Gräfin wollte er sich aber nun und nimmermehr bequemen, er ließ der kaiserlichen Kommission schriftlich zu wissen tun, „daß ihm dadurch nicht anders geschehe, als wenn man ihm die Seele von Leibe risse". Um die Wegschaffung unmöglich zu machen, forderte er von den Landständen die ungeheure Abfindungssumme von 200 000 Gulden für die Gräfin.

Unterdessen aber kam ein neuer Stoß und dieser endlich schlug durch. Es verbreitete sich die Sage, daß neue Klagen gegen den Herzog sowohl von seiner Gemahlin, als vom Durlachschen Hofe und von den Landständen erhoben worden seien, man spreche von Vergiftung der Herzogin, man habe ihr in eine Tasse Schokolade kleine zerstoßene Diamanten hineingetan, auch sei deshalb schon eine neue Kommission vom kaiserlichen Hofe ernannt worden. Da endlich ließ sich der Herzog mit 50 000 Gulden zufriedenstellen, und die Gräfin verließ das Land, der Herzog begleitete sie bis Genf, wo sie nun ihren Wohnsitz aufschlug und im prächtigen Stile lebte.

Nicht lange aber war der Herzog wieder zurückgekehrt, so eilte er aufs neue in die Schweiz und berief die Gräfin nach Bern. Er lebte hier mit ihr zwei Jahre. Das Land war froh, als er am 11. Mai 1710 wieder nach Stuttgart zurückkehrte, damit nur nicht mehr wie bisher die Einkünfte außer Landes verzehrt würden. Die Aussöhnungstraktate mit der Herzogin kamen feierlich zustande. Die Gräfin stellte zu Schaffhausen unterm 15. November 1710 einen förmlichen Revers aus, den kaiserlichen Befehlen Folge zu leisten.

Aber der Herzog hatte unterdessen einen Ausweg gefunden, der ihm den ungefährdeten Genuß der geliebten Gräfin verlieh. Die Unterhandlung war durch den Geheimen Rat Schütz gegangen. Die Gräfin verheiratete sich zum Scheine. Es wurde durch Schütz in Wien ein ziemlich bejahrter, verschuldeter böhmischer Graf, Johann Franz Ferdinand von Würben (aus dem alten eingeborenen Geschlechte Wrbna von Freudenthal), aufgetrieben, der sich dazu hergab, sich mit der Gräfin trauen zu lassen, aber dem Herzog alle seine Rechte zu überlassen. Durch einen im Schloß Waltenbuch ausgestellten Akt vom 30. November 1710 sagte Eberhard Ludwig dem Grafen von Würben nächst einem Handgeld von 20 000 Gulden ein lebenslängliches Gehalt von 8000 Gulden zu, außerdem erhielt er das erste Amt am Hofe, das eines Ober-Landhofmeisters Exzellenz, und die erste Stelle im Zivilstaat, die eines Geheimen Rats- und Kriegsratspräsidenten. Außerdem ward ihm die nächsterledigte Obervogtei und der nächsterledigte große Jagdorden versprochen. Unter diesen Bedingungen erklärte sich der Graf von Würben bereit, nach der Trauung allein in Wien sein Geld zu verzehren. Er ward mit der Gräfin zu Oberhausen getraut, wo drei Jahre früher der Herzog mit ihr ebenfalls die Ehe geschlossen hatte und reiste sofort wieder nach Österreich, wo er 1720 starb. Nun hatte die Gräfin zwei angetraute Männer und der Herzog zwei angetraute Frauen.

Am 17. April 1711 starb Kaiser Joseph I., der Herzog führte in den Feldzügen von 1711 und 1712 das Kommando der Reichsarmee am Oberrhein. Während dieser Zeit kehrte die Gräfin Grävenitz als Frau Landhofmeisterin Exzellenz wieder nach Stuttgart zurück. Als am 10. Dezember 1712 die Herzogin Mutter starb, überließ der Herzog das bisher von dieser bewohnte schöne und wohlgelegene Schloß Stetten seiner Geliebten. Später erhielt sie noch Gochsheim, Welzheim, Brenz und Freudenthal. Ihrem Bruder ward Heinsheim und Marschalkenzimmern gegeben.

Von nun an beherrschte die Grävenitz zwanzig Jahre lang unumschränkt den Herzog und das Land, 1711–1731. Es war, wie selbst die Hof-

Von Gottes Gnaden/

Eberhard Ludwig/

Hertzog zu Würtemberg/ rc.

Der Römisch. Käyserl. Majestät / und deß H. R. Reichs / wie auch deß Löbl. Schwäbischen Creyses respectivè General-Feld-Marechall, und General der Cavallerie, &c.

Lieber Getreuer;

DEmnach Wir zu Flor und Aufnahm Unsers Hertzogthums und Landen/ Verbesserung unserer Landes-Oeconomie, Verschaffung besserer Nahrung denen Inngesessenen vor denen Außländern/ auch Vermehrung allerhand Trafiquen, Manufacturen und Handlungen / sonderlich damit das Gelt nicht ausser Landes geführet werden möge/ Uns Gnädigst resolviret/ einen besonderen Commercien-Rath zu etabliren / also/ daß derselbe alle Commercia, Manufacturen/ Zucht- Arbeit- und Waisen-Hauß/ Handluugs- Krämer- und Handwercks- Floß- und Bergwercks-Sachen / Tabacs-Cultur, Land-Post-Wesen/ Strassen-Besorgung/ auch übriges zu diesem Vorhaben dienliches über sich nehmen/ veranlassen / deliberiren / beschliessen und vollziehen möge. Und nun

1. Die Handwercks- und Handlungs-Sachen zwar bey Unserm Fürstl. Ober-Rath biß dato allein tractirt worden/ Wir es auch was die deßfalls ausgekündete Ordnungen und deren

Zur „Verbesserung unserer Landes-Oeconomie“ führte Eberhard Ludwig 1709 den Commercienrat ein

leute, wenigstens beim Weine, sagten, als ob der Böse lebendig in sie gefahren wäre. Man nannte sie nur „die Landesverderberin“.

Die Nebenherzogin hatte schon seit ihrer Trauung im Jahre 1707 damit angefangen, alle ersten Hof- und Staatsstellen an ihre Verwandten und Kreaturen zu bringen. Nicht zwei Jahre vergingen, so war das Geheime Ratskollegium ganz neu besetzt. Der ehemalige gute Freund und Vertraute der Gräfin, der Geheime Rat und Hofmarschall von Stafforst, fiel zuerst, er wurde schon im Dezember 1707 entlassen. Er war vor allen übrigen gegen die Trauungskomödie aufgetreten und zwar mit um so größerer patriotischer Untertanenwärme, als er dabei so gewaltig dupiert worden war. Er ging nach seinem Vaterland Westfalen zurück und starb als großbritannisch-hannoverscher Geheimer Rat 1730 ohne Kinder. Im Jahre 1708 trat der Gräfin Bruder, der Graf Friedrich Wilhelm von Grävenitz, als Geheimer Rat ein. Er erhielt sich als Premierminister und Gouverneur von Mömpelgard bis zum Tode des Herzogs, obgleich er, wie Forstner berichtet, weder Latein noch Französisch und kaum Deutsch verstand, er nennt ihn einen eigennützigen Ignoranten und unwürdigen Poltron. Ein zweiter Bruder, Karl Ludwig, ward Gardemajor, später General, er starb 1793, noch vor der Katastrophe. Der jüngste, Johann Friedrich, war Oberstallmeister. Von ihren Schwestern heiratete Eleonore den Geheimen Rat Baron Nathanael Sittmann, der ehemals

Haushofmeister bei der Gräfin Wartemberg gewesen und ein schmutziger Geizhals war; die jüngste, Henriette, heiratete den Kriegsratspräsidenten von Boldewein. Von den beiden Söhnen des Premierministers wurde der eine, Graf Friedrich, Oberhofmarschall, der andere, Graf Viktor, Geheimer Rat und Komitialgesandter in Regensburg.

Unter den Kreaturen der Grävenitz standen obenan der Geheime Rat Schütz, dem es durch seine genaue Kenntnis „der Art, wie am Wiener Hofe Sachen durchzutreiben sind", gelang, ihr Schutzbriefe vom Kaiser zu erwirken, und wofür seine Familie die vorteilhaftesten Stellen erhielt; außerdem der Geheime Rat Pfau, ein Anhaltiner aus Dessau, der die auswärtigen Angelegenheiten besorgte, wie Forstner in seiner Apologie schreibt, besser die Violine zu spielen, als einen Brief richtig zu schreiben verstand, und dessen Bruder, der Hofrat Pfau, der der geheime Sekretär und Vertraute der Gräfin war.

Der Gräfin Grävenitz zu Gefallen mußte der Herzog im Jahre 1717, in demselben Jahre, in dem er den Hof nach Ludwigsburg verlegte, ein Geheimes Kabinett errichten, welches die höchste Aufsicht über alle Justiz-, Finanz- und Gnadensachen haben sollte. Sie selbst, die sehr gestrenge Dame, saß als ordentliches Mitglied gegen alle Sitte und Natur in diesem Kabinette, präsidierte wie die Maintenon, auf die sie sich ausdrücklich bezog, hochgebietender und leidenschaftlicher als je ein despotischer männlicher Kollegiumspräsident. Die übrigen Mitglieder waren ihr Bruder, der Premier, dessen jüngster Sohn und die Geheimen Räte von Schütz und Pfau, ihre Kreaturen. Diese fesselte ein geheimer Pakt, daß nicht eher eine Sache zum Vortrag vor den Herzog zu bringen sei, ehe sie sich selbst untereinander darüber verständigt hätten. Unter sämtlichen Kabinetts- und Geheimen Räten war nur ein, unter den siebzehn Expeditionsräten nur drei Württemberger. Alles ging durch der Gräfin Hand, und alle Stellen bot sie an den Meistbietenden feil. Ihre vorherrschenden Charakterzüge, ungemessene Hoffart und ungemessene Habsucht, traten in ihrer ganzen Verächtlichkeit zur Schau. Wer nur irgendeine selbständige Meinung ihr gegenüber zu behaupten versuchte, wurde entfernt. Des Herzogs Jugendfreund, Baron Christoph Peter von Forstner, Oberhofmeister und Kanzler, ein redlicher, aufrichtiger Mann, mußte wie ein Verbrecher aus dem Lande gehen, 1716, und schrieb von Paris aus seine „Apologie". In Stuttgart aber ward er in effigie verbrannt und es ward von seinem Vermögen konfisziert, soviel man erhaschen konnte. Forstner hatte dem Herzoge in edler Freimütigkeit in einem Briefe den Charakter und das Leben seiner Geliebten geschildert. Drei Tage lang trug der Herzog diesen Brief in der Tasche mit sich herum, dann verschloß er ihn in seiner Schatulle. Die Gräfin öffnete heimlich diese Schatulle, und der Herzog mußte seinen Freund ihr preisgeben. Sie schickte eigens ihren Vertrauten und vieljährigen Geheimen Sekretär Hofrat Pfau nach Paris, um Forstners Verhaftung zu erwirken und es ward ihm ein Kriminalprozeß gemacht. Allein alle Bemühungen, den Regenten (Herzog Philipp von Orléans, der Sohn Liselottens, übernahm nach König Ludwigs XIV. Tod die Regentschaft (1715 – 1723) für dessen minderjährigen Urenkel Ludwig XV.) zu bewegen, die Sache im Sinne der Grävenitz zu fördern, scheiterten, da dessen Mutter, die bekannte Herzogin von Orléans, den Verfolgten in Schutz nahm. Er wurde durch sie sehr bald aus der leichten Haft, mit der man ihn belegt hatte, befreit. Von Paris aus drohte Forstner der Gräfin, auch sie auf seinem Schlosse zu Dambach im Elsaß in effigie zu verbrennen, sie „beide würden dann die berühmtesten Prozessierten dieses Jahres sein“. Von Paris aus schickte er Plakate nach Stuttgart, die zu der Gräfin großem Verdrusse an allen Straßenecken angeschlagen wurden. Ein anderer Geheimer Rat, von Hespen, hatte für die unglückliche Gemahlin des Herzogs gesprochen, worauf ihn die Gräfin auf die Festung setzen ließ, aus der er nur auf ernstlichen kaiserlichen Befehl freikam. Alles duckte vor ihr, nur der unerschrockene Prälat Osiander, der ehemalige Gouverneur von Tübingen, der sich sogar unter diesem Mannweib als Direktor des Konsistoriums und Geheimer Rat in Respekt zu halten wußte, wagte ihr zu sagen, als sie gar ins Kirchengebet eingeschlossen zu werden verlangte, es werde ohne ihr Angedenken kein

Vaterunser gebetet, denn man bete ja alle Tage: „Herr, erlöse uns von dem Übel". Sonst war „bei empfindlicher Strafe" verboten, über sie und den Herzog zu „raisonnieren".

Die Gemahlin des Herzogs, Johanna Elisabeth von Durlach, hatte sich nicht entschließen können, ihrer verhaßten Nebenbuhlerin das Schloß zu Stuttgart zu räumen. Selbst nicht durch die Drohung ließ sie sich vertreiben, daß man sie nicht mehr als Fürstin behandeln werde. Die Gräfin Grävenitz veranlaßte deshalb den Herzog, ihr aus dem Wege zu gehen und lieber für sie, die Nebenherzogin, eine eigene neue Hofhaltung zu begründen. Er mußte nun im Jahre 1717 ungefähr eine Meile von Stuttgart, nicht einmal auf eigenem, sondern größtenteils auf geistlichem Grund und Boden, die neue Residenz Ludwigsburg anlegen. Es wurde hier von Frisoni ein prächtiges Schloß im Stile von Versailles gebaut. Wie in Versailles sollte auch hier eine königliche Hofburg mitten in einer öden Gegend geschaffen werden. Städte und Ämter mußten eigene Häuser in Ludwigsburg bauen. Die so gebauten Häuser verschenkte der Herzog dann an seine Hofleute und Räte, denn alle Kollegien und Kanzleien wurden nach Ludwigsburg versetzt. Die Zufuhren der Baumaterialien waren ungemein kostbar, sie mußten von weither beschafft werden. Eine Sandfuhre kostete einen Taler. Wasser war im Anfang fast gar nicht vorhanden, ebenso fehlte das Holz, man konnte die Öfen kaum heizen. Mit unge-

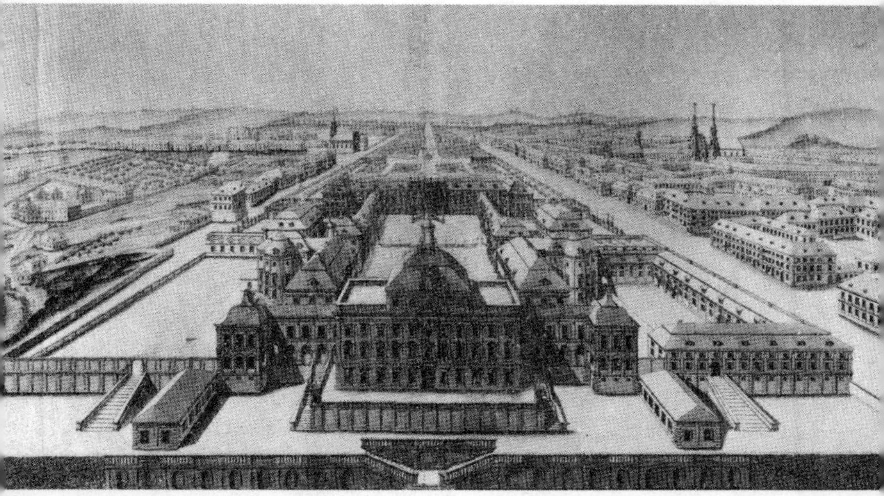

Ludwigsburg um 1730

heuren Kosten ward aber alles herbeigeführt. Noch Napoleon fand seine Zimmer in Ludwigsburg so prächtig, daß er dem König Friedrich sagte, er werde seinen Gegenbesuch nicht so gut aufnehmen können. Der Herzog hatte hier seine vortreffliche Kapelle, seine schöne Fasanerie und namentlich seinen überaus kostbaren Marstall. Der Herzog hielt sich unter anderem drei Gespanne zu je acht Pferden, mit denen er als Kutscher die Nebenherzogin selbst fuhr. Die Pferde mußten dabei vor dem Wagen allerlei Reitkünste machen. Pferde und Hunde waren seine größte Liebhaberei, er ließ ihre Portraits in Masse in den Gemächern von Ludwigsburg an den Wänden aufhängen. Die Orangerie von Ludwigsburg war eine der herrlichsten in Europa; aus Sardinien hatte der Herzog mehrere hundert prachtvolle Stämme bringen lassen.

Bei der Grundsteinlegung des Schlosses zu Ludwigsburg belustigte es den Landesherrn, Brot unter sein Volk auswerfen zu lassen, und zwar dergestalt, daß mancher beinahe zu Tod geworfen wurde. In demselben Jahre 1717 war die Not so groß in Württemberg, daß die erste große Auswanderung nach Amerika stattfand. Auch im Jahre 1713 war ein Hungerjahr gewesen, aber gerade in diesem Jahr hatte der Herzog seine Bauern gezwungen, einen großen Teil ihrer Äcker mit Tabak zu bepflanzen. Wie der Hof durch den ungeheuren Luxus in freche Demoralisation verfiel, so geriet das Volk durch die Not in trübe Pietisterei. In den dreiundachtzig Friedensjahren, die Württemberg von 1713 bis 1796 genoß, während deren kein Feind das Land betrat, bildeten sich diese Zustände allmählich aus: Württemberg wurde in dieser Zeit das Eldorado der Pietisten und Betstündler. Sie gründeten später in Amerika blühende Niederlassungen.

Die allgemeine Erbitterung gegen die Nebenherzogin führte allerdings zu Versuchen, sich ihrer zu entledigen. Man stiftete geheime Verschwörungen an, man wollte sie auffangen und ihr bei einer im Schönbuch angestellten Jagd ihr Recht widerfahren lassen. Aber sie war glücklich genug, die Verschwörung noch vor ihrem Ausbruche zu entdecken. Ein Teil der Verschworenen wurde peinlich prozessiert, und sie saß nur um so fester im Sattel.

Nach Wien schickte sie Geld, um den Reichshofrat zum Schweigen zu bringen. Den König Friedrich Wilhelm von Preußen erfreute sie von Zeit zu Zeit mit Präsenten von langen Kerlen für seine blaue Garde. Im Lande selbst hielt sie Spione, ließ die Briefe auf den Reichsposten erbrechen und übte eine despotische Polizei. Den Landständen ließ sie, als sie nicht Geld bewilligen wollten, durch den Herzog bedeuten, man werde sich an die „Individuen" halten, wenn die Korporation widerstrebe. Man mußte zusehen, wie das gewalttätige Weib mit den schändlichsten Künsten Schätze aufhäufte, schamlos das Recht verkaufte, alle Strafen, namentlich für geschlechtliche Vergehen, in Geldstrafen von 1500 – 4000 Gulden verwandelte, Domänen verkaufte, an die Juden Handelsmonopole erteilte und Gelder erpreßte. Sie führte des Herzogs Kasse, die immer leer war, sie borgte ihm aus ihrer immer vollen und machte sich durch Güter bezahlt. Man mußte sehen, wie sie mit der größten Frechheit der Gemahlin des Herzogs spottete, den schwachen und kränklichen Erbprinzen mißhandelte, den Herzog durch Nebenliebschaften hinterging, alles gouvernierte und dirigierte. Alle Abende war Gesellschaft in ihrem Hause, wobei der Herzog und der Hof erschien, es herrschte die strengste Etikette. Unter dem Vorwand von Unpäßlichkeit empfing sie im Negligé, während alle Damen im höchsten Staate erscheinen mußten. Ja, sie ließ sich sogar einmal beikommen, der Prinzessin von Württemberg-Weiltingen den Rang streitig zu machen. Nicht bloß die Ämter, die der Herzog zu vergeben hatte, verkaufte sie, sondern auch die, deren Vergebung den Stadtmagistraten zustand. Die Beamten mußten Gelder vorstrecken, an deren Wiederbezahlung sie nicht dachte. Sie mußten Kautionen stellen, aber wenn ein Kassendefekt erfolgte, waren die Kautionsgelder unsichtbar geworden. Einmal kam jemand zu ihr und bot ihr für das Recht, eine Apotheke anlegen zu dürfen, 5000 Gulden. Sie nahm das Geld, quittierte, schickte aber das Patent nicht. Der Bittsteller kommt wieder und mahnt. Die Gräfin weiß sich nicht zu besinnen, will sich erst durch die Quittung überzeugen; sie wird ihr gegeben, sie nimmt sie, geht aus dem Zimmer und läßt den Bittsteller stehen. Er war und blieb betrogen. Ebenso konfiszierte die Gräfin ohne weiteres englische Waren, die ihr gefielen. Der Herzog selbst erschien mit ihr öffentlich in dem konfiszierten Goldbrokate. Die Schulden der Kammer waren unerschwinglich. In welchem Stile der Hofhalt geführt wurde, ergibt sich aus der Anordnung einer sogenannten Inventionstafel beim Namenstage des Herzogs, 23. März 1722. Diese Tafel war wie ein See arrangiert, aus diesem See schossen vierzig Strahlen Wasser empor und zwischen ihnen schwammen lebendige Fische und Enten. Um den See war ein Pomeranzen- und Zitronengarten, in dem die Tafel stand, an der achtundvierzig Personen speisten und hundertachtundvierzig Speisen aufgetragen wurden. Auf die Parforcejagd wurden außerordentliche Summen verwendet. Das Soldatenwesen war zahlreich und prächtig. Die Verwirrung stieg endlich so hoch, daß man die Landeseinkünfte antizipierte.

Zwanzig Jahre lang wurde der Herzog von seiner mit den Jahren sehr alternden Geliebten in solcher Verblendung gehalten, daß man allerdings hätte geneigt sein können, an eine Verzauberung zu denken. Wenn er sich auch der Fesseln hätte entledigen wollen, er besaß nicht die Kraft und Entschlossenheit dazu. Er seufzte wohl einmal händeringend, sie halte ihn doch zu hart, aber los vermochte er nicht zu kommen. Alle Sammlung und Besonnenheit erstickte im Keime das stets bewegte Hofleben und der Rausch der immer wechselnden Hofvergnügungen in der neuen Residenz zu Ludwigsburg. Die Grävenitz verließ ihn nicht, sie begleitete ihn sogar auf seine steten Jagden, unermüdet bis zum Jahre ihrer Ungnade. Man zeigte ein ganzes Zimmer von Hirschgeweihen, die die kühne Jägerin selbst erobert hatte. Herzhafte Diener und Räte fanden sich nicht, und die Bedächtigen schreckten die unglücklichen Versuche, die früher gemacht worden waren, die Allmächtige zu stürzen. Doch bildete sich nach und nach eine Partei gegen die Gräfin, an deren Spitze General Graf Wittgenstein mit seiner Gemahlin, die die Nachfolgerin der Gräfin wurde, stand und der Kammerjunker und Generaladjutant, spätere Geheimer Rat und Oberburggraf Heinrich

Günther Reinhard von Röder, der in hohem Grade beim Herzog beliebt war, und auch in dieser Angelegenheit 1731 nach Preußen ging. Auch Forstner war seit 1729 wieder als Hofrichter in Tübingen angestellt worden. Die Aussichten wurden sehr trübe, als der Erbprinz hinzuwelken anfing. Er war zwar seit dem Jahre 1716 mit einer preußischen Prinzessin, Henriette Marie von Brandenburg-Schwedt, vermählt, hatte aber nur eine einzige Prinzessin aus dieser Ehe.

In dieser Lage der Dinge traf König Friedrich Wilhelm I. von Preußen, der Vater Friedrichs des Großen, im August des Jahres 1730 zu einem Besuche in Stuttgart ein. Er machte dem nun vierundfünfzigjährigen Herzoge die ernstlichsten Vorstellungen, sich mit seiner Gemahlin zu versöhnen, und auf die Fortpflanzung seines in seinem unbeerbten Erbprinzen hinwegsterbenden Stammes bedacht zu sein. Der Geheime Rat Schütz erhielt Auftrag, der Gräfin ihren Abschied zu bringen. Aber sie beachtete das nicht. Die Sache ward nun so geleitet, daß der Herzog zu einem Gegenbesuche nach Berlin reiste und der Frau Landhofmeisterin den Befehl hinterließ, daß man sie nicht mehr bei Hofe zu sehen wünsche. Man ließ ihr alle ihre Besitzungen und eine Jahresrente von 10 000 Gulden, „so sie sich mit aller Behutsamkeit aufführt, alle Kollissionen und Mißhelligkeiten vermeidet". Aber die gefährliche Dame ließ es auf die letzten Tage der Zurückkunft der Herzogs ankommen und konnte kaum vermocht werden, sich nach

Stetten zu begeben. Sie setzte auch von ihren Gütern aus noch dem Herzog auf mannigfaltige Weise zu. Sie wollte, um des Herzogs Gunst wieder zu erlangen, zu sympathetischen Mitteln ihre Zuflucht nehmen, schrieb deshalb an den Kammerdiener des Herzogs und verlangte von demselben ein paar Tropfen Bluts des Herzogs gegen eine große Summe. Der Kammerdiener machte Anzeige. Der Herzog ließ sie darauf am 14. Oktober 1731 durch ein Husarenkommando unter dem Obrist Streithorst von ihrem Gute Freudenthal wegholen und auf die Festung Urach bringen. Hier mußte sie sich zu einem Rezesse bequemen, worin sie die ihr ehemals geschenkten Güter und Dörfer abtrat gegen eine Geldabfindung von 200 000 Gulden und gegen das Gut Welzheim. Man ließ ihr ihr gesamtes Mobiliar. In dem Rezeß war besonders bedungen, daß die Gräfin den herzoglichen Trauring und die Haare, die sie noch von ihm besitze, herzugeben habe. Der Premierminister, ihr eigener Bruder, der zu all diesen Maßregeln gegen seine Schwester die Hand geboten hatte, setzte sie hierauf zwar wieder in Freiheit, den Hof durfte sie aber nicht wieder betreten. „Es ist genug kundig", heißt es in den gegen sie später ergangenen Untersuchungsakten, „was für Ängsten ihre letztere Entfernung von Hof Serenissimo causiert hat." Die Gräfin begab sich nun nach Heidelberg, nach Mannheim, und sodann, als sie sich hier nicht sicher glaubte, weil der Nachfolger ihre Auslieferung verlangte, nachdem er den Prozeß gegen sie erneuert hatte, 1734 nach Berlin. Ihre Nichte, Charlotte Wilhelmine, Tochter des Generals, heiratete hier 1735 einen Liebling Friedrichs des Großen, den Obristleutnant Georg Konrad von der Goltz. Sie starb achtundfünfzigjährig im Jahre 1744.

Der Herzog, befreit von der schweren Hausplage, versöhnte sich im Juli 1731 wieder mit seiner rechtmäßigen Gemahlin im Bade zu Teinach. Schon im Oktober darauf starb der Erbprinz mit Hinterlassung einer einzigen Prinzessin, Luise Friederike, welche 1746 an den Herzog Friedrich von Mecklenburg-Schwerin vermählt wurde. Die Erbprinzessin zog sich nach Preußen zurück und bewohnte, geisteskrank geworden, das Schloß Köpenick bei Berlin, das ihr Günstling General Graf Schmettau zum Geschenk erhielt. Um so sehnlicher hoffte nun Eberhard Ludwig, von seiner Gemahlin noch einen Erben zu erhalten. Auf die erste Wahrnehmung einer etwa möglichen Erfüllung dieses Wunsches wurden Kirchengebete verordnet, man betete bis in den elften Monat, endlich zeigte sich das Trügerische der Hoffnung. Die Nachfolgerin der Gräfin Grävenitz in der Gunst des Herzogs wurde die Gräfin Friederike Wilhelmine von Wittgenstein. Ihr hinterließ der Herzog in seinem Testament ein Legat von 50 000 Gulden und 8000 Gulden Jahresrente dafür, daß sie „im Reconciliationswerke mit seiner Gemahlin ihm assistiert".

Heinrich Schnee

Madame Kaulla

Deutschlands bedeutendste Hoffaktorin und ihre Familie (1739 – 1809)

Unter den Tausenden von Hoffaktoren, die im Zeitalter des Absolutismus als Finanziers an deutschen Fürstenhöfen tätig gewesen sind, befanden sich nur wenige Frauen, die den Status einer Hoffaktorin bekleideten. In Österreich finden wir zu Beginn des 17. Jahrhunderts *Johanna oder Johanka Meislin* in der Stellung als selbständige Hofjüdin und Geldgeberin. In Preußen spielte um 1700 unter dem ersten Preußenkönig *Esther Liebmann,* allgemein die Liebmännin genannt, als Hoffaktorin eine bedeutende Rolle. *Cecilia Hinrichsen,* aus einer sephardischen Familie stammend, wurde nach dem Tode ihres Mannes 1710 in Mecklenburg „privilegierte Hofjüdin", und *Blümchen Hertz,* ebenfalls Witwe eines Hoffaktors, brachte es in Hessen-Kassel zur Proviantlieferin und 1754 zur Hof- und Kammeragentin; sie erreichte damit den höchsten Rang, den eine deutsche Hoffaktorin bekleidet hat.

An Bedeutung werden die genannten Frauen übertroffen von „Madame Kaulla", die in der zweiten Hälfte des 18. und zu Beginn des 19. Jahrhunderts Deutschlands größte Hoffaktorin gewesen ist, die an den Höfen von Hechingen, Donaueschingen und Stuttgart eine vielseitige und ungemein erfolgreiche Tätigkeit als Hof- und Heereslieferantin und Finanzagentin ausgeübt hat und Begründerin einer Hoffaktorenfamilie mit zahlreichen Mitgliedern geworden ist, die heute noch blüht. Auf Grund der in den Archiven vorhandenen Quellen soll Leben und Wirken der Hoffaktorin Kaulla und ihrer Nachkommen geschildert werden.

Es ist eine Seltenheit, daß eine Frau in ihrer Zeit so bedeutend und berühmt wurde, daß alle Familienmitglieder, auch ihre Geschwister, ihren Namen als Familiennamen annahmen und der Name ihres Mannes völlig ausgeschaltet wurde. Kaulla, hebräisch Chaile, ist nur die Umschreibung ihres deutschen Rufnamens Karoline. Sie stammte aus der jüdischen Gemeinde der Reichsstadt Buchau, die im Gegensatz zu den anderen schwäbischen Reichsstädten eine bedeutende Judengemeinde hatte. Hier wurde Chaile als ältestes von sechs Kindern im Jahre 1739 als Tochter des Vorstehers *Raphael* und der *Rebekka* von Regensburg geboren. Raphael war bereits Hoffaktor; denn in dem Hohenzollern-Hechingenschen Hofrats-Audienzprotokoll findet sich am 4. Mai 1747 die Eintragung: „Jud Raphael Isac von Buchau vormahlig Fürstlich Sigmaringischer Hofjud hat auf untertäniges Suppliciren die Hofffreyheit und den Character eines Hoff-Faktors erhalten, soll dahero nach

Madame Kaulla mit ihrem Bruder Jakob und dessen Sohn Salomon Jakob, später Hofbankier in Stuttgart

ausweis oballegirter Taxordnung bezahlen 8 fl.“ Der Buchauer Judenvorsteher war also Hofjude in Sigmaringen und Hoffaktor in Hechingen. Von väterlicher Seite stammt Chaile danach aus Buchau, mütterlicherseits aus Regensburg; denn Bezeichnungen wie Rebekka von Regensburg waren damals und auch später Herkunftsbezeichnungen. Die Familie der Mutter nahm bald den Namen Regensburger als Familiennamen an, und auch die Regensburger stiegen ebenso wie Raphaels Nachkommen zu Hoffaktoren auf.

Das Elternhaus der Chaile Raphael gehörte zweifellos zur israelitischen Oberschicht; das beweisen die Bildungsbestrebungen der Familie, die sich um eine gute Erziehung ihrer Kinder bemühte. Im 18. Jahrhundert, dem Jahrhundert der Aufklärung, waren wohlhabende Juden eifrig bestrebt, sich die Bildungsgüter der Zeit anzueignen; ein Hauslehrer erteilte den Kindern Raphaels Unterricht, und bei einem christlichen Präzeptor lernten sie die deutsche Sprache. 1757 wurde Chaile Raphael mit *Kieve (Akiba) Auerbach* in der kleinen Residenz Hechingen verheiratet. Ihr Mann war wohl bewandert in Thora und Talmud, widmete sich ausschließlich den Wissenschaften und überließ die Wirtschaft gänzlich seiner Frau. Während der Gatte völlig zurücktrat, so daß sogar sein Name verging, wurde Chaile nicht nur kinderreiche Mutter – wir wissen von mindestens fünf Söhnen und einer Tochter, ihre Zahl dürfte jedoch größer gewesen sein –, sondern, auf sich allein gestellt, Begründerin eines Handelshauses, das bald einen solchen Umfang annahm, daß sie den ältesten Bruder Jakob Raphael zum Teilhaber der Firma machte, der unter ihrer Leitung vom „Bachur“ zum Geschäftsmann wurde und schließlich als „Ältester“ der Familie für die Außenwelt als Chef des Handlungshauses galt. Da ihr Vater, wie wir jetzt wissen, bereits in

Sigmaringen und Hechingen als Hoffaktor fungierte, waren für Chaile die Beziehungen auch zum Hofe in Hechingen gegeben, um selber in diese wirtschaftlich führende Schicht des Judentums aufzusteigen. Eine weitere Voraussetzung dafür war immer ein gewisser Wohlstand der betreffenden Familie; ihn hat Chaile durch Pferdehandel und Juwelenlieferungen geschaffen.

Chaile wurde zunächst Hofjüdin des Hauses Fürstenberg in Donaueschingen. Am 29. Februar 1768 erhielt sie das Patent als Hoffaktorin; in dem Dekret wird sie „Kaula Raphael aus Hechingen“ genannt. In verhältnismäßig jungen Jahren erlangte sie damit den Rang einer Hoffaktorin. Am 20. Juli 1769 erhielt sie einen freien Geleitspaß für sich und ihre Waren; die nachgesuchte Zollfreiheit für die Waren wurde ihr jedoch nicht gewährt, und die Räte zu Donaueschingen betonten am 23. November 1776 noch einmal ausdrücklich, daß ein freier Geleitspaß keine Zollfreiheit einschließe. In dem Ernennungsdekret wurde Chaile als Hebräerin bezeichnet, was insofern bemerkenswert ist, als die Hoffaktoren in der Regel als Juden, sehr selten als Hebräer bezeichnet wurden. Um die Ernennung zur Hoffaktorin hatte Chaile Raphael in Donaueschingen nachgesucht, ebenso um den Auftrag zu Lieferungen von Waren und Schmuck; mit dem Hinweis, die Hoffaktorin solle sich „aller orthen dieses Prädicats provaliren“, unterzeichnete Fürst Joseph Wenzel die Ernennungsurkunde. Ein erneutes Ersuchen der

Hoffaktorin um Zollfreiheit lehnte er am 27. November 1776 wiederum ab. Aber die Hofjüdin ließ nicht locker; schon am 21. Dezember richtete sie ein neues Gesuch an den Landesherrn, unterzeichnete „Kaula Hoffactorin" und wies mit Recht darauf hin, daß Zollfreiheit eine wesentliche Eigenschaft einer Hoffaktorin sei, „welche in allen Landen, wo Hoflivranten sind, üblich ist". Dieser Appell hatte Erfolg; am 10. Januar 1777 erhielt Chaile Zollfreiheit für jene Waren zugestanden, die sie zur Hofhaltung und für die Dienerschaft liefern würde.

Inzwischen hatte sich auch Kaullas Bruder *Jakob Raphael*, „Schutzjud zu Hechingen", wie er in den Akten tituliert wird, um das Haus Fürstenberg verdient gemacht. Als Belohnung der von ihm und den Seinen geleisteten guten Dienste, die aber nicht näher gekennzeichnet werden, erhielt er am 6. März 1780 das Prädikat eines Hoffaktors und am 12. Januar 1781 auch die Befreiung vom Leibzoll; sie galt für ihn und einen seiner Knechte gegen Vorzeigen des Patents. Zoll auf Waren mußte der Hoffaktor jedoch entrichten; die Ämter waren entsprechend zu benachrichtigen.

Die Ernennung zum Hoffaktor galt in der Regel an allen Höfen immer nur für die Regierungszeit des unterzeichnenden Herrschers. Beim Regierungsantritt eines neuen Fürsten mußten die Patente erneuert werden. So richteten auch Chaile und Jakob Raphael aus Tübingen am 5. Juli 1783 an den neuen Landes-

Donaueschingen

herrn in Donaueschingen das Gesuch um „Confirmation" ihrer Patente als Hoffaktoren; trotz der Hinweise, daß Chaile seit achtzehn und Jakob seit drei Jahren „als Factors bey Euer .... Hof gnädigst angestellt" gewesen, wurde das Gesuch am 23. August abgewiesen; damit endete die Tätigkeit der Geschwister am Hofe zu Donaueschingen.

Zur gleichen Zeit wirkte dort Kaullas Schwager *Salomon Isaak Regensburger*, und zwar in der hohen Stellung eines Kabinettsfaktors, eine bei Hofjuden selten vorkommende Dienstbezeichnung. Kaullas Mutter war, wie wir schon gesehen haben, Rebekka aus Regensburg; die Familie hatte sich offenbar auch in Hechingen niedergelassen. Für geleistete Dienste ernannte Joseph Wenzel zu Donaueschingen am 5. Juli 1774 Regensburger zum „wirklichen Kabinettsfaktor" mit Bezügen, deren Höhe an einem kleinen Fürstenhofe nur das Staunen des Kenners hervorrufen kann. Der Kabinettsfaktor sollte eine jährliche Besoldung von 2000 Gulden in bar erhalten, dazu 25 Malter Weizen, 10 Malter Hafer im Amt Trochtelfingen „unabänderlich" auf 25 Jahre. Es war ungewöhnlich, die Besoldung eines Hoffaktors bei der Gewährung zugleich auf einen so langen Zeitraum im voraus festzusetzen. Für das Jahr 1774 waren die 2000 fl. sofort auszuzahlen, in den folgenden Jahren dagegen in Vierteljahresraten zu 500 fl. Die Besoldung sollte der Lohn sein für Projekte, die Regensburger zur Erhöhung der fürstlichen Revenüen vorgeschlagen hatte; darunter befand sich die Einrichtung einer Landeslotterie. Am 7. März 1775 meldete der Amtmann von Trochtelfingen, daß er dem Kabinettsfaktor die Früchte „ausgezahlt" habe, dazu 500 fl., da nicht mehr in der Kasse sei.

Bald kam es jedoch zwischen Donaueschingen und Kaullas Schwager zum Streit und Bruch.

Regensburger drohte dem Fürsten, indem er auf sein Ernennungs- und Besoldungsdekret pochte, mit einer Klage in Wien, um festzustellen, welchen Wert die Unterschrift eines deutschen Reichsfürsten habe. Das Ergebnis des umfangreichen Briefwechsels zwischen beiden Parteien war ein für den Kabinettsfaktor recht günstiger Vergleich vom 7. November 1776, der Regensburger 4500 fl. in drei Raten sowie 25 Malter Weizen und 25 Malter Hafer gegen Auslieferung des Dekrets vom 5. Juli 1774 zugestand. Fürstenberg war vor dem drohenden Prozeß in Wien zurückgewichen. Der hochinteressante Vorgang erhärtet die vom Verfasser bereits früher vertretene These, daß Hoffaktoren mit Besoldung beamtenrechtlichen Charakter hatten, ihre Bestallungen rechtsgültige Urkunden waren. Dieser unerfreuliche Streit zwischen Fürstenberg und Regensburger, Kaullas Schwager, mag dazu beigetragen haben, daß wenige Jahre später die Patente für die Geschwister Kaulla nicht erneuert wurden. Einzelheiten über Lieferungen der beiden Kaulla und Genossen ergeben sich aus den Akten nicht.

Ersatz für Donaueschingen fanden die Kaullas in Hechingen; die erhaltenen Akten verraten zwar auch nicht viel, bezeugen aber, daß nach dem Pferde-, Waren- und Juwelenhandel jetzt Geldgeschäfte getätigt wurden. So liehen sie 1796 den Hohenzollern nacheinander 15 000 fl., dann 10 000 fl., 10 500 fl., 4000 fl.

Die bedeutendsten Geschäfte tätigte das

Handlungshaus Kaulla und Cie. als Heereslieferant in den napoleonischen Kriegen und als Geldgeber des Stuttgarter Hofes. Welchen Anteil an den Unternehmungen Madame, welchen ihr Bruder hatte, läßt sich nicht bestimmen; jedoch wird ausdrücklich bezeugt, daß Chaile der wirkliche Leiter der Firma gewesen ist; ihr Bruder war mehr Unterhändler, der die Aufträge ausführte, der in Geschäften immer unterwegs war, dessen Reisen ihn nach Wien, Paris und London führten, der commis voyageur par excellence. Aber auch Jakob Kaulla war zweifellos ein Finanzier von Format. Beide, Schwester und Bruder, haben am Stuttgarter Hofe den Ruhm der Familie Kaulla in Süddeutschland begründet; von ihren Leistungen und ihrem Ruhm zehrten die nachfolgenden Generationen. Das Hauptstaatsarchiv Stuttgart besitzt über die Hoffaktorenfamilie Kaulla ein Quellenmaterial, das beweist, daß das Handelshaus um 1800 zu den süddeutschen Großunternehmen zu rechnen ist, das lange Zeit vor dem Hause Rothschild führend war und erst nach dem Tode der Madame und ihres Bruders von dem Frankfurter Bankhaus überflügelt wurde. In jener Zeit gingen die Umsätze des Handlungshauses Kaulla in die Millionen.

Den ersten großen Auftrag als Heereslieferanten erhielten Kaulla und Cie. laut Vertrag vom 30. November 1790 von Maximilian Christoph, Bischof zu Konstanz, und Herzog Carl Eugen von Württemberg als den Direktoren des

Schwäbischen Kreises für die k. k. Armee in den Niederlanden. Der kaiserliche Minister Graf Lehrbach hatte den Häuptern des Schwäbischen Kreises mitgeteilt, daß von dem General-Verpflegungsamt mit Kaulla und Cie. zu Hechingen ein Kontrakt abgeschlossen worden war über die Lieferung von 30 000 Zentner Roggen Wiener Gewichts und 60 000 Metzen Hafer niederösterreichischen Maßes, die in dem Schwäbischen, Fränkischen und Rheinischen Kreise zu erkaufen und abzuliefern wären wie folgt: Ende November das erste Drittel, in der Hälfte Dezember das zweite und Ende des Monats das letzte Drittel, und zwar in das kaiserliche Magazin zu Trier, vielleicht aber auch einen Teil davon nach Koblenz oder Köln. Damit den Lieferanten der freie Aufkauf und die freie Durchfahrt in den Landen des Schwäbischen Kreises gestattet werde, erhielten die „Hoch- und Löblichen" Stände mittels eines „Kreispatents" davon Nachricht in der Erwartung, daß sie durch entsprechende Weisungen alles weitere veranlassen würden. Für das in der kleinen Residenz Hechingen beheimatete Haus Kaulla bedeutete dieser Kontrakt den Einstieg in das große Geschäft.

Mit dem Stuttgarter Hof war Madame Kaulla jedoch schon Jahrzehnte früher in Geschäftsbeziehungen getreten. Auf ihr Gesuch vom 7. Juli 1770 wurde der „Jüdin Kaulla" der Titel einer herzoglichen Hoffaktorin verliehen, jedoch ohne Niederlassungsrecht in Stuttgart und Ludwigsburg, wohl aber in Freudental, da dort der Handel in Württemberg wie anderswo ihresgleichen gestattet sei. Wenn Chaile 1770 Hoffaktorin in Württemberg wurde, dann setzt dies voraus, daß sie schon Jahre vorher dem Hofe Dienste geleistet haben muß, da der Titel Hoffaktor in der Regel erst nach jahrelanger höfischer Tätigkeit verliehen wurde.

Am 2. November 1797 erhielt die Hoffaktorin für ihre inzwischen erworbenen Verdienste den Hofschutz in Stuttgart und Ludwigsburg, den beiden Residenzen, zugesprochen. Dagegen protestierten der Magistrat, die Stuttgarter Kaufmannschaft und die Landesversammlung in einer Eingabe vom 29. März 1798 und verwiesen auf die landständische Entschließung über die Ausweisung der Juden. Schweren Herzens mußte Herzog Friedrich am 4. April des Jahres seine Resolution von 1797 zurücknehmen, indem er zugleich bedauerte, daß durch die Ausweisung der Kaullas die Geldzirkulation nicht gehoben werden. Er verwies außerdem auf die Tatsache, daß es von jeher Ausnahmen von den Landesgesetzen gegeben habe, und daß es 1739 und 1770 nur um die Ausschaffung der schlechten und schädlichen Juden gegangen sei, nicht aber um die der Hofjuden; die Gebrüder Seligmann z. B. wären von den Landständen selber sichergestellt worden. Mit der ständigen Niederlassung der Familie Kaulla in Stuttgart war es vorerst nichts; dessen ungeachtet setzten gerade unter Herzog Friedrich die großen Naturalliefe-

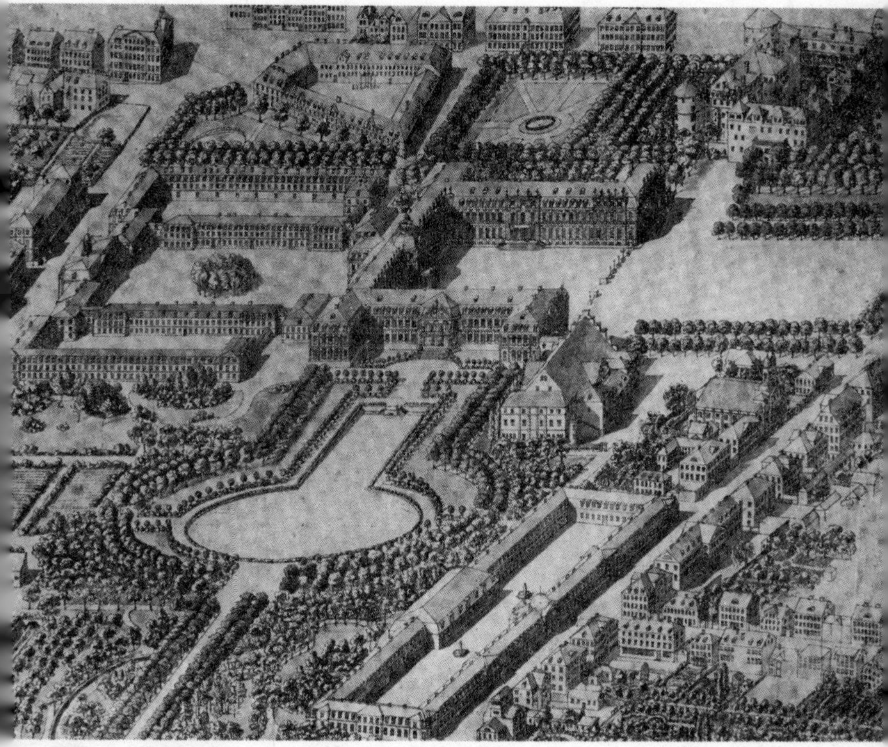

Thourets Entwurf für das Stuttgarter Schloß

rungen und Geldgeschäfte mit dem Bankhause ein; es wurde der finanzielle Rückhalt des Stuttgarter Hofes.

Am 24. Dezember 1798 lieh der Herzog 30 000 fl. auf Wechsel, der am 18. Januar 1799 verfallen sollte. Das Kapital betrug zu diesem Zeitpunkt 30 807 fl. 45 Kreuzer. Als der Herzog die Prolongierung des Wechsels wünschte, teilte Kaulla mit, daß sein Sohn die Angelegenheit in

„Ordnung" bringen werde. Im Jahre darauf (1800) zog Herzog Friedrich Jakob Kaulla als Hofbankier in seine Residenz.

Besonders zahlreich waren die Finanzgeschäfte in den Jahren 1800 bis 1802. Wie so viele Hoffaktoren wurden auch Kaulla und Cie. Vermittler in der Subsidienpolitik deutscher Fürsten. Insbesondere handelte es sich um die zur Administration des herzoglichen „Reichskontingent-Ergänzungskorps" zu übermachenden Gelder. Das Handlungshaus Kaulla und Cie. war bei dieser Transaktion in den Akten mit folgenden Summen vertreten: am 12. Juli 1800 durch die Bank in Fürth und Ansbach mit 287 717 fl. 40 Kr., vom 20. Juli bis 20. August monatlich mit 24 000 fl. Am 16. Juni lieferte der Hofbankier 67 200 fl. und 8250 fl., am 25. Mai Kaulla in bar 150 000 fl., in Wechseln auf die Bank von Ansbach in vierzehn Tagen nochmals 150 000 fl.; am 5. Mai bezahlte der Hofbankier Kaulla durch Hoffaktor Seligmann 50 000 fl.; am 10. Mai Kaulla 15 000 fl.; am 30. April der Hofbankier durch Hoffaktor Seligmann 40 500 fl. Am 27. Juli 1800 reiste Kriegsrat Düngen nach Fürth, um von Kaulla weiter zu erheben: 13 438 fl. 35 Kr., 18 000 fl., 944 fl., zusammen 32 383 fl. 35 Kr., erhielt jedoch nur die beiden letzten Posten = 18 944 fl. Erwähnenswert bei diesen Finanzgeschäften ist die Tatsache, daß Kaulla die 150 000 fl. bar als Silbergeld in neun Fässern lieferte. Nach einem Bericht des Kriegsrats Düngen aus Weiltingen vom 26. Mai 1800 hatte

Kaulla selber bis dahin die stattliche Summe von 405 000 fl. vorgestreckt. Zu dieser Zeit waren die englischen Subsidien noch nicht eingetroffen; erst in vierzehn Tagen sollten sie ankommen. Der Bericht vermerkt, daß Kaulla diese Summe auf Kredit gezahlt habe. Kriegsrat Düngen bezeichnete die Schwester des Hofbankiers bei diesen Finanzoperationen ausdrücklich als „eigentlich das Haupt des Kaullaischen Hauses".

Am 15. Juli 1802 erstattete Düngen einen summarischen Bericht über die Subsidien-Kassen-Rechnung für die Zeit vom 28. April 1800 bis zum Juni 1802. Danach hatte der Herzog von der Krone England empfangen: 2 123 215 fl. 36 Kr. Kaulla erhielt für gelieferte Pferde 54 989 fl., für gelieferte Sättel 3874 fl. 30 Kr. Kaulla schuldete außer den 150 000 fl. zur Bank noch 624 746 fl. 54 Kr. Dagegen hatte er erhalten à conto cur. die Summe von 325 658 fl. 34 Kr. Die Ausgaben Kaulla à conto cur. beliefen sich auf 1 100 405 fl. 29 Kr. Wenn sich auch über diese Posten keine Einzelheiten ergeben, so geht doch daraus hervor, daß in diesen Jahren das Handlungshaus Kaulla Millionen umgesetzt hat. Daß es stets über flüssige Mittel verfügte, zeigt ein Vermerk vom 26. April 1802, in dem es heißt, daß Kaulla „mit Vergnügen" eine Anleihe von 60 000 fl. als Kaufschilling für Adelmannsfelden vorstrecke.

Die bedeutendste Leistung der Geschwister Kaulla ist zweifellos ihre Mitwirkung bei der Gründung der Württembergischen Hofbank im

Jahre 1802, die bis zum Aufkommen der modernen Aktienbanken – in Stuttgart der Württembergischen Vereinsbank 1869 – die wichtigste Kreditstütze des Landes gewesen ist und dann noch jahrzehntelang für das Land eine bedeutsame Rolle im Finanzgeschäft gespielt hat. Wir wissen, daß Hoffaktoren besonders im 19. Jahrhundert hervorragend an der Gründung der großen deutschen Privat- und auch Aktienbanken beteiligt gewesen sind. Das Handlungshaus Kaulla und Cie. gehört hier zu den frühesten Unternehmern und steht in einer Reihe mit Meyer Amschel Rothschild in Frankfurt, Salomon Oppenheim jr. in Bonn und Köln, Aron Elias Seligmann in Mannheim und München und Salomon Haber in Karlsruhe.

Herzog Friedrich veranlaßte 1802 das Handlungshaus Kaulla, für den bisher nur als Nebenbeschäftigung betriebenen Bankverkehr in Stuttgart ein eigenes Haus „M. u. J. Kaulla" zu errichten. Am 20. August faßte der Fürst den Entschluß, zur Hebung des Handels im Lande eine Hofbank zu gründen und erteilte dazu den Auftrag dem Geheimen Rat und Kammerpräsidenten von Mandelsloh, dem Rentkammer-Vizedirektor Düngen und dem Hofbankier Kaulla als Kassierer sowie dem „Handlungsverwandten" Johann Friedrich Knoff von Stuttgart als Kontrolleur. Alle herrschaftlichen Kassen sollten fortan ihre Wechselgeschäfte mit der Hofbank vollziehen; am 21. September erfolgte der Abschluß des Hofbankkontraktes. Das

Schloßplatz zu Stuttgart

Gründungskapital betrug 300 000 fl. und entfiel je zur Hälfte auf den Herzog und Kaulla. Daß die Geschwister Kaulla 1802 als Bankeinlage 150 000 fl. zur Verfügung stellen konnten, ist ein neuer Beweis für ihre Finanzkraft. Herzog Friedrich verwendete für seine Bankeinlage englische Allowance-Gelder, die ihm 1801/02 von der Krone vermacht worden waren. Nach seinem Tode wurde am 7. März 1817 ausdrücklich entschieden, daß der Anteil des verstorbenen Königs zu dessen Privathinterlassenschaft gehöre.

Die Bevorzugung der Hofbank in Geldgeschäften führte, wie zu erwarten war, zu Protesten, die sich in erster Linie gegen die Familie Kaulla richteten, wie sich schon 1798 Widerstände gegen die Verleihung des Hofschutzes gezeigt hatten. Auf eine Beschwerde der Kaufleute wurde am 19. März 1804 entgegnet, daß der Kurfürst der Familie Kaulla nicht nur seinen Schutz verliehen, sondern auch ihren „Ältesten" wegen seiner dem kurfürstlichen Truppenkorps im Felde geleisteten Dienste zum Hofbankier bestallt habe. Kaulla sei schon zuvor wegen seiner Verdienste um die Kaiserliche Armee zum Kaiserlichen Rat ernannt worden. Einer der Gegner der Familie schrieb am 14. April 1804, daß das Haus, in welchem Kaulla in Stuttgart wohne, nur dem Namen nach dem Fürsten zugeschrieben sei, tatsächlich übten die Rätin Kaulla und ihr Bruder die Besitzrechte aus; es handelte sich um das Haus Schmale Straße Nr. 11. Auch die Steuerfreiheit der Hofbank sei nicht gerechtfertigt, selbst wenn diese als Geschäft des Kurfürsten betrachtet werde, weil ihm diese Vergünstigung nur für liegende Güter zustehe.

Die Hofbank war in der Tat keine staatliche Einrichtung, sondern die vom Landesfürsten auf mancherlei Weise unterstützte und damit privilegierte Privatbank der Familie Kaulla. Am 1. Juli 1807 wurde deren Anteil auf 250 000 fl. er-

König Friedrich und Napoleon

höht, die in fünf Obligationen zu je 50 000 fl. zerlegt wurden, offenbar für fünf Mitglieder der Familie. Diese Bankeinlage in Höhe von einer Viertel Million Gulden im Zeitalter der napoleonischen Kriege stellte ein Vermögen dar, das jenes des Hauses Rothschild bei weitem übertraf.

Eine Zeitlang betrieb die Familie Kaulla auch den Salzhandel wie vor ihr die Familie Seligmann. 1807 hatte sich das Handlungshaus durch einen von König Friedrich angeregten Vertrag mit Bayern die Salzeinfuhr von dort nach Württemberg übertragen lassen. Mit dem Fürsten zusammen übte die Familie von 1808 bis 1814 das Salzmonopol in Württemberg aus.

Zur Belohnung für ihre Verdienste erhielten am 24. Juni 1806 „aus besonderer Gnade und als Ausnahme von der Regel" fünf Mitglieder der Familie mit sämtlichen Nachkommen beiderlei Geschlechts die vollen Rechte als Untertanen des Landes Württemberg unter Befreiung von der Konskription mit Rücksicht auf ihre Religion. Im Zuge der allgemeinen Judenemanzipation war dieses Privileg kein besonderes Vorrecht, denn in Preußen zum Beispiel waren bedeutende Hoffinanziers schon Jahrzehnte früher mit den Rechten christlicher Kaufleute, dem sogenannten Generalpatent, dann mit den vollen Bürgerrechten „begnadet" worden.

Auch nach der Verlegung ihrer vorzüglichen Tätigkeit nach Stuttgart blieben die Kaulla mit Hechingen verbunden. Zwar wurde am 26. März 1807 die Kaullaische Familie vom Fürsten Hermann Friedrich Otto aus Hechingen „entlassen": die „Kgl. Württembergische Hofbanquière Kaulla und ihr Gatte", ihr Bruder, der k. k. Rat Jakob Kaulla, dessen Schwager Mayer Kaulla und sein Tochtermann Nathan Wolf Kaulla, also fünf Mitglieder. Sie durften aber in Hechingen ihr Eigentum, ihre Synagoge und ihren Platz auf dem Friedhof behalten, doch mußten sie zu-

Schloß Lindich bei Hechingen, Sommerschloß der Fürsten von Hohenzollern-Hechingen

vor auf 27 000 fl. und etliche 100 fl. verzichten. Der Nachfolger des Fürsten unterwarf gleichwohl am 15. März 1813 die Familie allen Abgaben, wie sie andere Untertanen des Fürstentums leisten mußten. Trotzdem und trotz der Niederlassung verschiedener Mitglieder der Familie Kaulla an anderen Orten wie Darmstadt, Hanau, Stuttgart, München, Kriegshaber, Augsburg, Wien blieb die Generation der Madame Kaulla der kleinen Residenz Hechingen verhaftet. Das beweisen nicht nur die Grabsteine auf dem israelitischen Friedhof, sondern auch die Stiftungen. 1803 errichteten Chaile und Jakob Kaulla eine Stiftung, ein Lehrhaus zum Unterricht für junge Juden; dafür hatte Madame schon seit 30 Jahren die notwendigen Gelder gespendet, wie sie in einer sieben Seiten langen Eingabe berichtete, als man beanstandete, daß sie ohne die amtliche Genehmigung Lehrer angestellt habe, darunter den Rabbiner von Haigerloch. Nicht ohne Stolz wies sie darauf hin, daß sie immerhin jährlich 15 000 fl. im Lande verzehre, eine Summe, die kennzeichnend für den Lebensstil der Hoffaktorin in Hechingen ist. Die durch den Schriftsteller Berthold Auerbach berühmt gewordene Talmudschule „in der Münz“ hatte am Eingang in punktierten hebräischen Lettern das Chronogramm: „Am Weinstock waren drei Raben“. Das Gebäude ging 1906 in das Eigentum der Firma B. Baruch & Söhne über, nachdem die Schule schon 1850 durch eine öffentliche israelitische Anstalt ersetzt worden war.

Noch in der ersten Hälfte des 19. Jahrhunderts stand die Familie Kaulla mit Hechingen in geschäftlichen Beziehungen. So hat nach einer Eingabe aus Stuttgart vom 18. Oktober 1837 der Kgl. Württembergische und Kgl. Bayerische Hofagent *Salomon Jakob Kaulla* am 11. Juni 1833 Hechingen 4000 fl. geliehen, damit an das Bankhaus M. A. von Rothschild und Söhne aus einem Darlehen von 1830 in Höhe von 200 000 fl. die fällige Ratenzahlung geleistet werden konnte.

Madame Kaulla, die als Frau von anziehender

äußerer Erscheinung geschildert wird, die streng rituell lebte, starb am 18. März 1809; ihr prachtvoller noch erhaltener Grabstein auf dem israelitischen Friedhof in Hechingen trägt die Inschrift:

> Hier ruht ein Weib, die groß in ihrem Volke, groß in ihrem Vaterlande gewesen.

Am 18. Mai 1810 folgte ihr zu Hechingen ihr Bruder, der Kaiserliche Rat Jakob Raphael Kaulla, im Tode nach. Über die Familie, die damals in der Schloßstraße schöne Häuser besaß, bemerkte der Dichter Achim von Arnim in einem Brief an einen Freund: „Hechingen, wo das jüdische Handelshaus Kaulla sich in ungeheurem Reichtum erhob, während das Fürstenhaus Hohenzollern verarmte".

Überblickt man die Geschichte der Hoffaktorenfamilie Kaulla und vergleicht sie mit anderen bekannten Familien in gleicher Stellung, so zeigt sich, daß die Kaulla in fünf Generationen eine ungewöhnlich stattliche Zahl von Hoffaktoren deutschen Fürstenhäusern gestellt haben. In bezug auf die Zahl der Mitglieder und die Dauer ihrer Wirksamkeit können wir sie mit den Gomperz im Dienste der Hohenzollern oder den Oppenheimer und Wertheimer in Wien vergleichen. Ihre Tätigkeit umfaßt seit Beginn des 18. Jahrhunderts rund 200 Jahre. Sie wirkten an den Höfen von Hechingen, Sigmaringen, Donaueschingen, Stuttgart, Darmstadt, Hanau,

Sigmaringen und sein Schloß

Zweibrücken, München, Mannheim, Wien und Ansbach. Ihre Position stärkten die Mitglieder durch Heiraten in andere einflußreiche Hoffaktorenfamilien; so gehören in ihren Kreis die Familien Binge in Hessen-Hanau, Kusel in Karlsruhe, von Hirsch auf Gereuth und Pappenheimer in Bayern, Biedermann, Königswarter, Wertheimer in Wien. In den Kultusgemeinden ihrer Residenzen waren sie stets aktive Mitglieder, an der Emanzipation ihrer Glaubensgenossen haben sie ihren Anteil wie die meisten

Hoffaktoren jener Zeit. Zwei Zweige der Familie, die in direkter Linie von Madame und ihrem Bruder abstammten, stiegen in den erblichen Adelsstand auf; vier Mitglieder wurden durch den Personaladel ausgezeichnet. An den kleinen Fürstenhöfen hat die Familie Kaulla meist nur in einer Generation eine Rolle gespielt; ihre wichtigste Wirkungsstätte wurde Stuttgart und das Königreich Württemberg. Zieht man in Betracht, daß Buchau, der Ausgangspunkt der Familie, 1806 Württemberg einverleibt wurde, daß auch Hechingen und Sigmaringen heute dazu gehören, dann kann die Hoffaktorenfamilie Kaulla auf nahezu zweihundert Jahre öffentlichen Wirkens in Württemberg und Hohenzollern zurückblicken.

Es ist ihr jedoch nicht gelungen, eine Finanzdynastie wie die Rothschild in Frankfurt oder die Oppenheim in Köln zu gründen, obwohl das Handlungshaus Kaulla um 1800 finanzkräftiger gewesen ist als diese Bankhäuser. Der Grund dafür dürfte wohl darin zu suchen sein, daß das Kaullaische Unternehmen sich zu sehr auf seine Tätigkeit als Hofbank beschränkte, zu einseitig beim reinen Geldgeschäft blieb und zu wenig sich an Industrieunternehmungen beteiligte. Die Nachkommen von Madame und Jakob Kaulla, die beide zweifellos Finanzgenies gewesen sind, waren mehr Beamte und Verwalter als wagemutige und schöpferische Unternehmer; ein Schicksal, welches das Haus Kaulla mit fast allen Bankgründungen deutscher Hoffaktoren teilt. Nur das Bankhaus Oppenheim, von den 1734 aus Frankfurt ausgewanderten und in Bonn als Hoffaktoren tätigen Mitgliedern 1789 gegründet und dann nach Köln verlegt, heute das größte Privatbankhaus in Deutschland, hat das Hoffaktorentum an deutschen Fürstenhöfen überlebt, da die Finanzdynastie Rothschild nur noch in Paris und London fortlebt.

Das Käthchen von Heilbronn

Die Figur des Käthchens von Heilbronn wurde durch das gleichnamige Ritterschauspiel Heinrich von Kleists populär. Ob die Kleistsche Figur auf einem historischen Vorbild basiert oder reine Fiktion ist, ist bis heute umstritten. Die Hinweise auf ein historisches Modell für das Käthchen sind allerdings eher spärlich, beweisen läßt sich die Existenz der historischen Figur schon gar nicht. So ist anzunehmen, daß eine der bekanntesten Frauengestalten Württembergs lediglich der Phantasie eines Dichters entsprungen ist.

Es schien uns richtig, zu dieser Figur vier Texte einander gegenüberzustellen: eine Inhaltsangabe und Bewertung von Kleists Schauspiel aus einer Literaturgeschichte des neunzehnten Jahrhunderts, eine sehr typische Szene aus dem Werk selbst, einen Bericht über die heutige „Käthchen-Vermarktung" in Heilbronn und einen kurzen Chronikauszug, der gerne als Beleg für das „historische Käthchen" herangezogen wird.

Heinrich Kurz

Kleists „Käthchen von Heilbronn"

Der Stoff erinnert einigermaßen an die herrliche Erzählung von der Griseldis, ist aber in durchaus neuer und selbständiger Weise aufgefaßt. Käthchen, die Enkelin des Waffenschmieds Theobald, der sie als seine Tochter erzieht, ist die Tochter des Kaisers, der ihre Mutter einst verführt hatte, ohne daß sie ihn erkannt hätte. Als Käthchen zur Jungfrau herangewachsen war, wurde sie von einer wunderbaren Leidenschaft zum Grafen von Strahl ergriffen; sie folgt ihm überall hin, ob er sie gleich beinahe unmenschlich mißhandelt, um sie von sich fern zu halten, weil er im Begriff ist, sich mit Kunigunde von Thurneck zu vermählen. Diese stellt ihr grausam nach; aber Käthchen entgeht unbewußt den ihr gelegten Fallstricken, und da endlich der Kaiser Käthchen, von dessen Dasein er übrigens bis dahin nichts gewußt hatte, anerkennt, vermählt sich der Graf von Strahl mit ihr. Dies ist in den kürzesten Zügen der Inhalt des Schauspiels. Als Ganzes betrachtet, ist das Drama nichts weniger als gelungen zu nennen. Die einzelnen Teile stehen nicht in hinlänglichem Zusammenhang zueinander; so schließt sich namentlich der fünfte Akt nicht eng genug an das Ende des vierten an. Das Stück geht öfters zu sehr ins Breite und es herrscht eine große Ungleichheit in der Behandlung: es sind beinahe nur die Szenen, in welchen das Käthchen vorkommt, mit Liebe gearbeitet, aber diese sind freilich trefflich. Der Charakter Käthchens ist durchaus vollendet; ihr Verhältnis zum Grafen von Strahl rein poetisch und trotz der großen Schwierigkeit meisterhaft durchgeführt. Es war ein kühner Gedanke, die dämonische Macht der Liebe auf das Gemüt eines in Schönheit und Unschuld prangenden Mädchens zu zeigen, das sein ganzes Selbst in der Persönlichkeit des Geliebten aufgehen läßt, und nur einem großen Dichter konnte es gelingen, dieses Verhältnis bis zur äußersten Grenze zu führen, ohne daß der Charakter des Mädchens an Naivität, Wahrheit und Reinheit verlor. Solche Erscheinungen mögen allerdings in der Wirklichkeit selten sein, und sie setzen in den Personen eine eigentümliche Reizbarkeit voraus, die Kleist auch dadurch begründet hat, daß er sein Käthchen als Somnambule darstellt.

Heinrich von Kleist

„Das Käthchen von Heilbronn"

Vierter Aufzug. Zweiter Auftritt.

Käthchen (liegt und schläft). Der *Graf vom Strahl* (tritt auf).

Graf vom Strahl.

Käthchen! Schläfst du?

Käthchen.

Nein, mein verehrter Herr. (Pause.)

Graf vom Strahl.

Und doch hast du die Augenlider zu.

Käthchen.

Die Augenlider?

Graf vom Strahl.

Ja; und fest dünkt mich.

Käthchen.

– Ach, geh!

Graf vom Strahl.

Was! Nicht? Du hätt'st die Augen auf?

Käthchen.

Groß auf, so weit ich kann, mein bester Herr;
Ich seh' dich ja, wie du zu Pferde sitzest.

Graf vom Strahl.

So! – Auf dem Fuchs – nicht?

Käthchen.

Nicht doch! Auf dem Schimmel. (Pause.)

Graf vom Strahl.
Wo bist du denn, mein Herzchen? Sag mir an.
Käthchen.
Auf einer schönen grünen Wiese bin ich.
Wo alles bunt und voller Blumen ist.
Graf vom Strahl.
Ach, die Vergißmeinnicht! Ach, die Kamillen!
Käthchen.
Und hier die Veilchen; schau! ein ganzer Busch.
Graf vom Strahl.
Ich will vom Pferde niedersteigen, Käthchen,
Und mich ins Gras ein wenig zu dir setzen.
– Soll ich?
Käthchen.
Das tu, mein hoher Herr.
Graf vom Strahl (als ob er riefe).
He, Gottschalk! – Wo laß ich doch das Pferd? –
Gottschalk! Wo bist du?
Käthchen.
Je, laß es stehn. Die Liese läuft nicht weg.
Graf vom Strahl (lächelt).
Meinst du? – Nun denn, so sei's!
(Pause; er rasselt mit seiner Rüstung.)
Mein liebes Käthchen. (Er faßt ihre Hand.)
Käthchen.
Mein hoher Herr!
Graf vom Strahl.
Du bist mir wohl recht gut?
Käthchen.
Gewiß! Von Herzen.

Graf vom Strahl.

Aber ich – was meinst du?
Ich nicht.

Käthchen (lächelnd).

O Schelm!

Graf vom Strahl.

Was, Schelm! Ich hoff' –?

Käthchen.

O geh! –
Verliebt ja, wie ein Käfer, bist du mir.

Graf vom Strahl.

Ein Käfer! Was! Ich glaub' du bist –?

Käthchen.

Was sagst du?

Graf vom Strahl (mit einem Seufzer).

Ihr Glaub' ist wie ein Turm so fest gegründet! –
Sei's! Ich ergebe mich darin. – Doch, Käthchen,
Wenn's ist, wie du mir sagst –

Käthchen.

Nun? Was beliebt?

Graf vom Strahl.

Was, sprich, was soll draus werden?

Käthchen.

Was draus soll werden?

Graf vom Strahl.

Ja! hast du's schon bedacht?

Käthchen.

Je nun.

Graf vom Strahl.

– Was heißt das?

Käthchen.

Zu Ostern übers Jahr wirst du micht heuern.

Graf vom Strahl (das Lachen verbeißend).

So! Heuern! In der Tat! Das wußt' ich nicht!
Kathrinchen, schau! – Wer hat dir das gesagt?

Käthchen.

Das hat die Mariane mir gesagt.

Graf vom Strahl.

So! Die Mariane! Ei! – Wer ist denn das?

Käthchen.

Das ist die Magd, die sonst das Haus uns fegte.

Graf vom Strahl.

Und die, die wußt' es wiederum – von wem?

Käthchen.

Die sah's im Blei, das sie geheimnisvoll
In der Sylvesternacht mir zugegossen.

Graf vom Strahl.

Was du mir sagst! Da prophezeite sie –?

Käthchen.

Ein großer, schöner Ritter würd' mich heuern.

Graf vom Strahl.

Und nun meinst du frischweg, das sei ich?

Käthchen.

Ja, mein verehrter Herr. (Pause.)

Graf vom Strahl (gerührt).

– Ich will dir sagen,
Mein Kind, ich glaub', es ist ein anderer.
Der Ritter Flamberg.
Oder sonst – Was meinst du?

Käthchen.

Nein, nein!

Graf vom Strahl.

Nicht?

Käthchen.

Nein, nein, nein!

Graf vom Strahl.

Warum nicht? Rede!

Käthchen.

– Als ich zu Bett' ging, da das Blei gegossen,
In der Sylvesternacht, bat ich zu Gott,
Wenn's wahr wär', was mir die Mariane sagte,
Mögt er den Ritter mir im Traume zeigen.
Und da erschienst du ja, um Mitternacht,
Leibhaftig wie ich jetzt dich vor mir sehe,
Als deine Braut mich liebend zu begrüßen.

Graf vom Strahl.

Ich wär' dir –? Herzchen? Davon weiß ich nichts.
– Wann hätt' – ich dich?

Käthchen.

In der Sylvesternacht –
Wenn wiederum Sylvester kommt, zwei Jahr.

Graf vom Strahl.

Wo? In dem Schloß zu Strahl?

Käthchen.

Nicht! In Heilbronn;
Im Kämmerlein, wo mir das Bette steht.

Graf vom Strahl.

Was du da schwatz'st, mein liebes Kind. – Ich lag,
Und obenein todkrank, im Schloß zu Strahl.

(Pause. – Sie seufzt, bewegt sich,
und lispelt etwas.)

Graf vom Strahl.

Was sagst du?

Käthchen.

Wer?

Graf vom Strahl.

Du!

Käthchen.

Ich? Ich sagte nichts. (Pause.)

Graf vom Strahl (für sich).

Seltsam, beim Himmel! In der Sylvesternacht –
(Er träumt vor sich nieder)
– Erzähl' mir doch etwas davon, mein Käthchen!
Kam ich allein?

Käthchen.

Nein, mein verehrter Herr.

Graf vom Strahl.

Nicht? – Wer war bei mir?

Käthchen.

Ach, so geh!

Graf vom Strahl.

So rede!

Käthchen.

Das weißt du nicht mehr?

Graf vom Strahl.

Nein, so wahr ich lebe!

Käthchen.

Ein Cherubim, mein hoher Herr, war bei dir,
Mit Flügeln, weiß wie Schnee, auf beiden Schultern,

Und Licht, o Herr! das funkelte! das glänzte! –
Der führt' an seiner Hand dich zu mir ein.

Graf vom Strahl (starrt sie an).

So wahr als ich will selig sein, ich glaube,
Da hast du Recht!

Käthchen.

Ja, mein verehrter Herr!

Graf vom Strahl (mit beklemmter Stimme).

Auf einem härnen Kissen lagst du da,
Das Betttuch weiß, die woll'ne Decke rot?

Käthchen.

Ganz recht. So war's!

Graf vom Strahl.

Im bloßen leichten Hemdchen?

Käthchen.

Im Hemdchen? – Nein.

Graf vom Strahl.

Was! Nicht?

Käthchen.

Im leichten Hemdchen?

Graf vom Strahl.

Mariane, riefest du?

Käthchen.

Mariane, rief ich!
Geschwind, Ihr Mädchen! Kommt doch her!
Christine.

Graf vom Strahl.

Sah'st groß mit schwarzem Aug' mich an?

Käthchen.

Ja, weil ich glaubt', es wär' ein Traum.

Graf vom Strahl.
Stiegst langsam,
An allen Gliedern zitternd, aus dem Bett,
Und sankst zu Füßen mir –?

Käthchen.
Und flüsterte –

Graf vom Strahl (unterbricht sie).
Und flüstertest: mein hochverehrter Herr!

Käthchen (lächelnd).
Nun! – Siehst du wohl? – Der Engel zeigte dir –

Graf vom Strahl.
Das Mal. – Schützt mich, ihr Himmlischen!
Das hast du?

Käthchen.
Je, freilich!

Graf vom Strahl (reißt ihr das Tuch ab).
Wo? Am Halse?

Käthchen (bewegt sich).
Bitte, bitte.

Graf vom Strahl.
O ihr Urewigen! – Und als ich jetzt
Dein Kinn erhob, ins Antlitz dir zu schauen?

Käthchen.
Ja da kam die unselige Mariane
Mit Licht – und alles war vorbei;
Ich lag im Hemdchen auf der Erde da,
Und die Mariane spottete mich aus.

Graf vom Strahl.
Nun steht mir bei, ihr Götter! ich bin doppelt!
Ein Geist bin ich und wandele zur Nacht!

(Er läßt sie los und springt auf.)

Käthchen (erwacht).

Gott, meines Lebens Herr! Was widerfährt mir!

(Sie steht auf und sieht sich um.)

Graf vom Strahl.

Was mir ein Traum schien, nackte Wahrheit ist's!
Im Schloß zu Strahl, todkrank am Nervenfieber,
Lag ich danieder, und hinweggeführt
Von einem Cherubim, besuchte sie
Mein Geist in ihrer Klause zu Heilbronn!

Käthchen.

Himmel! Der Graf!

(Sie setzt sich den Hut auf
und rückt das Tuch zurecht.)

Graf vom Strahl.

Was tu' ich jetzt? Was laß' ich?

(Pause.)

Käthchen (fällt auf ihre beiden Knie nieder).

Mein hoher Herr, hier lieg' ich dir zu Füßen,
Gewärtig dessen, was du mir verhängst!
An deines Schlosses Mauer fandst du mich,
Trotz des Gebots, das du mir eingeschärft;
Ich schwör's, es war ein Stündchen nur zu ruhn,
Und jetzt will ich gleich wieder weiter gehn.

Graf vom Strahl.

Weh mir! Mein Geist, vom Wunderlicht geblendet
Schwankt an des Wahnsinns grausem Hang umher!
Denn wie begreif' ich die Verkündigung,
Die mir noch silbern wiederklingt im Ohr,
Daß sie die Tochter meines Kaisers sei?

Dietmar Grieser

Käthchen en gros

Die späte Rehabilitierung der Lisette Kornacher

Was ist denn das für ein Lärm in meinem Zimmer? Schon auf dem Gang schlagen mir Gekicher und Gejohle entgegen. Ich reiße die Tür auf, um dem Frevel ein Ende zu machen – Borka und Daniza, die beiden bosnischen Hotelstubenmädchen, fahren erschrocken zurück. Doch ebenso rasch haben sie sich wieder gefaßt; Borka, die keckere, weist mit verschmitztem Grinsen auf ihr gemeinsames Werk: Sie haben meinem Käthchen ein Lager bereitet. Und was für eins! Kissen über Kissen, das Nachttischdeckchen als Ziertuch obenauf – die reinste Prinzessin auf der Erbse. Dann fährt Borka dem Käthchen noch einmal flugs übers Blondhaar, streicht ihr den hellblauen Faltenrock zurecht und flüstert ihr etwas ins Plastikohr, was wahrscheinlich soviel wie »So – und nun schlaf schön!« zu bedeuten hat.

Nachdem sich Borka und Daniza vergewissert haben, daß ich keine Anstalten treffe, ihren Übergriff zu ahnden, sondern mir im Gegenteil Anerkennung für ihre mütterliche Obsorge anmerken lasse, treiben sie ihr Spiel weiter, tuschelnd machen sie sich dafür gegenseitig Mut. Es geht um die Klärung der Frage, was denn im Zimmer eines ausgewachsenen Mannes eine Puppe sucht – was soll das? Entwicklungshemmung? Sexuelle Verirrung? Wieder einer dieser Ticks? Oder ist dieser Mensch einfach ein Handlungsreisender in Spielsachen? Abermals muß Borka herhalten; von schweren Lachreizen behindert, preßt sie es schließlich heraus: »Deine Frau?«

Ganz genau, Borka, du hast es erraten: meine Frau. Solange ich in Heilbronn sein werde, wird keine andere eine Chance haben, sich mir zu nähern, immer wird irgendwo ein Käthchen des Wegs kommen und sich zwischen uns stellen. Schon frühmorgens, mit dem Aufwachen, fängt es damit an: wenn mein Blick auf jene kleine Bilderfibel fällt, die meiner Kunststoffkonkubine ums Mieder baumelt; dort lese ich unter dem kühnen Titel »Ich bin das Käthchen von Heilbronn«:

Ich grüß euch all
aus Stadt und Land
am wunderschönen
Neckarstrand.
Von nah und fern
kommt ihr gereist
in diese Stadt
des Herrn von Kleist.

Nach dem Genuß eines Stücks Käthchen-Torte und eines Viertele Käthchen-Wein steige ich ins Käthchen-Taxi und lasse mich zum Käthchen-Haus bringen. Ich muß aufpassen, daß ich nicht mit Käthchen-Talern zahle – noch ist die Heil-

Das Rathaus zu Heilbronn

bronner Schokoladenwährung nicht als Zahlungsmittel anerkannt, sondern bloß Souvenir. Der Rundgang zum Käthchen-Grab und zum Käthchen-Brunnen mit der umstrittenen Käthchen-Skulptur von Anno '65, pausbackig und hochbusig (Leitartikel im Lokalblatt: »Nicht dieses Käthchen!«), vorbei an einer Käthchen-Boutique und am Käthchen-Schaukasten des Rathauses, macht mich reif für einen Imbiß: Die Kellnerin – ob sie wohl Käthchen heißt? – empfiehlt mir Käthchen-Spieß und Käthchen-Bier. Bis das Essen kommt, blättere ich in den Presseunterlagen, die ich mir zu meinen Käthchen-Recherchen mitgenommen habe: Ich habe die Wahl zwischen einem blumengießenden, einem hinterm Spinnrad sinnenden und einem Käthchen, das dem verewigten Bundespräsidenten Heuss die Ehrenwache hält, während er sich ins Goldene Buch der Vaterstadt einträgt. Erst im Venus-Sexshop hat es damit ein Ende: Die aufblasbare Puppe für alleinstehende Herren, Prunkstück der Auslage, ist eindeutig ein Importartikel, kein Käthchen.

Der Verzicht fällt mir leicht: Ich bin versorgt, ich habe meine eigene Käthchen-Puppe auf dem Zimmer, schon bei meiner Ankunft im Hotel fand ich sie vor – von Stadtväterhand liebevoll auf meinen Schreibtisch plaziert; Borka und Daniza besorgten dann das Weitere. Es ist das offizielle Werbegeschenk der alten Reichsstadt und jungen Großstadt Heilbronn. Für mich zudem Inspirationshilfe. 46 Mark würden sie für das schöne Stück im Laden verlangen – die Stadt läßt sich ihr Idol also etwas kosten. Handarbeit, made in Stuttgart; im Kleist-Jahr 1977 wurden Sonderschichten notwendig. Wie sagt der Dichter in der ersten Szene seines »großen historischen Ritterschauspiels«?: »Als ob der Himmel der Schwaben sie erzeugt und, von seinem Kuß geschwängert, die Stadt, die unter ihm liegt, sie geboren hätte.«

Für den frühen Nachmittag ist eine städtische Abordnung in meinem Hotel angesagt: Ich möge meinen Fragenkatalog bereithalten, man werde mich zum Thema »Heilbronn, die Käthchen-Stadt« umfassend informieren, ein eigenes Konferenzzimmer sei für uns reserviert.

Die Delegation ist dreiköpfig und in ihrer Zusammensetzung ein Muster an Ausgewogenheit. Da ist zunächst Rita Neubauer, das derzeit amtierende »Repräsentations-Käthchen«. Sie stellt sich mir im vollen Ornat: ein hübsches Ding von achtzehn Jahren, lieb, gescheit, kein bißchen affektiert, weder zickiges Pin-up-Girl noch schmissige »Miss«. Obwohl ihre persönlichen Präferenzen mehr den Hervorbringungen des Kollegen Max Frisch gelten, würde gewiß auch Heinrich von Kleist seine Freude an ihr haben: »ein Kind recht nach der Lust Gottes«. Wenn sie gerade einmal kein Weinfest zu eröffnen, keine Seniorenfeier zu verjüngen, keinem Gesangsvereinsjubiläum die höheren Weihen zu verleihen hat, sitzt sie über Goethes »Iphigenie«, büffelt englische Vokabeln oder plagt sich mit Wurzelrechnung: Rita ist Schülerin des Theodor-Heuss-Gymnasiums.

Ihr zur Seite hat Gerd Schuhmacher, Promotor vom städtischen Verkehrsamt, Platz genommen: Er ist der Mann, der die »Käthchen-Einsätze« vermittelt, leitet, koordiniert und überwacht – eine Art PR-Variante jenes Grafen Wetter vom Strahl, dem Käthchen »in blinder Ergebung von Ort zu Ort« folgt, »das kurze Röckchen, das ihre Hüfte deckt, im Winde flatternd, nichts als den Strohhut auf«. Er nennt, die seiner Führung anvertraut, »eine freie Mitarbeiterin des Verkehrsamts auf ehrenamtlicher Basis«, preist in schöner Offenheit den »Werbewert, den uns Heinrich von Kleist – noch dazu gebührenfrei! – mit seinem Stücktitel an die Hand gegeben hat«, und schildert die Prozedur der seit 1962 alle zwei Jahre über die Bühne gehenden Käthchen-Wahl: angefangen von der Ausschreibung in der »Heilbronner Stimme« (bewerben kann sich jedes ortsansässige Mädel zwischen sechzehn und achtzehn), bis zum Eingang der Bewerbungen, dem Versand der »Richtlinien« an die Kandidatinnen, ihrem sechswöchigen »Noviziat«, das selbstverständlich auch einen Schnellkurs in Kleist-Kunde beinhaltet, dem Schlußexamen und der eigentlichen Wahl, für die, von einer Jury überwacht, ein eigener Käthchen-Ball in der Festhalle »Harmonie« den Rahmen abgibt.

Sind Käthchen und Vize-Käthchen gekürt, so haben die großen Festveranstalter des württembergischen Unterlandes für die nächsten zwei

Heilbronns Neckarfront

Jahre ausgesorgt: Zwischen 50 und 200 Mark müssen sie berappen, wenn sie ihr Spektakel um einen leibhaftigen Käthchen-Auftritt bereichert haben wollen. »Je größer der Einsatz und je flacher der Anlaß, desto höher die Gebühr«, umreißt Gerd Schuhmacher die kommunale Gagenpolitik. »Früher haben wir's umsonst gemacht, und prompt hat's nichts gegolten. Jeder wollte das Käthchen für seine Werbezwecke einspannen.« Jetzt behält sich der Verkehrsverein die Entscheidung vor. Fällt sie positiv aus und der Einsatz ist absolviert, so hat das Käthchen einen Rapportzettel auszufüllen. Für die Rathausakten: Ordnung muß sein.

An Ansuchen ist kein Mangel. Wenn die Bäckerinnung zur Regionalmesse eine frische Brotsorte auf den Markt bringt, muß das Käthchen seine Schürze ausbreiten und photogen mit »Knäusle«-Laiben posieren – ich sehe das Plakat beim Bäcker in der Kleiststraße. Und auch die ortsansässigen Knorr-Werke wissen es zu schätzen, wenn bei der Pressepräsentation einer neuen Kreation nicht irgendein Haustrampel, sondern – im Mittelalter-Look – das Käthchen den Suppenlöffel schwingt. Ein paar Gratisproben sind ihr ebenso gewiß wie so manche andere Vergünstigung, hinzu kommen eine städtische »Jahresgabe« von 500 Mark, hie und da eine interessante Reise, etwa in die französische Partnerstadt Béziers, und nicht zuletzt – so Schuhmacher – »eine aus ihrer Tätigkeit resultierende Ausweitung des persönlichen Horizonts«. Das kann so weit gehen, daß eines der ehemaligen Käthchen, entgegen ihrer ursprünglichen Berufswahl, sich plötzlich der Schauspielkunst verpflichtet fühlt, und von einer zweiten geht die Rede, sie schleppe seither als Erbschaft die fatale Neigung mit sich herum, immer und überall ins »Dozieren« zu verfallen. Rita, die jetzige, hat einstweilen nur ihren Freund eingebüßt: Ihm wurde es zuviel des Rummels.

Dieser Meinung ist übrigens auch Hans Ulrich Eberle, Direktor der Städtischen Bücherei im wunderschön wiederhergestellten Deutschhof – einem Stück Mittelalter im Herzen der ansonsten eher mit rasanten Modernismen imponierenden Neckarstadt: Er verkörpert in unserer Runde die innerstädtische Opposition, die eine Wiederbelebung der 1951 (mit Ruth Niehaus als letztem Käthchen) eingeschlafenen Kleist-Festspiele und »eine substantielle Kenntnis dieses Schauspiels« lieber sähe als all den Kitschkommerz, die auf die Prägung einer Festmünze zum 200. Geburtstag des Dichters mit einer literarischen Dokumentation antwortete und die die feierliche Einweihung der Kleist-Schule zum Anlaß nahm, dem Kulturdezernenten Gewichtiges zu Kleists »Erziehungsplan« in die Festrede hineinzuschreiben. Es spricht für die Souveränität der Stadtväter, daß man dieser Opposition nicht den Mund stopft, sondern sie mir gar ins Haus schickt.

Eberles Kampf geht übrigens in zwei Richtungen. In der einen, wider die Überstrapazierung des Reklameklischees, hat er wohl resigniert. Um so streitbarer ist er in der anderen. Wo's ums Historische geht. Oder besser gesagt: ums Unhistorische. Nichts kann ihn mehr ärgern, als wenn noch immer die alte Mär aufgewärmt wird, Kleists »Käthchen von Heilbronn« gehe auf ein lebendes Vorbild aus ebendieser Stadt zurück: auf jene Lisette Kornacher, die am 4. November 1773 als Tochter des letzten Stadtschultheißen

Marktplatz zu Heilbronn

geboren wurde und am 13. Mai 1858 als Witwe des Stadtphysikus Hofrat Christian Klett gestorben ist; ihr Grab findet man noch heute auf dem Alten Friedhof, während das Wachsreliefporträt, das man da und dort in der Literatur abgebildet sieht, während des Zweiten Weltkrieges mit dem alten Stadtarchiv untergegangen ist.

Lisette war als junges Mädchen bei dem berühmten schwäbischen Heilmagnetiseur Dr. Eberhard Gmelin in Behandlung, 191 Sitzungen brauchte es, sie von ihren Zuständen zu befreien – mit der damals gerade in Mode gekommenen hypnotisch-magnetischen Methode nach Mesmer. Der Tübinger Verleger Cotta brachte Gmelins Tagebuchaufzeichnungen 1789 gedruckt an die Öffentlichkeit, eines der Kapitel behandelte das Phänomen der totalen Willenlosigkeit der »somnambulen« Patientin L. K. Und da der Mystiker Gotthilf Heinrich Schubert in einer seiner Dresdener Vorlesungen über die »Nachtseite der Naturwissenschaften« auch den »merkwürdigen« Fall der zwölfjährigen Heilbronner Schultheißentochter aufgriff und von jener »unschuldigen Zuneigung« berichtete, »welche die Somnambulen an den Magnetiseur fesselt«, und von Kleist, zu jener Zeit in Dresden ansässig, bekannt war, daß er zu Schuberts »unersättlichsten« Hörern zählte, lag es für eine positivistische Literaturforschung nahe, hier eine Anregung für die Käthchen-Gestalt zu vermuten, die ja schließlich auch, eine Jungfrau von fünfzehn, willenlos wie in einem magischen Traum auf Schritt und Tritt ihrem »hohen Herrn« folgt.

Inzwischen ist erwiesen, daß Kleist die Erstfassung des »Käthchens« noch vor seiner Dresdener Zeit, nämlich in der französischen Gefangenschaft konzipiert und also aus anderen Quellen geschöpft hat: alten schottischen Balladen vor allem, Wielands »Oberon«, der Griseldis-Sage, vielleicht auch lokalen Legenden, die ihm in Süddeutschland zu Ohren gekommen, aber jedenfalls bis heute unidentifiziert geblieben sind. Die von dem Heilbronner Archivar Friedrich Dürr in den »Offiziellen Ausstellungsnachrichten der Gewerbeausstellung« des Jahres 1897 in die Welt gesetzte These, Lisette Kornacher sei das Urbild von Kleists »Käthchen«, ist somit nicht länger aufrechtzuerhalten – ganz zu schweigen von jenem nach 1945 stilecht wiederaufgebauten »Käthchen-Haus« am Marktplatz, einem schönen Patriziersitz aus gotischer Zeit, das lediglich seinem romantischen Erkerschmuck den Ruf verdankt, Lisettes Geburtshaus zu sein. Doch was tut's? Legenden haben nun einmal die Eigenschaft, sich zu verselbständigen, jenseits der historischen ihre eigene Wahrheit zu entwickeln, und so mag denn das edle Gemäuer, in dessen Erdgeschoß jetzt ein Supermarkt (jüngste Aktion: »Wir suchen die freundlichste Verkäuferin«) und in dessen oberen Etagen Versicherungsagenten, Immobilienmakler und die Schlaraffen das Sagen haben, auch weiterhin das »Käthchen-Haus« bleiben, den Einheimischen zum Stolz, den Fremden zur Freude, den Photographen zum Gewinn.

Nur einer hat sich, obwohl die Akten über den Fall Käthchen doch längst geschlossen sind, nicht von seinem Entschluß abbringen lassen, neue Tiefen auszuloten. Dr. Georg Mertz, Essigfabrikant zu Heilbronn und einer der Honoratioren der Stadt, zählt zu den Nachkommen jener Lisette Kornacher, die eine übereifrige Heimatforschung vierzig Jahre nach ihrem Tod – sie selbst war also in diesem Punkt zeitlebens ahnungslos geblieben – zum Modell einer der bekanntesten Mädchengestalten deutscher Dichtung deklariert hat. Im Zuge dieser postumen Publizität war in der Heilbronner Öffentlichkeit das Bild einer höheren Spinnerin entstanden, und dieser Familienmakel ließ den alten Dr. Mertz nicht ruhen. 1970 war es soweit: Der Neurologe Dr. Hermann Imhof fand sich bereit, an Hand der Gmelin'schen Protokolle ein medizinisches Gutachten zu erstellen, und dort liest man nun, daß die liebe Tote »aus heutiger Sicht« schlicht und einfach »eine Pubertätsneurose« hatte »mit spastischen Bronchialbeschwerden und einer hypochondrischen Angst, schon im Jugendalter sterben zu müssen. Sie war weder geisteskrank noch eine Schlafwandlerin.«

Dr. Mertz aber, dem die späte Rehabilitierung der Ahnfrau die Publikation einer eigenen genealogischen Studie von höchster Akribie wert war, fand für deren Schlußwort eine Formulierung, die es, auf den jeweiligen Fall abgewandelt, wert wäre, all den vielen Orten dieser Welt, die sich mit Dichterruhm schmücken, ins

goldene Buch geschrieben zu werden; sie lautet:
»Möge ein Erfolg dieser Arbeit sein, daß die jetzt lebenden etwa 270 Blutsnachkommen der Lisette Kornacher dazu angeregt werden, Kleists ‚Käthchen von Heilbronn' mit Anteilnahme und Genuß zu lesen.«

Aus der „Heilbronner Chronik"

von Fr. Dürr

1783: Einführung des Rapsbaus auf dem Lautenbacher Hof auf Veranlassung des Handlungshauses G. F. Rund.

Dr. Eberhard *Gmelin* (geb. 1751) kommt als Physikus nach Heilbronn. Er war ein Vertreter und Anhänger der Mesmerischen Lehre, schrieb (1788) „über den thierischen Magnetismus." Durch eine Mitteilung über ein somnambules Mädchen in Heilbronn an den Professor und Physiologen Schubert in Dresden erhielt H. v. Kleist die Anregung zu seinem „Käthchen von Heilbronn." Gmelin starb am 3. März 1809. (Sein Grabstein, eine Hygieia von Dannecker, auf dem alten Friedhof.)

Auszüge aus „Der Gräfin von Hohenheim Eigenhändiges Tag Buch“

Das Tagebuch der Franziska von Hohenheim ist ein ebenso originelles wie aufschlußreiches Dokument. Es vermittelt einen tiefen Einblick in Charakter und Eigenschaften der Frau, durch deren Einfluß sich im Leben Herzog Carl Eugens von Württemberg ein tiefgreifender Wandel vollzog: Vom genußsüchtigen Despoten und Unterdrücker wurde er zum besorgten Landesvater.

Franziska Theresia von Bernerdin wurde am 10. Januar 1748 in Adelmannsfelden geboren. In erster Ehe war sie mit Baron Reinhard von Leutrum verheiratet. Nachdem sie Carl Eugen kennengelernt hatte, ließ sie sich im Januar 1772 von ihrem ungeliebten Gatten scheiden. 1773 erfolgte ihre Erhebung zur Reichsgräfin von Hohenheim. Am 11.1.1785 wurde die Ehe mit Carl Eugen geschlossen (nachdem dessen erste Frau, Friederike von Ansbach-Bayreuth, gestorben war), sie wurde jedoch erst 1791 nach langem Kampf vom Papst anerkannt. Das von Franziska verfaßte Tagebuch ist mitunter etwas schwierig zu lesen, denn Franziska schrieb, wie sie sprach: Es gibt keinerlei Systematik in der Rechtschreibung, viele Wörter stammen aus dem Dialekt, und vor allem die fremdsprachlichen (französischen) Ausdrücke und Eigennamen sind so geschrieben, daß man sie oft kaum wiedererkennt.

Dennoch lohnt sich die Beschäftigung mit diesem Dokument – in das man sich im übrigen schon nach kurzer Zeit eingelesen hat. Es schildert farbig das Leben Franziskas und des Herzogs, es gewährt Einblicke in das private Leben, in die häusliche Tätigkeit des Paares. Hauptaufenthaltsort war das „Dörfle", ein 21 Hektar umfassender Park in Stuttgart-Hohenheim. Hier lebten die beiden weitab von allem fürstlichen Pomp, ja sogar der Herzog selbst mähte, säte und pflanzte Bäume.

Eine „Eindeutschung" dieses originellen Zeitdokuments hätte es (und darum schien uns der Verzicht darauf ausdrücklich geboten) um einen wesentlichen Reiz gebracht. Für schwer verständliche Passagen verweisen wir auf die hier besonders ausführlichen Erläuterungen im Anhang.

Stuttgardt d. 1. Jan. 1783 Mitwoch. Gottes Gnade u. Schutz Stehe allen Menschen bey, mit diessem Drost Stond ich auf, zog mich geschwend an u. geng in die academie Kirch, u. Ihro Durchleicht herden Meß in der Schloß Capell, dan geng es zu den Mecklenburgischen herschaften, alwo gespeist wurde, gleich nach dissem fur man nacher Hohenheim, der herzog, prentz, prentzes u. ich fuhren in einem wagen, im Dörfle Stig man ab, vor die prentzes wahr eine Pordsches barad, u. Sie wurden darennen aller orden herum gedragen, alle andere gengen zu fuß, u. man Kam in dem Gantzen Dörfle herum, es wahr schon fast nacht, wie man henweck geng, bey der prentzes war Kleines Consert u. Supe, nach Tisch lissen

Karl Eugen und Franziska

Sie Sich noch einmahl blud ügels ansetzen, aus dissem Grund eilde man mit dem nacht essen, u. also geng es bald zur ruhe; u. nun ist Schon ein Tag von dissen neihen Jahr vergangen. Gott Ziege uns alle immer mehr u. mehr zu Ihm u. mache uns reich an Glaube, liebe u. Allem Guden, er leide u. regiere u. führe uns auf Seinen wegen u. Stegen, er Stehe uns bey mit der Kraft Seines heiligen Geistes um Jesu Christi Willen.

Stuttgardt d. 2. Jan. 1783. Donerstag. Der Herzog u. prentz gengen um 8. uhr schon auf den Asberg, die prentzes aber u. wir gengen nach die 10. uhr nacher Louisburg, der herzog mit dem prentzen wahren schon da, wie wir Kamen, es wurde bald Gespeist, dan Geng es in die portzelan faworig, zu for geng man auch ein wenig im Schloß herum, dan geng es in das milider waisen haus, wo denen herschaften alles gewiesen wurde, u. her nach begleideden der herzog u. ich die Mecklenburger herschaften bis Canstadt, alwo Sie Ihren Abschied namen u. noch bis Gemend gengen; der Herzog u. ich fuhren nach Stuttgardt, in der academie Speiste man zu nacht, von fremde speiste mit der General Borosdin u. sein bruder.

Donnerstag d. 6. Es lag ein zemlicher Schne beim auf wachen u. das wetter war ser Stirmisch, um 9. uhr geng es von Marbach hin weck, in Aurach besahe man das landgestidt u. die herschaftliche Fohlen, dan geng es wieder gerade in einem ser üblen wetter hir her, underwegs fühl ein Gutscher über den wagen herunder, das radt geng über Ihn, man hoffte aber, daß es Ihm nichts don werde; nach deme der herzog ein wenig nach Ihren pabieren gesehen hatten, so gengen Sie noch in Ihre pferds Stelle, u. alstan schrieben sie wieder; es regnede immer Sterger, daß die wasser ser bey die mühlen u. sehen anliefen.

Hohenheim d. 7. Martzi Freitag 1783. Das Wasser hatte hir u. da etwas schaden gedan, doch nicht

Karl Eugen beaufsichtigt die Bauarbeiten

betrechtlich, heide war das Wetter etwas bessers, die nachricht wurde heide auch noch mer bestedigdt, die der herzog schon den 3. aus Rom bekomen hatten, daß fast halb Sitzilien d. 5. febr. undergegangen sein Solle. Der Herzog rieden vor u. nach mitag ein wenig herum, u. abends schrieben Sie, ich blib zu haus u. schrib meistens.

Montag d. 10. Das Wetter war das erste Mahl schen, u. der herzog reideden da her vühl herum, nach Tisch fur man auch ein wenig aus; der herzog glagden seid gestern immer ein wenig Kopf we, ich hatte auch den schnupen, abends Kam nachricht, daß der v. Maucler in Stuttgardt währe, u. brüfe von Membelgard mit brechde.

Freitag d. 14. Um 9. uhr geng es nacher Stuttgardt, da gaben der Herzog Audientz, zu mir

Kam die freilein Franquemont, auch Kamen die Tische, die ich in Leibzig gekauft habe, es wurde nach der audientz, die ser starck wahr, gleich gespeist, u. dan geng es wieder hir her, der herzog wahren übel disbonirt, rieden hir zwar, so vühl sie wegen schneihen Konden, noch aus u. schrieben dan.

Samstag d. 15. Heite geng nichts sonderliches vor, der herzog wahren verdrüslich, abends freüde ich mich einiger brüfe, die ich aus Halle bekam.

Sontag d. 16. Um 9. uhr geng es nacher Stuttgardt im zu gemachten wagen, daselbst geng es in die Kirch u. nach dem Essen in die academie, nach gehens Kam die frau u. herr v. Mosheim benebst Ihren beden Söhnen aus der academie zu mir, um 3. uhr gengen nach gehens der Herzog zur reckders wahl u. ich geng zu der Geheimderath v. Üxküll, das daurde nicht lange, so wahren der herzog mit der reckders wahl ferdig u. es geng darauf bald hir her; ich erfur noch Kurtz beim weck gehen zufelliger weise, daß Ihro Durchlaucht so vühle Gnade vor meine mutter gehabdt haben, Ihr eine so ansenliche pension zu geben, wor durch ich gantz durch drongen von Danck den Tag beschloß.

Hohenheim d. 17. Marty Montag 1783. Das Wetter wahr heide Ser schen, nachmitag fur man in das Dörfle u. dan nacher Klein Hohenheim, um einen platz vor die leichde Gardt zu einer Anlage zu besehen; abends schrieben der herzog u. ich arbeidede.

Der Knabenbau im „Dörfle"

Dinstag d. 18. Heite wahr es wieder Ser schen wetter u. es wurde im Dörfle frie Gestickdt, der Herzog wahren aber verdrislich u. glagden, daß Sie alles doppelt sehen, nach mitag lissen Sie Tulpen beüme beim russischen Monamend versetzen, nach dem gude firden Sie mich auch in das Dörfle, ich blib aber meistens in meiner ruhigen Köler hütte, um 6. uhr fur man wieder zu rick; der Herzog schrieben dan, u. ich machde den abend wie den gantzen Tag über nicht vühl.

Montag d. 24. Das Wetter wahr ser schlem, es regnede fast den Gantzen Tag, es wahr mir leid vor meine Schwester Pflugen, die heide abend eine reisse nacher Burtenbach andradt; der herzog schrieben Zu zeiden, ich hatte was zum laxieren ein genomen.

Dinstag d. 25. Maria verkindigung. Heide wahr das Wetter wieder besser, Ihro Durchleicht fürden mich nacher Birgach, in die Kirch, u. Sie herden Mes in der Kleinen Capelle, nach Tisch reideden Sie aus, ich las, nach die 4. uhr firden Sie mich in das Dörfle, wo beim wasser fall Erlen bey die Kleine bergknappen heislein gesetzt wurden.

Hohenheim d. 27. Un geacht das Wetter Glas ser fühl, so wahr es doch passabel wetter, u. gleich nach dem gude firden mich Ihro Durchleicht in das Dörfle, man blieb die mereste Zeidt beim Erlen Setzen beym wasser fall, u. fur nach gehens noch nacher Klein Hohenheim, um das stuck zu sehen vor die leichde Gard, den abend beschloß man nach gehens wieder wie Gestern, u. der herzog wahren auch etwas bessers disbonirt.

Freitag d. 28. Um 9. uhr gengen der herzog von hir hin weck, um in Stuttgardt audientz zu geben, Gleich nach dem Essen geng es aber, weill das Wetter ser verenderlich u. Stirmisch wahr, nacher Louisburg in das Waissen haus, nach die 5. uhr Kam man aber wieder hir her, u. der Herzog reideden noch in das Dörfle, u. dan brachde man den rest von dem heidigen Tag zu wie Gestern.

Samstag d. 29. Es wahr alles Weis beim aufwachen, u. zemlich Kald, der Herzog rieden aber denoch aus, nach mitag schneide es noch mer u.

es war ein nicht sonderlich angenehmer Tag, weill auch der Herzog nicht sonderlich gut disbonird wahren.

Hohenheim Sontag d. 30. Marty 1783. Um halb 9. uhr geng es nacher Stuttgardt, daselbst gengen der herzog u. ich in die Catolische Kirch den hof Capelan Schluß bredigen zu heren, dan geng es nach dem essen zum essen in die academie, der hof war auch da, ich hatte ein besses aug u. war verdrislich, weilen der herzog immer übel disbonird wahren, nach der academie geng es gleich wieder hir her, das wetter war schen aber Kald.

Montag d. 31. Das Wetter war recht schen, gleich nach Tisch firden mich der Herzog in garden, dan reideden Sie herum u. ich geng wieder nacher haus, bis nach dem Gude firden mich der Herzog in das Dörfle, da gengen Sie u. ich vühl herum, es wurde heide auch wieder mit Gantzer macht angefangen an dem orancherie haus zu bauhen, u. Ihro Durchleicht hatten vühl zu don.

Dinstag d. 8. Im Dörfle wurde frie Gestickt, ich las wieder das Erstemahl auf dem Nero, nach mitag wahr man wieder bis nach die 3. uhr im Dörfle u. dan gengen der Herzog u. ich zu fus bis Klein Hohenheim u. wahren gar nicht müde dar von.

Mitwoch d. 9. Um 10. uhr geng ich nacher Birgach in die Kirch, der herzog holden mich ab, im Dörfle wurde gudirt u. abends fur man in den Fassanen Garden bey Echterdingen.

Hohenheim d. 10. Apr. Donerstag 1783. Im Dörfle

wurde frie gestickt, der herzog schrieben auch nach die 10. uhr ein wenig da, nach die 3. uhr Kamen welche von der academie, ich geng eine Zeidt lang mit Ihnen herum, abends fuhren der herzog noch ein wenig spatzieren, Sie sein auch wieder viell zu fus gegangen.

Freitag d. 11. Um 9. uhr geng es nacher Stuttgardt, der Herzog Gaben audientz, ich hatte Zahn we, nam mich also in acht viell zu reden, Gleich nach dem Essen geng es wieder hir her, der herzog reideden noch aus, ich blib aber zu haus.

Samstag d. 12. Mein baken wahr ein wenig geschwollen, doch hatte ich Keine Schmertzen; es regnede beim aufweken ein wehnig, doch Konden der herzog immer dar bey ausreiden, ich bliebe den Gantzen Tag zu haus.

Sontag d. 13. Es geng in die Kirch nacher Stuttgardt, um 12. uhr geng es Zum Essen von der academie, nach dissem lissen der Herzog zur ader u. recht Glücklich u. Gut, nach dem Sie darauf ein wenig gerut hatten, so geng es wieder hir her, dan fur man hir noch ein wenig spatzieren.

Dinstag d. 15. Im Dörfle frie Stuckde man wieder, nachmitag geng es um 3. uhr nacher Stuttgardt, da Selbst gaben der herzog dem herrn v. Steden von Carlsruh audientz u. er brachde das nodificacions schreiben von dem Todt der Markgräfin, die den 8. in Paris gestorben ist; dan geng es wieder hir her.

Hohenheim d. 20. April Sontag 1783 Oster Tag. Ihro Durchleicht firden mich in die Kirch, u. Sie herden mes, nach die zwey uhr geng es nacher Stuttgardt, da Selbst nahmen der Herzog das privad Examen der Conformanden aus der academie vor, u. nach dissem geng man gleich wieder hir her, es feng an zu regnen under wegens u. wahr ein starker wend, auch hat man donnern hören u. wetterleichden sehen, vor dis Jahr das Erste mahl.

Montag d. 21. Der vormitag wurde wieder hin gebracht wie gestern, auch aus der Kirch holden mich der Herzog wie gestern, nach die 2. uhr geng es auch wieder nacher Stuttgardt, Ihro Durchleicht zogen sich an, u. um 4. uhr geng es dan zum examen von die conformanden in die academie, der gantze hof von Dames u. Cavalirs wahren zu gegen, es daurde ein par stonden, her nach geng es wieder hir her.

Stuttgardt Samstag d. 26. Im Dörfle wurde frie Gestigdt, an der Dafel erfur ich, daß die Oberst Marschallen Gestorben währe, das geng mir nahe, hir hennen wurde gudirt, u. dan geng es in das Dörfle, der herzog hatten viell mit dem neihen weg zu don, Sie firden mich auch hin, u. um halb 7. uhr geng es nacher Stuttgardt, da Selbst wurde in der retret gespeist.

Hohenheim d. 27. Ihro Durchleicht herden um halb 9. uhr mes in Ihrem Zemmer u. um 9. uhr geng es in die Kirch von der academie, wo selbst Junge leide von der academie u. 3. von der Ecoll conformirt wurten, nach dissem speisten der herzog wie geweniglich in meinem Zemer, dan geng es Zum essen von der academie, daselbst wahr der hof von dames u. Cavalirs u. auch honoraciores beder lei Geschlechts, her nach lissen der herzog den Geheimderath Bühler zu sich Komen, bey mir wahr so lang die Ecoll, u. alstan geng es hir her, man fur gleich ins Dörfle, der herzog rieden ein wenig herum, ich las u. abends fur man wieder herein, nicht gut aufgereimd wahren der herzog.

Hohenheim d. 28. Apr. Montag 1783. Im Dörfle wurde frie Gestigdt, das wetter wahr Glar, aber wentig, nach dem Gude firden mich der herzog auch wieder ins Dörfle, u. abends den neihen weg bis zum rossen Garden, bey der Zurikkunft geng man noch zum Gebeide von der orancherie, u. heide wurden auch die americanische Geweckse heraus gedan.

Dinstag d. 29. Im Dörfle wurde frie Gestickt, nach dem Gude firden mich der herzog auch henaus, u. abends den neihen weg bis in den rossen Garden, die feigen beime Kamen heide auch heraus.

Hohenheim d. 1. Mey Donerstag 1783. Im Dörfle wurde frie Gestigdt, um 10. uhr firden mich der herzog in die Kirch nacher Birgach, nach der Kirch lis ich gleich zur Ader, dan as man, nach dem Essen reideden der Herzog wie geweniglich aus, ich schrieb, nach dem Gude firden mich der herzog in das Dörfle, da schrieb ich wieder bis 6. uhr, her nach firden mich Ihro Durchleicht in den Fassanen Garden.

Freitag d. 2. Um 9. uhr geng es nacher Stuttgardt, daselbst gaben der herzog audientz, es

Im „Dörfle“: die Große Meierei

wurde bald gespeist u. vor die 1. uhr wahr man wieder hir, nach dem Gude fur man in das Dörfle. Es gengen einige Wetter verüber u. wir bekamen ein wenig regen, welches die Gantze Natur so Erfrüschte, daß ich mit wonne gefühl im Dörfle spatzieren geng, u. die schene düfte ein admede, Ihro Durchleicht gengen auf die lezt auch ein wenig mit mir herum, u. um 6. uhr firden Sie mich bis über den rossen Garden; ich rechnede dis vor einen ser angenehmen nachmitag.

Freitag d. 9. Um 9. uhr geng es nacher Stuttgardt, es wahr noch so Kill, daß ich in meinem Cabenet ein brennen lis; in Stuttgardt Gaben der Herzog audientz, nach Tisch Kam die frau v. Deber mit Ihren 3. Söhnen, die in der academie wahren, u. Ihrer Tochder auf mein Zemer, um

Ihro Durchleicht vor die Söhne zu danken u. Sie zu beurlauben, dan geng es auf die Solitidt, bey der Dreiberey Stig man ab, u. geng dan durch die orancherie heisser zu fus follens bis in das schloß, da besahen der herzog die hussaren pferde, her nach geng es wieder hir her; um 3. uhr Kam man hir an, um 5. uhr firden mich der herzog in das Dörfle, u. da wurden Erbsen gesteckt, u. um 7. uhr Kam man wieder herein. Heide fengen der herzog auch eine Kreider Kur an.

Hohenheim d. 10. Mey Samstag 1783. Im Dörfle wurde frie Gestigdt, nachmitag rieden der herzog wie geweniglich auch gleich wieder aus, nach dem Gude firden sie mich in das Dörfle, u. dan fast bis nach Scharnhausen auf Einem neihen weg, erst um drey viertel auf 8. uhr Kam man wieder zurik, heide geng auch das fich nacher Büsnau auf die Weide.

Montag d. 12. Im Dörfle wurde in Stoltzer ruhe u. frieden frie Gestuckt. Um halb 5. uhr fur man den neihen weg nacher Scharnhausen, stig im pfarhaus ab, von da gengen der herzog einen weg aus zu Stecken zu fus bis Denkendorf, ich blib so lang bey der pfarrerin u. dem pfarrer, nach die 8. uhr Kam man erst wieder nacher haus.

Donerstag d. 15. Heide dachden Ihro Durchleicht an meinen Geburtztag, dem Sie zu lieb, wie ich in das Dörfle Kam, alle Gloken leiden lissen, u. in einem neihen angelegden Gerdlein; beim feigenhaus wurde frie Gestigdt miten in blomen u. gemachte orancherie beime; wie ich mein brot essen wolde, so fand ich zwey ser manifige brillianden rossen darenen, auch fand ich in der Koller hitte ein ser artiges schreiben von Ihro Durchleicht, Sie Gaben mir auch sonst noch einen Zeig u. Gelt, ich erkände alles mit dem underdenigst gerierdestem u. Empfendlichstem Danck, froher wehre ich aber gewest, wan Ihro Durchleicht Gar nichts von allem dissem Gedan hätten; in einer neihen scheß wurde herein Gefahren; nach Mitag, auch vormitag schon regnede es ein wenig, nach dem Gude fur man in den fassanen Garden über die hohe Eich, belder wie Gestern speiste man heide zu nacht, Ihro Durchleicht beschlossen Ihren Tag so gnädig u. monder, als Sie Ihn angefangen haben, u. damit ist die beschreibung von meiner Zufriedenheid, ruh u. Danck gantz gemacht.

Hohenheim d. 16. Mey Freitag 1783. Es geng um 9. uhr nacher Stuttgardt, da wahren der herzog gar ser übels homors, nach der audientz u. wie man gegessen hatte, geng Es gleich wieder hir her, abends fur man nacher Scharnhausen u. fast bis Denkendorf auf dem neihen weg.

Samstag d. 17. Im Dörfle frie stieckde man, ich wolde Ihro Durchleicht was vor dragen von meiner gestrigen underhaldung in Stuttgardt, Sie wurden aber ser übel darieber disbonird bis nach Tisch, um 3. uhr Kamen viele honoraciores von Stuttgardt, denen es Erlaubdt worden ist, Hohenheim zu besehen, der herzog u. ich begegneden Ihnen u. gengen selbsten eine Zeit lang mit Ihnen herum, dan fuhren der herzog u. ich aber noch bis nacher Denkendorf den neihen weg.

Sontag d. 18. Um 9. uhr geng es nacher Stuttgardt, da geng es in die Kirch, beim mitagessen von der academie wahr hE. u. frau v. Dum u. Eine frau von Firstenweder mit Ihrer Dochder, ausser dissen wahren noch einige Vätter, nach dissem geng es in marsch stall u. von da hir her, nach die 5. uhr fur man noch nach Scharnhausen u. besahe ein stick land zu fus, des ich Kaufen wolde, der herzog u. ich gengen bis oben henauf, wo man es bey der burg heist.

Donerstag d. 22. Es wahr wieder Ein herliger morgen, nur Klagden der Herzog immer in der frie u. einige Tage her fast den Gantzen Tag Kopfwe, abends last es immer ein wenig nach, auch Glagen sie einige Zeidt her bestendig madigkeidt, u. reissen in die Glieder u. seind immer verdrisslich, auch werden sie mager; heide frie daden Sie aber was versprechen vor die Franquemont, des mich freide, Abends fur man auf mein neihes Gut, Ihro Durchleicht haben Es durch den hE. v. Benen ausstecken lassen, man stig da ab, u. nach dissem warfen der herzog u. ich alde bomerantzen under die Känder aus, heide as man etwas belders zu nacht.

Hohenheim d. 23. Mey Freitag 1783. Um halb 10. uhr geng Es nacher Stuttgardt, der herzog gaben audientz, dann as man, Ihro Durchleicht Gaben auch der freilein v. Franquemont Geld sich zu Equibieren zur heirad, des mich ser freide, dan geng es auf die mes, eine stonde blib man da, dan geng es wieder hir her u. man fur noch über Scharnhausen nacher Denkendorf.

Samstag d. 24. Es regnete die Gantze nacht, auch noch bis 7 uhr, der herzog blieben was lengeres liegen wie sonsten, es wurde auch hir frie Gestigdt, um 12. geng es nacher Asberg, der herzog besahen Ihre Drupen dorden, ich blib so lang bey der General Schelerin u. um 7. uhr Kam man wieder hir.

Dinstag d. 3. Im Dörfle wurde auch wieder frie Gestigdt, u. nach dem Gude fur man auf mein neihes land gut bey Scharnhausen, da Steckden Ihro Durchleicht ein Haus aus, u. handelden die mill, die darbey ligdt, ich geng so lang auf den berg henauf, u. Suchde die schenste aussicht, setzde mich dan nieder u. las, dan besahe man die mill, u. Kam um halb 8. uhr hir wieder an; der herzog glagden Kopf we, u. wahren überhaubt nicht sonderlich disbonirt.

Hohenheim d. 4. Juny Mitwoch 1783. Im Dörfle wurde frie Gestigdt, in meiner Kollerhitte wurde was von schreiner gemacht, abends fur man in den Fassanen Garden. Es Kam aber ein Wetter, welches verursachde, daß man ser nach haus Eilde, u. man Kam auch zu rechter Zeit noch an, das wetter dat aber Gott lob Keinen schaden; den Professer Hemer lissen der herzog werend dem Wetter Komen, u. es wurde etwas speders Gespeist.

Donerstag d. 5. Im Dörfle wurde wieder frie Gestigdt, nach mitag raumte ich einen Kasten ein, der herzog Kauften ein barometer, dan fur man in das Dörfle u. nach Scharnhausen, underwegs lissen Ihro Durchleicht durch einige Jegers dreiben, Sie schossen aber nichts, ich wahr Ser verdrislich.

Sontag Pfengst Tag d. 8. Der herzog firden mich in die Kirch, Sie herden meß in Ihrer Capel. Es wurde mir ser übel in der Kirch, Ihro Durchleicht holden mich wieder ab, ich legde mich gleich ins bet, Ihro Durchleicht wahren So gnädig u. assen vor meinem bet, nach dissem rieden Sie aus, u. besuchde mich immer von Zeidt zu Zeidt, ich blib fast den Gantzen Tag liegen u. hatte zemlich Zan we, un vermudet Kam der leibmedicus Jäger, den Ihro Durchleicht hollen lissen. Ich machde, daß Er bald wieder weck geng, weil Ihm heide nacht ein Sohn gebohren ist; abends as man in Ihro Durchleicht Ihrem anzieg Zemer.

Montag d. 9. Es geng besser mit meinem Zan we Gott lob, der mond war zemlich geschwollen, ich blieb den Gantzen vormitag liegen, legde mich auch nachmitag, Ihro Durchleicht richdeden wieder alles Ein zur arbeid, musterden auch gestern u. heide alde hand babiere u. wahren Ser Gnädig gegen mir.

Hohenheim d. 10. Juny 1783 Dinstag. Ihro Durchleicht Seind wie geweniglich vor die 7. uhr ausgerieden, Kamen aber belder wieder zurik wie sonsten; ich blib im bet bis nach die 11. uhr, u. hatte einen starck Geschwolnen mond, nach Tisch legde ich mich wieder, u. Ihro Durchleicht Kamen auch wieder belder nach haus wie sonsten u. schrieben alstan vollens, in Ihrem angleid Zemer speiste man zu nacht.

Mitwoch d. 11. Der vormitag wahr wie gestern,

Die Trajanssäule beim „Dörfle"

doch war es mit meinem Geschwolnen mont besser, nach mitag geng ich wieder in das Dörfle, Ihro Durchleicht firden mich aber bald wieder herein, dan schrieben Sie u. speisten noch in Ihrem angleid Zemer zu nacht.

Hohenheim Samstag 14. Juny 1783. Es wurde hir hennen frie Gestigdt, nach Tisch schrieb ich wie meistens um disse Zeidt, dan fierden mich der herzog in das Dörfle, u. von da nacher Scharnhausen oder viell mer auf den platz wo solle gebaut werden u. Ihro Durchleicht steckden den platz aus; Sie glagden fast den Gantzen Tag Kopf we.

Sontag d. 15. Um halb 9. uhr geng es nacher Stuttgardt, da in die Kirch u. Zum Essen in die academie, die vätter Kamen auch da hin; bald nach dissem geng es wieder hir her, der herzog rieden aus, ich las, vor die 6. uhr holden Sie mich ab, u. firden mich in die Kassern von die leichde Gard, welche nach dissem aufs neihe Ihre wohnong bezogen, von da firden Sie mich auch in die underste mil alwo auch Erst die Granadir à Schwall ein zogen, u. dan geng es noch in das Dörfle.

Hohenheim d. 17. Juny Dinstag 1783. Im Dörfle wurde frie gestigdt, nachmitag um 3. uhr Kam die Gräfin Rombeck, die Geheimderäthen v. Üxküll, Frau v. Mosheim u. ihr man, v. Senft u. ihr man u. v. Turgheim u. ihr man, benebst dem v. Madeweis, General Pfuhl u. Buwinghausen, auch Kamer herr v. Gemmingen. Sie wurden aller orden herum gefird, der herzog waren nicht sonderlich gut disbonirt, u. ich war fro, wie der Tag durch gekempft war.

Donerstag am fronleichnams Tag, d. 19. Um halb 8. uhr geng Es nacher Stuttgart, da gengen der herzog in die Kirch u. prozesion; zu mir Kam die Frau v. Mandelslo, dan machde ich viside bey der Gräfin Rombeck, draf sie aber nicht an, dan as ich; wie der herzog aus der Kirch Zurick Kamen, so geng es dan bald wieder hir her. Es regnede fast den gantzen Tag, daß der herzog auch nicht viell aus reiden Konden.

Hohenheim d. 20. Juny Freitag 1783. Im Dörfle wurde frie gestigdt Gantz Zufrieden. Ihro Durchleicht befanden Sich vorzüglich wohl gegen andere Tage, nachmitag rieden der herzog wie geweniglich gleich aus; nach dem Gude geng ich auch in das Dörfle u. abends fur man auf mein neihes Gut bey Scharnhausen. Hey Konde man noch Keines herein don, weilen es immer ohne zu regnen, doch Keine sonne schen u. immer dufdig war.

Samstag d. 21. Im Dörfle solde frie gestigdt werden, allein es feng an zu regnen, u. der herzog Kamen nas nacher Haus, Sie endschlossen Sich nacher Stuttgardt zu gehen, u. um 10. uhr geng man ab; da speiste man gleich, ich geng, nach deme der herzog zum Essen von der academie wahren, in die Ecoll, nach gehens Kamen Junge leide von der academie zu mir, dan furren der herzog u. ich in die biblioteg, von da gengen Sie in Ihren Stall, u. dann lissen Sie welche von Ihren Trupen Komen, ich geng zu der frau v. Klinkowström so lang u. um 6. uhr war man wieder hir; Ihro Durchleicht wolten noch aus reiden, allein Sie musten wegen regnen wieder um Kären, dan Schrieben Sie bis zum nacht essen.

Sontag d. 22. Ihro Durchleicht nahmen was Ein zum Laxieren, ich geng in die Kirch um 10. uhr, heide nacht hat es noch zemlich Geregned, doch den Tag über nicht; Ihro Durchleicht rieden nachmitag wieder aus, nach dem Gude firden Sie mich in das Dörfle, u. abends geng es in den fassanen Garten, die medicen bekam Ihro Durchleicht recht wohl.

Hohenheim d. 23. Juny Montag 1783. Im Dörfle wurde frie Gestigdt, es wahr ein besonders starker nebel; heide Konde man wieder in dem hey schaffen, doch dade man hir nichts herein, im Carlshof aber dat man Kley nach Haus, abends fur man da hen u. as dan balt zu nacht, Ihro Durchleicht fengen an heide zu husten, doch waren Sie sonsten Gott lob wohl dar bey.

Dinstag Johanni d. 24. Im Dörfle wurde frie gestigdt, um 10 fur ich in die Kirch, schon formittag feng man an hey herein zu don, Ihro Durchleicht wahren abweckselnd dar bey, nach mitag geng es aber follens recht an das heihen, abends Kam ich auch dar zu u. Es Kamen 332. wegen mit hey herein, es wahren aber bei 1000 menschen, die dar bey arbeideden.

Montag d. 30. Im Dörfle frie stigde man, nach dem Gude fur man in den Carlshof u. Klein hohenheim zum heihen, u. ausser Ein bar wegen wurde man heide Gottlob Glicklich mit dem heihen ferdig, abends geng man in die leichde Gard Cassern, der herzog lissen Sie speisen, u. Ihnen eine eigne wirdschaft einrichden, welche morgen Ihren anfang nehmen soll, u. heide schon in der neihen Kuch gekocht wurde.

Hohenheim d. 1. Juli Dinstag 1783. Heide war der nebel ein wenig was denners, um 11. uhr fur man wieder vom Dörfle herein, nach dem Gude fur man um 5. uhr nacher Scharnhausen, Ihro Durchleicht rieden vollens mit dem pfarrer fast bis Denkendorf, u. ich fur nacher Ruith zu der verwiddibden pfarreren dorden u. Kam dan wieder nacher Scharnhausen, wo Ihro Durchleicht auch bald Kamen.

Mitwoch d. 2. Vom Dörfle aus firden mich der

herzog in die Kirch nacher Birgach, nach dem Gude geng es bald in das Dörfle u. von da fur man um 6 uhr in den fassanen Garden. Heide sahe man wieder das erste mahl die alb.

Donerstag d. 3. Im Dörfle friestiegde man. Es war ser warm, nach dem Gude wolde man bis Denkendorf spatzieren fahren, im Dörfle solde ein Gesessen werden, allein ich geng schon wie es anfeng zu regnen henaus, u. da Kamen der herzog bey der underen scheir mir schon engegen, man stelde sich in disser scheir under, wardede das wetter, bis der wagen Kam, da ab u. es wurde also aus disser Spatzirfard nichts. Heide Kamen auch pferde, die einer namens Frauher brachde.

Hohenheim d. 4. Juli Freitag 1783. Um 9. uhr geng es nach Stuttgardt, da gaben der herzog audientz, nach dem Essen geng es in die academie, wo hen der hof Kam, nach dissem Kam die freilein v. Franquemont u. hE. v. Lützow in mein Zemer, u. Ihro Durchleicht lissen Ihnen die heirads pagden underschreiben, u. sagden Ihnen, daß sie Sich in 14 Tagen heiraden Könden; alstan geng es nacher Louisburg in das Milidär weissenhaus, beym zurick fahren Stiegen Ihro Durchleicht in Stuttgardt in meinem Haus ab, der hE. v. Mosheim war da, mit dissem sprachen der herzog, u. um 8. uhr Kam man wieder hir an.

Montag d. 7. Um 9. uhr Kam meine mutter wieder zurick von einer 4. monad langen reisse von Ergenbrechdshausen, Sie blieb mit meiner Schwester Juliana bey mir im Dörfle bis halb 11. uhr, dan geng Sie nacher Ensingen, nach Disch um zwey Uhr, so fuhren der herzog u. ich nacher Büssnau u. von da auf ein labben Jagen, worauf der herzog zwey hirsch u. einen rebock schisden; um halber 7. uhr war man wieder hir. Heite ist auch angefangen worden zu mauren an dem landhaus auf meinem neihen Gut.

Hohenheim d. 8. Juli Dinstag 1783. Ein schener morgen wahr es, um halb 11. uhr Kam man wie geweniglich wieder vom Dörfle herein, abends fur man auf mein Kleines neihes landgut, der pfarrer und die pfarrerin von Scharnhausen Kamen auch hin, man besahe auch die schriften der Känder. Ich bekam auch nachricht, daß meine schwester Pflugen wieder von Ihrer reisse Zurick gekomen ist.

Freitag d. 11. Um 9. uhr geng Es nacher Stuttgardt, der herzog gaben Audientz, ich geng zu meiner schwester v. Pflug in das Kohische haus, Ihro Durchleicht gengen auch noch in Ihren Stall u. in das Ober Jegermeister Sein haus, um das quadir vor den Fürsten von Bruchsal zu bestellen, dan Kamen Sie u. ich wieder in das schloß u. von da hir her.

Stuttgardt Sontag d. 13. Ihro Durchleicht firden mich in die Kirch, nach dem Essen geng ich auch gleich in das Dörfle, las da u. um 6. uhr geng es nacher Stuttgart, da geng man gleich in das Ober Jegermeisters sein haus, u. arangirde alles vollens, dan speisten der herzog in der retret, um 11. uhr Kam der Bischoff von Bruchsall in Stuttgardt an, er wurde abgereder massen von niemand Empfangen, u. geng Gleich zur ruhe.

Montag d. 14. Ihro Durchleicht der herzog Gengen um 11. uhr Zum Fürsten, gegen 1. uhr Kamen Sie bede nacher hof, der hof wahr versameld u. man speiste im weissen Sall an einer Tafel von 50. Couver, u. in die neihe Zemer wurde der Bischof Empfangen, nach der Tafel gengen der herzog u. der fürst in den Marstall u. Biblioteg, zu mir Kam meine Schwester u. freilein v. Franquemont, benebst zwey nichten Scherdel u. Elste Pflugen; abends war Groses Conser im weissen Sall u. in der Gallerie wurde gespeist; der herzog u. ich furen noch nacher Hohenheim nach der nacht Tafel.

Stuttgardt, Mitwoch d. 16. Juli 1783. Der herzog gengen zum fürsten u. lissen Ihm das leib Cor u. die drite Combanie Garde vor reiden, dan Kamen Sie in das schloß, es wurde bald gespeist, nach mitag firden Ihro Durchleicht den Bischoff auf die Solidide, erst nach 8. uhr Kamen Sie. Zu mir Kam meine Schwester u. nichten, dan gabe ich visiden in der Gantzen Stadt, stig bey der frau v. Mosheim aus und geng alstan noch in die Ecoll, wo ich der freilen v. Franquemont Ihre Kleider aussteir Sahe u. mich bei Ihr verweilde, bis der herzog von der Solidide Kamen, dan geng ich in das schloß, u. weill der fürst in der retret speisten, so speisten auch der herzog in der retret.

Hohenheim d. 17. Juli Donerstag 1783. Vor die 10. uhr gengen der herzog zum fürsten, ich lies mich in mein haus dragen, es wurde aber ein heyduck granck, daß ich vollens zu fus geng, der herzog Kamen bald mit dem fürsten auch in mein haus,

u. nach deme mein haus Gesehen war, so gengen Sie wieder u. Sahen die barade; ich geng auch gleich wieder nach haus. Es geng bald zur Tafel, u. nach der Tafel nahmen der fürst vom hof abschied. Ihro Durchleicht u. ich gengen aber mit bis Louisburg, da stig man im Schloß ab, besahe das Gantze schloß, gudirde auch da, den fur man in das milidär Weissenhaus, Sahe es auch mit viellem bey fall u. zu lest geng Es auch noch in die portzelan Faworig, u. dorden beurlaubden sich der Fürst u. geng wieder nacher Bruchsal zurück. Der herzog u. ich fuhren noch hir her, es wahr schon 9. uhr, man as bald u. geng auch bald in das bet.

Hohenheim d. 20. Juli Sontag 1783. Ausser meiner Gewonheid schrieb ich gleich nach deme ich aufgestanden wahr, u. zwar an die Braud freilein v. Franquemont, dan firden mich der herzog in die Kirch, nach Tisch schrieb ich auch noch, um 4. uhr geng es hernach zu der Cobulacion des hE. v. Lützow u. freilein Franquemont, im alden Schloß stig man ab, u. der herzog arangirden es, wie es bey der Cobulacion sein solde; die Braud wahr bewegdt, ich mit, dan gengen der herzog in das neihe schloß, ich besahe noch die braud Zemmer, her nach geng ich auch u. zog mich an, u. etwas vor die 7. uhr gengen der herzog u. ich zu Braud u. breidigam, dan firde man Sie herunder in das rondell, wo die, wo invidirt wahren, schon versameld waren. Die Cobulacion geng gleich an, wie diesse verbey wahr, geng es bald zur Tafel, u. nach der Tafel wurde das Braud bar gleich in

Ihr Zemer begleid. Alles nam bald abschied von Ihnen, u. der herzog u. ich fuhren noch hir her, 11. uhr war es, wie man ankam; fro war ich u. in gewisser Art mit mir Selbst zufrieden.

Hohenheim d. 21. Juli Montag 1783. Gott Lob, hatte man Es wieder so weid gebracht, daß man die schene Wender früchte schneiden Konde; mechdig u. gnädig hat uns Gott wieder beschitzet u. Gesegned, Er gebe nur auch, daß wir Seine Gnade u. liebe so Erkennen, wie wir Ihm dar durch gefallen. Alles war dem nach von Schnitter um 8. uhr da, der herzog waren schon dar bey, ich Kam auch, allein es feng an zu donnern u. zu regnen, daß man nicht anfeng, in einer Stonde darauf war es wieder etwas schener wetter u. man feng mit Gottes hielfe an, es Kam aber wieder ein regen, man lis die leide warden, da es aber immer abwechslungs weis regnede u. Schen wardt, so schickde man die leide vor heide gar ford. Der herzog rieden viell beim bau wesen herum, nach dem Gude geng ich auch in das Dörfle, u. abends fur man spatzieren.

Dinstag d. 22. Um 8. uhr geng ich einen augenblick zum schneiden, der herzog waren schon dar bey, nach gehens wurde im Dörfle frie gestigdt, nach dem Gude fuhren der herzog u. ich auch zum Gude von die schnitter, dan auf die Jagdt im Koll hau, u. 5. hirsche schossen der herzog. Es war eine ser schene spatzier fart hin u. wieder nacher haus, bey der Zurickkunft draf ich zwey Schwanen von Burtenbach hir an.

Aurach 23. July Mitwoch 1783. Das Wetter sahe

ser zwey deitig aus u. feng auch um 8. uhr an zu regnen, daß man hir frie Stiegde, um 10. uhr firden mich der herzog in die Kirch, zuvor wurde aus gemachdt, daß man heide Abend noch nacher Aurach wolde zum fohlen abstossen. Nachmitag Kam ein zemlich Starges wetter, es wurde aber vor her doch Etwas Garben herein gefird, u. gegen 5. uhr geng man von hir hin weck.

Hohenheim d. 24. Um 7. uhr fur man von Aurach hinweck, u. Gerade nacher Marbach, in Marbach besahen Ihro Durchleicht die pferde u. fohlen, alstan geng es nacher Offenhausen, um da auch die pferd zu sehen, u. so auch geng es hernach nacher St. Johann; das wetter war ser schlem, es regnede den Gantzen Tag, vor die 7. uhr Kam man wieder hir an, es war ein Officir hir vom fürsten v. Kirchberg mit einem Gefaderbrif an Ihro Durchleicht, so Kam auch die nachricht, daß die prentzes von Holtzstein nieder gekomen wehre.

Mitwoch d. 30. Im Dörfle beim frie Stug wurde ausgemacht, daß die pfarrers in der nachbarschaft mit Ihren Frauhen auf den nachmitag solden invidirt werden, Ihro Durchleicht firden mich nach Birgach in die Kirch, die Geistliche mit Ihren frauhen an der Zahl 10. Kamen um 3. uhr, beim wirtzhaus waren Sie versameld, ich geng dan mit Ihnen zum Gude von die schnitter, wie das verbey war, firde ich Sie in das Dörfle, wis Ihnen da alles, der herzog Kamen Einige mahl u. Erfreiden uns alle, nach die 7. uhr gengen Sie wieder weck, u. der herzog firden mich nach haus.

Freitag d. 1. Aug. 1783. Nach deme im Dörfle frie Gestigdt ward, Kam ein Kaufman, von dem Kaufde ich zur Sichel hänget Ein, dan las ich wie geweniglich, um 1/3 auf 11 uhr fur man herein, ich hatte viell zu don, u. mit Gottes hülfe wurde man heide mit der gantzen Sommer Ernde herein zu don ferdig. Nie Kennen wir Gott genug danken vor den schenen Seegen, den Er uns wieder Geschengdt hat, Er erhebe unsere hertzen Selbsten Ihm wohl gefellig zu danken, u. gebe, daß wir alle Seine Gnaden gaben in Seiner Furcht u. zu Seinen Ehren genissen, u. Erfülle uns dar bey mit Glaube u. liebe u. Allem, wodurch wir Ihm gefallen Können, Er mache es mit uns gantz wie Er wiell. Ihro Durchleicht lissen den grossen wagen laden mit 900. Garben, u. noch andere 15 wegen mit pferd bespand, der Grosse wagen aber mit ogsen gespand 24. bar an der Zall; wie das alles angerist war u. Sie auf dem acker rangirt waren, Kam ich auch dar zu, es waren auch die schultzen dar bey, dan firden die wegen in der ordnung herein, so auch die leide gengen in der ordnung bar u. bar weis. Es war ein ser heisser Tag, un aussprechlich schen zu sehen war Es aber bey Einem so hellen Tag, die schene Gegend, den grossen Seegen u. die frohe menschen; ich Empfand viell, – nach dissem Gaben der herzog die schnitter brot wein fleisch u. Etwas warms zu Essen, die schultzen assen auch da u. alstan bekamen die schnitter alle Ein Loderie mit Kleider Stick u. haus rath sache; Es wurde zemlich spat.

Sontag d. 3. Der herzog firden mich in die Kirch, Es war grausam warm, der herzog raumden Ihre babir, brif schaften in die neihe Kesten ein, es Kam ein wetter, wie man gegen 4. uhr aus fahren wolde, man Kerde also gleich wieder um, es geng aber bald vorüber u. dan fur man in das Dörfle; gegen 6. uhr Kam hE. u. Frau v. Lützow, um abschied zu nehmen; Sie u. ich waren bewegdt, wie wir uns drenden, u. heide nacht wollen Sie nacher Mecklenburg abreissen, Sie gengen also nach die 7. uhr wieder von hir weck, ich badede heide frie auch.

d. 18. Nach dem frie Stuck firden mich Ihro Durchleicht in das Dörfle, um 11. uhr fur man wieder herein, alstan machden der herzog mit dem Oberst Leitnant Mylius vorleiffig Eine reiss in die Schweitz aus, dan sprachen Sie auch mit landschafts Secreder Abel, um 4. uhr Kam der General Buwinghausen, Ihro Durchleicht lissen Ihn mit sich in die Jegers Cassern reiden; dan kamen sie ins Dörfle, wo hin ich in dessen auch geng, u. um 6. uhr fuhren der herzog u. ich in den fassannen Garden.

Donerstag d. 28. Ihro Durchleicht fuhren gleich vor die 7. uhr noch zum Jagen, ich las in meiner Kohler hitte u. um 11. uhr geng ich gantz gelassen wieder herein, bald Kamen dan der herzog, man aß, zog sich an, u. dan geng es die Jagdt ab zu Jagen, es wahr ser schen, u. wahren auch einige von hof u. von der academie dar bey, balt wahr es verbey, u. dan fuhr ein jedes wieder nacher Haus.

In dem Zurig fahren entschlossen sich Ihro Durchleicht, Stat Samstag die reise in die Schweitz erst Sontag anzutreten.

Freitag d. 29. Es geng nacher Stuttgardt, da gaben der herzog audientz, dan geng es zum Essen in die academie, wo der hof wahr, u. Ihro Durchleicht sagden es, daß Sie eine reisse in die Schweitz machen werden, nach dissem geng es gleich wieder hir her, bald darauf Kam der Justitzrath Hirschfeld, den firde ich Selbst hir herom, auch Ihro Durchleicht Kamen mannigmahl zu uns, u. erst wie es schon gantz demer wahr, fuhren der herzog u. ich herein.

Hohenheim d. 16. Sep. Dinstag 1783. Bis heite haben der Herzog werend der reisse das Tagbuch geführet, Gott hat unsern wunsch Erfüllet, u. uns die reisse mit villem Guten beklickt, Gesont u. wohl Kamen wir Gottlob alle hir an; hir aber Stelden Sich gleich die haus sorgen ein, recht wolden Sie mir nicht in Kopf; im Dörfle stig man ab, dan firden mich Ihro Durchleicht herein, u. zu erst in ein Kleines artiges haus beim weinberg, das seitin gemacht worden ist, ohne daß ich was dar von wuste, u. dan wurden auch einige brife gelessen, u. bald zu bete gegangen.

Mitwoch d. 17. Ihro Durchleicht rieden gleich wie sonsten vor die 7. uhr herum, frie gestugdt wurde aber hir, u. um 10. uhr firden mich der herzog in die Kirch, nach mitag rieden Ihro Durchleicht wieder herum, ich blieb zu Haus, bis Sie mich um 5. uhr nacher Scharnhausen firden; von der academie u. gantz Stuttgardt hatte man nicht die beste nachrichten wegen den Gallen fiebers, die grassieren; der Tag wurde ausser dissem meistens mit schreiben zu gebracht.

Donerstag d. 18. Im Dörfle wurde frie Gestigdt, um 11. uhr fur man wieder herein; die nachrichten von die Granke in der academie wahren noch nicht besser, nach Tisch rieden der herzog wieder aus, u. ich geng nach dem Gude auch in das Dörfle u. abends fur man in den fassanen Garden.

Freitag d. 3. Bey der Kohlerhitte wurde frie gestigdt, u. um halb 12. uhr geng es in den Waldenbucher forst, u. Ihro Durchleicht schossen 14 hirsch; die Grosse ogsen von maria Einsiedel Kamen heide auch.

Hohenheim d. 4. Okt. Samstag 1783. Ich stont gantz ruhig auf, wie ich aber in das Dörfle Kam, so zeigden mir Ihro Durchleicht von augenblick zu augenblicke neihe überaschungen. Zu erst draf ich un vermut meine Mutter, zwey Schwestern u. Zwey Nichden da an, im feigen Saal wurde frie Gestügdt, Ihro Durchleicht wahren gegen alle ausserordentlich gnädig, beim frie Stug Kam einsmahls ein Courir, der mein neve Schertel wahr, der brachde mir einen brif u. ein baget von Ihro Durchleicht, voll der gnädigsten u. Erhabensten ausdruke war der brif, u. in dem baget wahren 3. gantz Süberbe prillianden, zwey zu reng u. 1. als nadel; in der Kohler hitte hilde ich mich nach gehens mit meinen verwanden auf, bis uns Ihro Durchleicht abholden, dan fur man herein, hir lissen Ihro Durchleicht 400 arme aus

Im „Boudoir" von Hohenheim

11 der benachbarden ord speisen im reit haus, desser schen mit Drauben girlanden aus gemacht wahr, den Kamen auch noch 400 ledige zum hanen Dantz u. 200 Känder, die alle auch brod wein u. fleisch bekomen haben. Ihro Durchleicht speisten in unser geselschaft im grossen Saal, nach dem essen geng man auch zu dem Essen von die pfarrers, die auch da wahren, disse

beurlaubden sich nachgehens, u. Ihro Durchleicht firden uns in den fassanen Garden, von da in den bau von der leichden Gard, man sahe sie speisen, dan besahe man die Seel, u. un erwart Kam noch ein feir werg mit meinem nahmen, dan beurlaubden sich meine Verwande von da aus, Ihro Durchleicht u. ich fuhren auch nacher haus u. dan speiste man zu nacht. Ich wahr dorchdrongen von Dank u. Erfüld mit reinem hertzens grund aller der Gnade, die mir Ihro Durchleicht erwissen haben.

Montag d. 6. Heite feng man um 8. uhr mit aller feierligkeit an den Weinberg zu lesen, Ihro Durchleicht nahmen von der leichden Gard dar zu u. Stelden sie in grosser ordnung an, die officir dar von Kamen auch dar zu; ich blib den gantzen vormitag dar bey, hatte aber einen geschwolnen mund, nachmitag wurde es in der nemligen ordnung ford gesetzt, ich Kam aber wegen meiner vermerten geschwulst nicht mehr dar zu, es war so warm, wie im Juli, u. man wurde Gantz mit dem lesen fertig.

Samstag d. 25. Es wahr heite Ein brechtiger morgen u. ich sahe die Sonne in Ihrer Gantzen majestedt auf gehen, in der Kohlerhitte wurde frie gestugdt, nachmitag schrieb ich im Dörfle im wirtzhaus, u. wardede auf den Kleinen Seckendorf, er Kam aber Erst, wie Ihro Durchleicht just nach Scharnhausen fahren wolden, u. damit sahe ich Ihn nur im wagen.

Sontag d. 26. Um 10. uhr firden mich Ihro Durchleicht in die Kirch, nach der Kirch holden

Sie mich wieder ab; um halb 3. uhr Kam Geheimderath v. Üxküll, v. Mosheim u. Bühler mit Seinem Sohn in russische Dinsten, v. Madeweis u. v. Stockmayer in Wien; Sie besahen die Gebeide, wo hen Sie der herzog selbsten firden, u. nach dem Gude firden Sie Ihro Durchleicht auch in den fassanen Garden.

Montag d. 27. Es wahr heite wieder der schenste Tag, den man sich nur denken Konde, so warm wie im Juli, ich sahe auch die Sonne mit viller Empfendung aufsteigen, in der Kohlerhitte wurde frie gestigdt, nach mitag geng ich auch bald da hin, u. lis was an meine bier Kästen verendern, u. abends fur man wieder in den fassanen garden, es wahren einige Junge leide von der academie da, die den englischen garden aus stegden.

Hohenheim d. 1. Nov. Samstag 1783. Im Dörfle wurde frie Gestigdt, ich hatte zemlich zu Thun, abends fur man nacher Scharnhausen u. Es wurde fast richtig, daß mir Ihro Durchleicht mein Kleines land Gut da abkauften; ich packde auch ein auf übermorgen nacher Heidenheim.

Sontag d. 2. Ihro Durchleicht firden mich in die Kirch u. holden mich auch wiederum ab, in dem Dörfle wurde gudirt, dan fur man nach Scharnhausen u. stig beim neihen gebeide ab, wo ich dem pfarrer u. Schuldheis Erzehlde, daß ich mein Gut wieder verkaufen werde.

Heidenheim d. 3. Nov. Montag 1783. Um 8. uhr geng man von Hohenheim hin weck, gegen 11. uhr Kam man in Göppingen an, stig In des stadt schreibers Seinem haus ab, u. besahe die Gantze stadt alstan, der herzog ordenden viell an, wo anstende wahren, u. wahren zufrieden mit dem, was schon gebaut wahr, dan geng es über Geislingen u. Kam nach die 4. uhr hir an; hir wahr der prelad von Neresheim u. noch ein Geistlicher aus dem Kloster Medlingen, auch der Graf Gallern mit Seinem Sohn, um halb 8. uhr geng man zur Tafel.

Dinstag d. 4. Um halb 9. uhr gengen der herzog auf die Jagdt, man durfde nichts sagen u. don vor den Carls Tag, ich blib den gantzen Tag zu haus, nach die 5. uhr Kamen der herzog wieder von der Jagdt, es wurde von halb 7. uhr bis halb 8. uhr 15. gespilt, dan geng es zur Tafel u. So geng der Carls Tag verbey.

Mitwoch d. 5. Um 8. uhr gengen der herzog wieder auf die Jagdt, ich geng um halb 11 uhr in die Kirch u. nach Tisch nach Schneidheim, Kam um 4. uhr wieder, bald darauf Kamen der herzog wieder von der Jagdt, um halb 7. uhr feng man wieder an zu spielen bis der fürst u. Sein Bruder von Wallerstein Kam, wahr es 8. uhr, der herzog gengen zu Ihm, dan Kamen sie bald u. man as alstan bald.

Freitag d. 7. Ihro Durchleicht gengen um 8. uhr Zum fürsten v. Wallerstein in Sein quadir, sie blib da bis gegen 10. uhr, so lang zog ich mich an, dan geng es nacher dem Closter Medlingen, daselbst besahe man die Kirch, dan as man, alstan geng man in das fremden haus u. in die biblioteg, in disser hilden sich der herzog zemlich lange auf, u. von da aus geng man wieder weck u. Kam um halb 7. uhr hir an; meine Schwester u. Schwager v. Schertel waren da, meine Schwester Kam gleich zu mir, u. dan wurde noch gespilt bis zur nacht Tafel.

Heidenheim d. 8. Nov. Samstag 1783. Um halb 9. uhr gengen der herzog auf die Jagdt, nach deme ich aufgestanden wahr, Kam meine Schwester zu mir, wir assen bey samen u. um halb 3. uhr gengen wir zu der frau v. Buwinghausen in den ogsen, so lang Kamen der herzog wieder Zurik u. ich geng gleich auch nacher haus; dan gaben der herzog im rath haus Audientz, so lang geng ich zu meiner Schwester; wie die Audientz verbey wahr, so lissen mich der herzog hollen, dan schrieben Sie, ich auch, um 6. uhr Kam meine schwester wieder zu mir, um halb 7. uhr gengen der herzog henaus, u. da wurde gespilt.

Sontag d. 9. Um 8. uhr geng Es von Heidenheim hin weck, der prentz v. Coburg u. die Cawalirs gengen schon vor aus u. man Kam glicklich in dem Closter Neresheim an; der herzog schickde voraus, sie wirden nicht Komen, u. damit wahr, wie man ankam, alles in der Kirch, Ihro Durchleicht u. ich gengen also gerade in die Kirch, der prelat lis den brediger wieder von fornen anfangen; nach der bredig name man etwas zu sich, dan geng es in die meß, die mit schener feirlich Keidt gehalden wurde, u. nach dissem besahe man die Kirch, welche beweist, daß der prelat geschmack hat; alstan as man, nach der Tafel wahren alle die paderes da, der herzog sprachen mit Ihnen, u. her nach geng man in die biblioteg, wo selbst man sich aufhild, bis man weck geng, Kafe wurde nach dem Tisch auch noch in einem andern Zemer genomen. Wie man weckgehen wolde, so presendirde der prelat auch noch die Jugend, die in der normal schulle sein, zwey dar von rededen Ihro Durchleicht recht artig an u. übergaben Ihre schriften u. lerart, es schneide den Gantzen Tag ein wenig, daß es fast Gantz weis wahr, wie man ein stig, bey der Zurickkunft waren der fürst von Öttingen da, Ihro Durchleicht gengen nach deme Sie Ihre angekomene brifschaften aufgemacht hatten, zu Ihm, u. brachden Ihn herieber, dan wurde Driset gespilt, bis es an die Tafel geng; meine Schwester war in der frie auch noch bey mir, u. nam abschied beim einsteigen.

Anna Brunnemann

Therese Huber

Wie einige andere der in diesem Band vorgestellten Frauengestalten stammte auch Therese Huber nicht aus Württemberg – wir nahmen sie jedoch, wie jene anderen, hier auf, weil ihr Wirken in und für Württemberg von Bedeutung war.

Therese Huber, die Leiterin des „Stuttgarter Morgenblattes für gebildete Stände", muß als die erste deutsche Journalistin von weitgehender literarischer Bedeutung betrachtet werden. Eine der Göttinger Professorentöchter, die den Romantikerkreis berührten, hat sie zunächst, gleich ihrer Jugendgenossin Karoline, die Welt durch die Erlebnisse ihres Herzens beschäftigt und ist eine Zeitlang nur als anonyme Mitarbeiterin der Männer, die ihr nahestanden, tätig gewesen. Später aber stellte sie sich ganz auf sich selbst und wußte sich durch rastlose Energie, unerschütterlichen Lebensmut und bewundernswerte geistige Beweglichkeit zu einer Siegerin über die widrigsten Schicksale, zu einer innerhalb der weiblichen Sphäre tüchtigen und auf dem Gebiete geistiger Berufsarbeit vorbildlichen Frau zu machen. Mit Recht durfte sie kurz vor ihrem Tode – bei Vernichtung von Briefen, die sie ihren Nachkommen nicht zu erhalten wünschte – schreiben (an Emilie v. Reinbeck, Mai 1824):

„Ich kann nun noch eins so leicht sterben. Meine Kinder hätten nur Kummer gehabt, zu lernen, wie vieles ich erkämpfte und ertrug. Ich bin davon sonderbar bewegt. Manch einer ging schlecht mit mir um und helfen tat mir fast keiner. ‚Hast du nicht alles selbst vollendet, heilig glühend Herz?' – So kann ich auch von mir sagen."

Marie Therese Heyne wurde am 7. Mai 1764 als Tochter des Philologen und Altertumsforschers

Christian Gottlob Heyne zu Göttingen geboren. Nach einer, infolge Pflichtvergessenheit ihrer eigenen Mutter vernachlässigten, wenig frohen Kindheit, gestaltete sich ihre Mädchenjugend, als ihr eine tüchtige Stiefmutter gegeben worden war, weit sonniger. Therese, die in der kinderreichen Familie der Mutter wacker zur Hand ging, durfte sich daneben geistig beschäftigen. Sie las viel, bevorzugte frühe schon wissenschaftliche Lektüre und hörte, dank des väterlichen Gelehrtenkreises, viel kluge Männer reden. Sie schreibt einmal: „Ich hörte Archäologie von meinem Vater sprechen, Naturgeschichte von Blumenbach, Anatomie und Medizin von meinem Bruder, Politik und Staatenkunde von meinem Onkel Brandes ..." Junge Studenten umschwärmten sie: „Ich regierte sie alle, so daß sie in meiner Nähe die *Besseren* sein mußten."

Im Jahre 1784 verlobte sie sich mit dem Naturforscher Georg Forster (1754 – 1794), einem der vielseitigsten Schriftsteller des 18. Jahrhunderts, dessen Geist sie fesselte. Forster duldete, im Sinne des romantischen Gefühlsüberschwangs der Zeit, unheilvollerweise ein „Seelenbündnis" seiner Braut mit dem Schriftsteller F. L. W. Meyer (1759 – 1804), das bei einem Wiedersehen mit diesem vier Jahre später eine Entfremdung der Gatten herbeizuführen drohte. Während ihres dreijährigen Verweilens in Wilna jedoch, wo Forster an der Universität wirkte, erfüllte Therese gewissenhaft ihre Pflichten als Gattin und Hausfrau und wußte, dank der gründlichen praktischen Schulung durch das Elternhaus, die unerquicklichsten polnischen Verhältnisse zu besiegen. Verhängnisvoll aber wurde, aus den oben angeführten Gründen, für die junge Ehe ein vorübergehender Aufenthalt in Göttingen und zu befriedigenderen Stimmungen kam es erst wieder, als Forster als Bibliothekar und Universitätsprofessor nach Mainz übersiedelte. Das Ehepaar führte dort ein interessantes, geistig sehr angeregtes Leben und durfte manchen bedeutenden Besucher in seinem Heim empfangen, darunter Goethe und die Gebrüder Humboldt. Therese war nun schon Mutter von vier Kindern; eine Tochter und den einzigen Sohn mußte sie in Mainz begraben.

Tiefgreifende Umwälzungen erfuhr ihr Geschick, als im Jahre 1788 der durch seine Beziehungen zu Schiller und Körner bekannte Schriftsteller Ludwig Ferdinand Huber (1764 bis 1804) als sächsischer Gesandtschaftssekretär nach Mainz kam und bald eine leidenschaftliche Neigung zu Therese faßte, die von ihr auch erwidert wurde. Der Gatte hatte sich inzwischen durch Parteinahme für französische Interessen stark politisch kompromittiert und hielt es für geraten, seine Familie aus Mainz zu entfernen. Unter Hubers Schutz, dem sie Forster anvertraute, verließ Therese mit ihren Kindern am 1. Dezember 1792 die Stadt, und zwar noch als Forsters Gattin, aber innerlich überzeugt, daß sie niemals wieder zu ihm zurückkehren würde. Zwei Jahre darauf starb Forster in Paris und

Therese vermählte sich mit dem leidenschaftlich geliebten Mann, der seine Stellung aufgegeben und sich als Publizist nach dem kleinen Ort Bôle bei Neuchâtel zurückgezogen hatte. Später übernahm Huber die Redaktion der bei Cotta erscheinenden „Allgemeinen Zeitung“ und übersiedelte nach Stuttgart. Durch ein Verbot der württembergischen Regierung gezwungen, verlegte er 1803 diese Zeitung nach Ulm, wo er kurz zuvor zum Landesdirektionsrat der neuen bayrischen Provinz Schwaben, bei der Sektion des Schulwesens ernannt worden war, doch raffte ihn schon 1804 eine Lungenentzündung dahin.

Jahre der Mühe und Arbeit, des harten Kampfes mit materieller Not, aber auch Jahre reinsten Verstehens und verinnerlichten Glückes dürfen die wenigen genannt werden, die Therese an der Seite ihres zweiten Gatten vergönnt waren. Infolge ihrer Trennung von Forster stark kompromittiert, gelang es ihr allmählich wieder, durch ihre geist- und energievolle Persönlichkeit, ihre helfende Güte, eine geachtete Stellung zu erringen. Geistig wurde sie bedeutend durch ihren hochbegabten Gatten gefördert, den sie, durch pekuniäre Sorgen gezwungen, unermüdlich bei seinen Arbeiten unterstützte. Ihre ersten novellistischen Versuche erschienen, von Huber überarbeitet, aus praktischen Gründen unter dessen geschätztem Namen. Das materielle und gesellschaftliche Leben beider ist gerade in erfreulichem Aufstieg begriffen, als der edle Lebensgefährte einem kurzen, schweren Siechtum erliegt und damit Thereses echtestes Lebensglück vernichtet wird: „Es ist fürchterlich, dem Tode sein alles, alles zu geben!“ schreit sie noch 1805 in ihren Briefen auf, während vorhergehende Schreiben sowie auch die später pietätvoll abgefaßte Biographie Hubers eine erschütternde Schilderung seines Todes geben. Ihre gesunde Natur jedoch richtete sich mit ungebrochener Kraft allmählich wieder auf. Therese zog sich nach Stoffenried und später nach Günzburg zurück, wo sie, aus Sparsamkeitsgründen, bei ihrem Schwiegersohn von Greyerz, dem Gatten ihrer Tochter Claire, der eine angesehene Stellung im bayrischen Forstwesen bekleidete, in ländlicher Zurückgezogenheit lebte. Sie hatte in sehr verwickelte Finanzen Ordnung zu bringen und eine Tochter Forsters sowie zwei noch ganz junge Kinder Hubers zu erziehen. Zum Erwerb gezwungen, setzt sie ihre schriftstellerische Tätigkeit eifrig fort. Mit einem weitverzweigten Freundeskreis steht sie in lebhaftem, geistigen Austausch; um sich herum übt sie mit frauenhafter Güte Werke der Menschenliebe aus.

Im Jahre 1816 endlich tritt die rastlos und vielseitig tätige, nunmehr 52jährige Frau an die breitere Öffentlichkeit. Cotta betraut sie mit der Leitung des der „Allgemeinen Zeitung“ verbundenen „Morgenblattes für gebildete Stände“, dessen fleißige Mitarbeiterin sie seit seiner Gründung, 1807, gewesen war.

Zehn Jahre hindurch hat sie dieses Blatt mit einsichtsvollem Verständnis für seinen litera-

Der Verleger Johann Friedrich Cotta

risch-ästhetischen Charakter und die Bedürfnisse seines Leserkreises geleitet, es nach der wissenschaftlichen Seite hin bereichert und ihm hervorragende Mitarbeiter gewonnen. Feinstes weibliches Taktgefühl half ihr über innere und äußere Schwierigkeiten im Verkehr mit ihren Kollegen hinweg. Sie selbst leistete vor allem auf dem Gebiet der literarisch-wissenschaftlichen

Kritik Vorbildliches und wußte mancherlei praktische Vorschläge zur Vermittlung der Kenntnis älterer und neuerer Literaturdenkmäler zu machen. (Sie schlug u. a. vor, ältere bedeutende Dichtungen in neuer Beleuchtung zu zeigen.) Ihre Belesenheit, ihre Vertrautheit nicht allein mit den bedeutendsten Erscheinungen der Weltliteratur, sondern zugleich mit den vielseitigsten Erzeugnissen der unmittelbaren Gegenwart, ist um so staunenswerter, als sie jahrelang in ländlicher Einsamkeit gelebt hatte. Ebenso überraschend erscheint die Sicherheit, mit der sie unter der damals schon üppig wuchernden Produktion des Flachen das Geniale herauszuspüren weiß und bei aller gedrängten Knappheit ihrer kritischen Würdigungen mit plastischer und gelegentlich wohl einmal drastischer Lebendigkeit darauf hindeutet. Leider gestattet der Raum nicht, Proben ihrer Rezensionen hier wiederzugeben, die manches ältere und jüngere Werk in originelle Beleuchtung rücken und die selbständig denkende und urteilende Persönlichkeit der Verfasserin offenbaren. Von großer geistiger Selbständigkeit zeugt vor allem ihre „Goethereife", durch die sie einem Kreis jüngerer Autoren, der, vom alternden Goethe wenig angezogen, noch kein richtiges Verhältnis zu dem gesamten Goetheschen Lebenswerk gefunden hatte, merkwürdig überlegen erscheint. Therese Hubers sehr fruchtbare Produktion auf dem Gebiet des Romans und der Novelle bleibt, trotz mancher guten Charakteristik, mancher interessanten Mitteilungen über Ereignisse und Stimmungen ihrer Zeit, weit hinter ihren kritischen Arbeiten zurück. Eine dauernde Stellung in der Literatur gebührt ihr dafür nicht, und sie war sich dessen auch selbst bewußt.

Unstreitig besaß diese tüchtige Frau starke Einseitigkeiten und Schwächen. Ihre politischen Ansichten sind teilweise anfechtbar. Als eine sich selbst genügende Persönlichkeit führten sie die schroffen Ecken und Kanten ihres Wesens zu Hartnäckigkeiten, die manches Leid über sie und die, die ihr nahe standen, brachten. Wahrhaft aber blieb sie immer gegen andere und gegen sich selbst. Und von frühester Jugend an trieb sie ein warmes altruistisches Empfinden, sich ihren Nächsten, ob hoch ob niedrig, praktisch und moralisch helfend hinzugeben. Dank begehrte sie dafür nicht und erwartete erst recht keine Wiedervergeltung.

Zerwürfnisse mit Cotta machten 1824 ihrer Redaktionstätigkeit ein Ende. Von ihrer liebgewordenen Arbeit losgelöst, fühlte sich Therese nun als alte müde Frau. In Augsburg, wohin sie, um ihrer Tochter Claire nahe zu sein, verzogen war, vermochte sie nicht mehr heimisch zu werden; am 15. Juni 1829 erlag sie verschiedenen Übeln, die sich nach und nach eingestellt hatten. Ein Jahr vor ihrem Tode, am 26. April 1828, hatte sie noch den unerfreulichen Zwistigkeiten mit Cotta einen versöhnenden Abschluß gegeben. Folgende Stelle aus ihrem Schreiben offenbart die geruhigte Altersstimmung dieser seltenen

Frau: „... Haben Sie Dank, daß Sie mich auf die Bahn literarischer Tätigkeit leiteten. Sie hat meinen Geist entwickelt, meine Vernunft gereift und so mich besser gemacht. Ich bin mir bewußt, stets mit Vorliebe für mein Geschäft, mit Eifer für das Beste Ihres Instituts und mit Anhänglichkeit an Sie gearbeitet zu haben.... Wenn man so, wie ich vor kurzem, am Rand des Grabes wankt, schwindet aller Dünkel – wenn der da war – nur die Stimmung des Guten bleibt und wirft einen sanften Schimmer auf das immer weiter zurücktretende Leben."

Therese Huber ist viel verkannt und ungerecht beurteilt worden. Neuerdings hat sich Ludwig Geiger der interessanten Aufgabe unterzogen, das weitschichtige Material ihres ausgebreiteten Briefwechsels sowie ihrer literarischen Arbeiten zu sammeln, zu ordnen und auf Grund dieses Materials ein ausführliches Charakterbild dieser hervorragenden weiblichen Persönlichkeit zu entwerfen. Auf dieses wertvolle Buch, Therese Huber 1764 bis 1829, Leben und Briefe einer deutschen Frau, sei jeder verwiesen, der ihr näher zu treten wünscht. Geiger gibt uns, indem er selbst bemüht ist, Therese volle Gerechtigkeit widerfahren zu lassen, alle Dokumente an die Hand, die es uns ermöglichen, seine Beurteilung selbständig nachzuprüfen. „Vielleicht" – schließt Geiger – „stimmt dann mancher in das Urteil Wilhelm von Humboldts ein, das Rahel der Niegesehenen übermittelte: Die Huber ist durchaus die erste Frau, die ich kenne."

Das Verhältnis zwischen Therese Huber und Cotta beleuchten die folgenden Briefe, die sie an ihn richtete:

„Wenn ich mir zutraute, Ihnen nützlich sein zu können, so war es durch eine gewisse Vielseitigkeit der Bildung und der Lebensweise, Umgang mit allen gebildeten Ständen, welcher mir Gelegenheit gibt, den Geschmack des Publikums kennenzulernen, und vielfaches Interesse an Wissenschaft und Literatur in einigen Sprachen. Sie werden mir es daher nicht verdenken – denn, wie könnten Sie Vertrauen zu mir haben, wenn ich nicht ein heiteres Selbstvertrauen hätte, welches allein Gelingen und Bestreben gibt? –, wenn ich Sie recht herzlich bitte, meiner Beurteilung des Werts und Unwerts eines Aufsatzes, des Interesses und Nichtinteresses mehr Glauben beizumessen, als Sie tun. Gestehen Sie, werter Freund, daß ich in diese Ansichten und Urteile ja mein heiliges Gewissen setze, wozu nütze ich sonst? Ich verfahre bei keiner Zeile leichtsinnig, suche meine Persönlichkeit immer zu beseitigen und aus einem allgemeinen Gesichtspunkt zu urteilen, aber dann haben Sie auch ein bißchen mehr Glauben an meine Wahl. Ihre Bemerkungen muß ich ja ehren, ich ehre ja Sie und Ihren Verstand, aber meine Motive, bester Freund, müssen auch bei Ihnen ein bißchen gelten."

„Wir müßten ja gegenseitig unseren Verstand nicht achten, wenn wir uns nicht Einwürfe machten. Ich darf bei Anlässen glauben, daß Ihnen *eine* Seite der Sache entgangen ist; sagen Sie dann: ich will es *doch* lieber also, so gebe ich *nicht nach,* sondern folge, weil ich Ihrer Ansicht den Vorzug gebe. Wenn Sie Ihren Tadel in Fragen einkleiden, muß ich doch antworten, weil ich nach Gründen handelte und einen freien Geist habe. Sagen Sie mir ein Gebot oder Verbot, so bedarf es deren nicht. Es wär' schmerzlich für Ihr sehr tieffühlendes Gemüt, mir Unrecht getan zu haben, daher sag' ich Ihnen recht ernst und treu: ich will nicht beschönigen. – Fehl ich, tue ich nicht recht – weisen Sie mich an! belehren Sie mich! Aber, teurer Freund, bezeigen Sie mir nicht ein Mißvergnügen, das mein Gemüt unendlich drückt. Ich glaube nicht, daß ich besser oder beachtenswerter wär', wenn ich das verschwiege und mich stärker machte, als ich bin. Ich lebe nur in dem Wohlwollen meiner Freunde – je lieber sie mir sind, je schwerer drückt es mich, wenn sie mir Unmut zeigen, und je redlicher ich mit ihnen umgeh', je leichter wird es mir, mein Unrecht gegen sie einzugestehen."

Die Auswahl der Artikel für das „Morgenblatt" stellt Therese Huber häufig vor Probleme, wie die beiden folgenden Notizen aus ihrer Feder zeigen. Dabei spielten offensichtlich nicht nur literarische Gesichtspunkte eine Rolle, mitunter ließ Therese Huber auch menschliche Rücksichten gelten, das heißt sie veröffentlichte manchmal auch Beiträge, von deren litera-

rischem Wert sie nicht überzeugt war, die sie aber aus anderen Gründen nicht ablehnen zu können glaubte:

„Diese Papiere von Carl Fernow enthalten nichts, was nicht unter der Kritik schlecht wäre, so daß ich unredlich an Herrn v. Cotta verführe, nähm ich als Redaktion etwas davon auf. Der arme Knabe verrät einen sehr blinden Dünkel, daß er mit dergleichen Zeug vors Publikum treten will, und dieser Dünkel scheint sich bei ihm mit religiöser Schwärmerei zu paaren. Herr v. Cotta, der Hunderte und mehr Gulden zum Wohltun verwendet, wird mir auch noch die Bemerkung erlauben, daß es eine Wohltat ist, wenn der Knabe nicht gedruckt, sondern seine Ansicht seiner selbst früh zurechtgewiesen werde durch abschlägige Antwort."

Notiz vom 5. Juli 1823: „Ich weiß nicht, was wir mit Nostiz seinem Gedicht auf Matthisson machen sollen, es ist platt, aber Nostiz und Matthisson haben ihr Publikum, der eine als sächsischer Minister, der andere bei allen gebildeten Leuten zwischen 60 und 70 Jahren und noch jüngeren. Senden wir's Böttigern zurück, so grämt er sich, Nostiz wird es nicht für möglich halten und Matthisson ist kapabel und stirbt vor Kummer."

Abschließend noch eine Bemerkung Therese Hubers an Böttiger vom November 1819, die ihr Verhältnis zu Cotta bei der Gestaltung des Morgenblattes beleuchtet:

„Mit dem ‚Morgenblatt' gibt's immer kleine Differenzen über die Komposition, weil Cotta heute diesem, morgen jenem Grundsatz zu folgen überzeugt ist. Aber das tut im ganzen nichts. Mit dem ‚Litteraturblatt' hat er nun einen Weg genommen, dessen Vorteil ich nicht begreife. Er hat sich dieser Übersichten so viele verschafft, daß kein Platz zu Kritiken bleibt, ja nun fügt er einen monatlichen Katalog aus Leipzig bei, der einen heillosen Raum einnimmt. Diesen Artikeln zu Gefallen, welche er sich drängen muß, schnell zu geben, mußte das Kunstblatt lange zurückgesetzt werden. Bitte ich ihn um Vervielfältigung der Blätter, so sagt er: ‚Dafür zahlt mir das Publikum nichts, das muß seine Schranken haben' oder: ‚Drängen Sie nur die Druckerei' – dränge ich die Druckerei, so sagt sie: ‚Wir haben keine Setzer, um mehr zu tun.' Das alles ficht meinen Frieden nicht an."

Utta Keppler

Aus dem Leben Friederike Kerners

Friederike Kerner, geborene Ehmann, ist – wenn überhaupt – nur als Frau des Arztes und Dichters Justinus Kerner bekannt. Eigene Werke hat sie nicht geschaffen. Welche Bedeutung diese Frau aber für ihren dichtenden Gatten hatte, zeigt die Platte auf dem gemeinsamen Grab, in die Justinus Kerner einmeißeln ließ: „Hier ruht Friederike Kerner und ihr Justinus".

Friederike Ehmann wurde am 9. Januar 1786 als Tochter des Klosterschulprofessors und Arztes Friedrich Wilhelm Ehmann in Ruit geboren. Nach dem Tod ihrer Eltern zog sie zu einer Tante nach Lustnau,

wo sie den in Tübingen studierenden Justinus Kerner kennenlernte. Im Februar 1813 heirateten die beiden in Enzweihingen.

Friederike, genannt „Rickele", zog nicht nur drei Kinder groß und bewältigte einen großen Landarzthaushalt, sie war auch eine warmherzige Gastgeberin der zahlreichen Gäste des Kernerhauses, Pflegerin der Geistesgestörten und Schwerkranken, die Kerner aufnahm, und eine geduldige Gefährtin und Partnerin des schwierigen, zu Depressionen neigenden Justinus Kerner. Der schrieb in einem Vers – auf die Weiber von Weinsberg anspielend – über sie:

„Getragen hat mein Weib mich nicht,
Aber ertragen.
Das war ein schwereres Gewicht,
Als ich mag sagen."

Friederike Kerner gehörte zu den Charakteren, die sich ein für allemal entscheiden und dabei bleiben.

Ob sich der Weg dann als angenehm oder bitter erweist – das ist eigentlich unwichtig – es ist der gewählte Weg, „jacta est alea", und sie stand ihrem Justel zur Verfügung mit allem, was sie konnte und war, ohne irgendeinen Zweifel.

Das Glück dieser Gemeinsamkeit, die gewiß keine Unterwerfung und unselbständige Dienstbarkeit war, gab ihr Vitalität und Überschau, innere Kraft und Weltsicht – alles, was ihr Wesen weitete und entwickelte, in den engsten Grenzen groß und beispielhaft wachsen ließ.

Da vergaß sie den Schlaf, die Bedrückungen ihrer Schwäche, die Kopfschmerzen, sogar das

Justinus Kerner

Hungergefühl, wenn keine Zeit zum Essen blieb.

Manchmal mußte sie ihn trösten, wenn er in einem lichten Augenblick ahnte, daß auch sie müde war; dann freilich warf er sich seine Forderungen und Ansprüche vor, den Andrang der Neugierigen, Sensationslüsternen, die Keckheit der Hypochonder und Seelenschwachen, die auch sie bedrängten, und die er nicht von ihr abhielt.

Ach nein, sie war keine Märtyrerin und fühlte sich nicht als eine. Sie liebte die Kinder, die lustig herumtobten, sie liebte den Mann, der dieses bizarre, verworrene, bunte Leben anregte und weitertrieb, und der es treiben mußte, weil die innerste Stimme, Drang und Wesen ihn dazu zwangen, nach dem Unerkannten, Dunklen, Unirdischen zu graben.

Was sich da für ihn versteckte, war das Wichtigste, und er konnte dem Drang nicht absagen, es zu ergründen, er wäre sonst verdorrt und verelendet. Aber das verstehe keiner recht, sagte er, nur sie, die Lobredner seiner Dichtung hielten nichts davon.

Was ihn bekannt gemacht habe, sei aber doch seine Poesie, wandte sie ein, da es ihr nie ganz wohl war bei seinen magnetischen und magischen Kuren und Versuchen.

„Ja", meinte Kerner, so sei das, die besten und tiefsten Denker wirkten nicht auf die Menge, ehe sie nicht durch irgend etwas leicht Eingängiges, Primitives dem Volk nach dem Sinn geredet hätten.

Volkslieder, so gern er sie singe, so echt sie ihm vom Munde gingen, wären ja nicht sein eigentliches Anliegen. Das Eindringen in die innersten Bezirke – in das, was Goethe gemeint habe, was „Natur nicht offenbaren mag" – und was man ihr nicht abzwinge „mit Hebeln und mit Schrauben" – das sei sein Anliegen, nicht das Empirische, das Beweisbare und Erfahrene.

„Ach, Liebe!" hieß es dann auf einmal, „dich hab ich auch noch nie ganz ‚erfahren', nur immer deine stille große Wirkung gespürt – deine Kraft ... du bist mir doch auch so ein elfisches Naturwesen, eine Quelle, ein Wiesenbach, eine wehende Buche und eine starke, helle Strahlung!"

Rickele lächelte. „Spiel deine Maultrommel, Justel, dann ist's gesagt."

Eines Tages kam mit den anderen Dichterbrüdern, den schwärmenden, singenden und trinkfrohen Freunden, auch ein schöner dunkler Geselle ins Haus, ein ungarischer Baron, der Nikolaus oder Niembsch von Strehlenau, der sich Lenau nannte.

Lenau war der eindrucksvollste, der interessanteste, vielleicht der genialste unter dem Schwarm der Dichter. Er erregte sofort alle Aufmerksamkeit. Selbstsicher aus innerster Unsicherheit, wild und anspruchslos, ohne den geringsten Versuch der Anpassung und Bescheidung, veränderte er mit seiner Ausstrahlung die gesamte Atmosphäre im Haus. Und gab er sich an einem Tag als ein Leidender und Todesmatter und voller Lethargie, so war er anderntags sprühender und toller als viele andere, und so überzeugt von seinem Geist und dessen Berufung, daß er sich durchaus als Kraftgenie gebärdete, und ohne Fragen und Zweifel seine eben entstandenen Arbeiten – etwa seinen „Faust" – dem Kreise und vor allem Rickele Kerner vortrug, die mit ihrer Kritik zurückhaltend, freilich auch manchmal von seinem „düsteren Genie" mitgerissen war.

Sie fürchtete, obwohl sie das ganz anders gefärbte Naturell wohl unterschied, für ihren Mann.

Aber Lenau merkte das nie. Er rauchte beständig, verlangte täglich mehrmals starken Kaffee, schlief kaum und genoß – wie die Zeitgenossen sagten – „ausgiebig den Weihrauch“, der ihm gestreut wurde. Er gefiel sich darin, seine Zuhörer mit Schauermären zu erschrecken, wozu ihm das Kernerhaus reichlich Motive lieferte. Düstere Bilder, makabre Geschichten und mitunter boshafte Verstellung brachten die hilfreichen Doktorsleute in Verlegenheit.

Er besuchte mit Kerner eine Witwe mit ihrer schönen, blutjungen Tochter, und Lenau schlüpfte – unbemerkt von der Mutter – in das Zimmer des Mädchens, küßte das Kopfkissen und ihr Gebetbuch auf dem Nachttisch, und renommierte nachher bei Kerner: „Das Kind hab ich magnetisiert, die muß jetzt immerzu an mich denken!“

Oder er vertrieb einen unerwünschten Gast aus der Kutsche, indem er seinen Freund, einen Polen, beredete, als Arzt zu fungieren, der einen Irren in eine Anstalt bringen sollte. Da gab es konfuse Reden, verzerrte Gesichtszüge, Augenrollen, schließlich einen Tobsuchtsanfall, der endlich die mitreisende Dame zwang, die Kutsche zu verlassen und an der nächsten Station auszusteigen zu ungeplantem Aufenthalt. Kerner hielt ihm derlei Ungezogenheiten vor. Und doch fand er Trost, wenn er sich an Justinus breite Brust lehnen konnte oder Rickele, bei aller Arbeit, ihm Zeit schenkte, um seinen Versen zuzuhören.

„Lieblich war die Maiennacht
Silberwölklein flogen
Ob der holden Frühlingspracht
Freudig hingezogen …"
Und den Schlußvers, den er leise las:
„Halten muß hier Roß und Rad,
Mag's euch nicht gefährden,
Drüben liegt mein Kamerad
In der kühlen Erden
Hier ich immer halten muß
Dem dort unterm Rasen
Zum getreuen Brudergruß
Sein Leiblied zu blasen …"

„Ich mein, man müßt es singen", sagte Friederike, und Lenau lächelte, wie er selten tat, unter dem Magyarenbart, den die Kinder „fürchterlich schön" fanden.

Rickele liebte, wenn sie sich einfühlte in seine Sehnsuchtspoesie, vor allem das:
„Auf dem Teich, dem regungslosen
Weilt des Mondes holder Glanz …"

Lenau, das spürte sie schon, versank nicht in seinem melodischen Rhythmus, seinen sangbaren Reimen. Er hatte gefühlt, was in der Zeit mitschwang und immer mitklingen wird. Er hatte auch das „dünnhäutige" Gespür, die überwachen Sinne, die ihn nicht mehr in sich selber zur Ruhe kommen ließen, weil alle und alles, was seinem guten Verstand auffiel, ihn aufrüttelte und schmerzhaft brannte.

„Horch! Überraschend saust es in den
Bäumen
Und ruft mich ab von meinen lieben
Träumen
Ich höre plötzlich ernste Stimmen
sprechen,
Die aufgeschreckte Seele lauscht dem
Winde
Wie Worten eines Vaters, der dem Kinde
Zuruft, vom Spiele heimwärts aufzu-
brechen."

Und einmal las er dem Rickele vor, was er am frühen Morgen in sein Merkbuch gekritzelt hatte:

„... Lieblos und ohne Gott!
Der Weg ist schaurig
Der Zugwind in den Gassen kalt,
Und du?
Die ganze Welt ist zum Verzweifeln
traurig."

Sie sprach ihm sanft zu, tadelte auch ein wenig, ruhig, mütterlich – sie wisse von dem ewigen Trost und ihr Justel auch, und er werde ihn auch spüren.

Und bald darauf fand sie einmal auf seinem Pult, das sie abstaubte, ein Blatt mit dem Vers:

„Von allen, die den Sänger lieben
Die, was ich fühlte, nachempfanden,
Die es besprochen und beschrieben,
Hat niemand mich wie du verstanden ..."

Ob das gerade ihr galt, wußte sie nicht, wollte es auch nicht wissen, nur dem Justinus zeigte sie das Papierchen, als er gerade an der offenen Zimmertür vorbeikam. Bis Lenau von seinem Waldgang zurück war, lag's wie vorher auf dem übrigen Schreibkram.

Freilich, Kerner achtete Lenaus wilde kräftige Lieder höher, solche, die verzweifelt und bis ins Letzte suchend und bohrend Leben und Tod ergründen wollten; ihm selber war das alles nicht in solcher Stärke gegeben, ihm geriet, bei seiner milden Schwermut, die Lebenstrauer zur sanften Harmonie – mag sein, weil ihm die sichere, gelassene Frau bereit war, um für alles ein Lächeln, ein Nicken, irgendeinen Ausweg zu finden.

Rickele war von früh bis abends in ihrem Haus, im Anbau, im Geisterturm und im „Sargzimmer" unterwegs – den Turm nannte man so, weil es angeblich drin spukte, da vor Zeiten die Gefangenen darin verhungert seien, oft Leute von hohem Adel, nach dem „humanen" Grundsatz, daß man fürstliches Blut nicht vergießen dürfe.

Niemand nahm freilich solche Erinnerungen schwer, ja es schien, als habe man in Justinus' geistiger Welt geradezu ein Bedürfnis danach, makabre und okkulte Dinge zu erleben, undeutbare und unfaßbare Ereignisse ahnungsvoll zu bereden und eben ihre Unerklärlichkeit schaudernd zu genießen.

Freilich zeugte das auch von einer seltenen Kraft und einem gefestigten Weltgefühl, daß man es ruhig ertrug und darin leben konnte.

Als aber Lenau dem Justinus seine Vorstellungen und Träume gebeichtet hatte, sagte Kerner zu seiner Frau, wenn ein Meer mitten im Sturme mit haushohen Wogen plötzlich zu Stein erstarrte, könnte es nicht schauerlicher sein, als es in Niembschs Seele aussehe …

Lenau reiste danach für Monate ab; wie lang er ausbleiben werde, wußte er selbst noch nicht. Er entschloß sich, nach Amerika zu fahren.

Sein Vermögen war zwar bis auf das Nötigste zusammengeschmolzen, da er mit seiner Poesie nicht viel verdiente, aber es reichte doch zur Überfahrt und sollte sogar zu einem Landkauf „drüben" reichen, den Lenau plante. Ein schwäbischer Zimmermann würde dann als Pächter die Güter verwalten.

Als man am 8. Oktober 1832 in Baltimore gelandet war, schrieb Lenau enttäuschte und entmutigte Briefe nach Hause. Ihn entsetzte die materialistische Einstellung der meisten Amerikaner, die er kennenlernte, ihre literarische Unkenntnis und ihre primitiven religiösen Vorstellungen.

Ende Juni 1833 landete er wieder in Bremen und fuhr gleich über Heidelberg nach Weinsberg. Er berichtete nur Negatives von seiner Reise – und Rickele sagte abends zu ihrem Mann: „Er hätte jemand gebraucht, der ihn anerkannt und bekannt gemacht hätte – dort galt er nichts, der Arme."

1834 ließ sich Lenau für Justinus malen – ein gutes lebendiges Bild. Lenau reiste damals viel, unruhig getrieben und schließlich auch unglücklich verliebt in die Frau des Dichters Max Löwenthal.

Er verliebte sich oft, immer wieder, fast jedesmal schon vom Anfang her mit tragischen Vorzeichen.

Friederike wurde ihm zur Beichtigerin und Beraterin, als er ein blutjunges Mädchen umwarb, das sich mit verzweifelter Leidenschaft an ihn verlor.

Aber seine innere Bindung an Sophie Löwenthal, die Frau seines Freundes, war stark genug, den „armen Niembsch" zu zerreißen, er war unfähig zu einer deutlichen Entscheidung, die ihm Rickele anriet; er versuchte, sich von der Frau des Freundes loszumachen und der Braut – er hatte um sie geworben – ganz zuzuwenden.

Da ihm Cotta weit entgegengekommen war und ihm eine Summe von 20 000 Gulden für sein Gesamtwerk und außerdem noch Zahlungen für neue Arbeiten zugesagt hatte, glaubte er, heiraten zu können.

Aber plötzlich wurden ihm allerlei Bedenklichkeiten nahegelegt, es hieß, Cotta müsse auch die Zinsen für das ihm zugesagte Geld gleich bezahlen – kurz, Lenau verärgerte den großen Verleger und kam erfolglos aus Stuttgart zurück.

Und da alles, was den Lenau anging, auch die Kerners im tiefsten bewegte, litten die beiden mit ihm in seinem unseligen, unklaren Zustand.

Als er bei den Freunden Reinbeck in Stuttgart beim Frühstück saß, brach er plötzlich zuckend in Tränen aus, sprang erschrocken auf, sah sich im Spiegel entstellt und schluchzte: „Mich hat ein Nervenschlag getroffen!"

Der Obermedizinalrat von Schilling – der Bruder des Philosophen – erklärte später, es sei eine rheumatische Lähmung und wahrscheinlich nur lokal und vorübergehend.

Niembsch, Niembsch von Strehlenau – Kerner hatte schon früh erkannt, daß er „verfallen" sei. Vom Keim her war er zum Verfall konstruiert, von den wildwüchsigen, gleichsam unsymmetrischen Sprossen und Trieben seiner inneren Form verzerrt und verschoben und unfähig, sie zur lebenstüchtigen Einheit zu bändigen. Niemand hatte ihm den Boden gelockert, dem noch zarten Pflänzchen die gemäße Nahrung und dem Heranwachsenden Stütze und Führung verschafft.

Auch im Kernerhaus erlebte er Aufschwünge und Niederbrüche und Tage völliger Reglosigkeit.

Kerner, der Seelenarzt, suchte sich solche „schizophrenen" Zustände zu erklären. Lenau hatte eine schwierige Kindheit erlebt, der Vater war ein Trinker und Spieler, die Mutter eine umgetriebene Hysterikerin gewesen, ein Brüderchen früh gestorben – und als die Mutter den Mann vom Bett des schwerkranken Kindes zum Arzt schickte, wartete sie vergeblich, bis das Kind qualvoll gestorben war.

Erst allmählich erfuhr man von dieser Tragödie.

Kerner versuchte tastend, auf das enttäuschende

Vaterbild zu treffen, um es zu entgiften, wie einen eitertreibenden Fremdkörper auszugraben und wegzuheben, aber er gelangte nicht weiter als bis zum bitteren Abschluß der Geschichte: Als Niembschens Mutter, neben dem toten Kind, in ihrer halben Betäubung einen Schlitten vorfahren hörte und hinauslief, stiegen zwei wilde, halbtrunkene Männer aus, Kumpane des Mannes, und lallten: Das seien seine Spielschulden, die Verschreibung habe er unterzeichnet, das hier verlangten sie auf der Stelle – 17 000 fl. bar ...

Die arme Frau brach zusammen und der kleine Nikolaus stand hilflos neben ihr.

Kerner sprach ihm zu: In sich selber und mit Gottes Beistand müsse er das Böse überwinden, den Dämon, den ihm der Vater hinterlassen, loswerden. Und wo solche Züge vererbt sein könnten – er werde sie niederzwingen, in ihm sei nichts Schlechtes – und er, Kerner, liebe ihn doch, wie alle Freunde ihn liebten ...

Lenau nahm's an – für den Augenblick. Aber nach ein paar Wochen brach alles wieder auf wie eine Beule – Kerner selbst sah, daß ihm nicht mehr zu helfen sei.

Eine lange Leidensgeschichte – auch für Friederike, denn sie erlebte und erlitt das alles mit.

Lenau hatte, als er noch zugänglich war, manchmal nach ihr verlangt: „Deine Frau tröstet mich so, wenn sie nur da ist ..."

Kerner schickte das Rickele, wenn's irgend anging bei ihrer Arbeit, zu dem „dunkelblickenden

Ungarn", wie er ihn nannte, zu dem armen Menschen, wie Rickele sagte.

Lenau sah keine Gespenster, das nicht, und Rickele war froh darüber. Aber er sah manchmal die Wirklichkeit, bei aller Schilf- und Sonnenuntergangsträumerei, klarer als der kindlich-geniale, treuherzig-egoistische Justinus; es kam einmal so, daß Rickele, sehr blaß, erschöpft schwankte, und sich entschuldigend in einen Stuhl neben Lenau fallen ließ. Der war das nicht gewohnt, nur daß man ihn umsorgte, wie es seine Mutter getan hatte und wie es im Haus Kerner alle taten.

Er saß hilflos vor der bleichen, reglosen Frau in der blauen Schürze, dann faßte er unverhofft nach ihrer Hand: „Frau Kernerin, es ist doch so: Ihr Justel ist ein Genie der Freundschaft – aber könnte er die pflegen ohne Sie? Er dichtet anmutig, nicht immer ganz tonrein – aber läse das jemand außer den Freunden, die Sie pflegen und halten und ihm erhalten?"

Rickele rief erschrocken: „Aber Herr Baron ... Er ist doch ein Dichter!"

Lenau hatte sich gefaßt, er bereute seinen Ausbruch, er sagte ruhiger: „Sehen Sie, liebe Frau, das ist so: Wenn er keinen Freund hätte, der seine schönen, edlen, manchmal auch kindlichen Lieder lobte und sie verbreiten hülfe – das ist immer der Anfang, irgend einer muß die Poesie loben und bekannt machen, daß sie jemand druckt –, dann wäre manches Gute von ihm bekannt im engen Kreis, nicht weiter. Daß er aber

Dieser liebevolle Gästebuch-Scherenschnitt zeigt Kerner als Arzt

ein Arzt ist, der hilft, ein Freund, der Freunde liebt und zur Freundschaft stimmt, daß er ein reiner, warmherziger Mensch ist, der tief eindringt in die verstörten, verdüsterten Seelen, wie er's mir zuteil werden läßt – wie könnte das alles sein, wenn er nicht das großzügig geführte, gastfreie Haus hätte, wo alle so gern sind, wo sie austauschen, was sie denken, und vorsingen, was sie dichten, und wo die herrlichsten Gedanken der

Zeit eigentlich erst geboren werden? Ohne Sie, Liebe, ohne Ihre lautlose Gegenwart und unveränderliche Bereitschaft – wo bliebe das alles?"

Rickele stand auf. „Mir ist schon besser, Herr Baron, und was Sie da sagen, stimmt bloß halben ... ich wär auch nicht, was ich bin, und hätt' die Kräfte gar nicht ohne meinen Justel! Und sagen Sie niemandem davon, was Sie da grad' geredet haben – niemand, Herr Baron, gelt?"

Sie hatte in der Küche zu tun und ließ das Lob des Kranken nicht in sich eindringen, hörte nur die Maultrommel aus dem Garten und den Baß ihres Mannes, und freute sich daran.

Die Maultrommel, auch Brummeisen genannt, gehörte zum Justinus wie das Summen zur Biene oder das Schnurren zur Katze.

Das Instrument stammte eigentlich aus der Steiermark und war schon lang als Kinderspielzeug bekannt.

Aber zur Meisterschaft, zum ausdrucksvollen Spiel, hatte es der Doktor Kerner entwickelt, dem es Entspannung, und Erholung und Experiment zugleich bedeutete. Er kaufte die kleinen gezinkten, gezackten Eisenplättchen in Heilbronn in einem Metallwarenladen, wo es auch Nägel und allerlei Handwerkszeug gab.

Einmal, als er dort probierend spielte, bat ihn der Gehilfe, der sie vorgelegt hatte, ihm doch das Spiel beizubringen; Kerner lud ihn ein, trällerte ihm vor und erreichte, daß der junge Mann sich allmählich zu einem Meister entwickelte: Der Geselle wurde ein Virtuose. Er reiste in vielen europäischen Ländern herum, fand großen Beifall in Paris, freundlichen in London, aber endlich spielte ihm das Alter einen Streich – die Zähne fielen ihm aus; und wie das Perücketragen nur den Schauspielern erlaubt war, so galten auch „falsche Zähne" als etwas Unsittliches und Halbweltmäßiges, und überdies waren sie teuer und selten gut anzupassen. Der arme Maultrommler und Eisenbrummler mußte seine Konzerte aufgeben und hat sich für den Rest des Lebens mit Sprachen- und Musikunterricht in London durchgebracht, mühsam genug ... Friederike fand einen Weg, ihm gelegentlich Grüße und Pakete zu schicken.

Das alles fügte sich in den großen Haushalt, als liefe er von selbst. Kamen Fremde, so waren sie die Hauptakteure, wollten sie übernachten, so räumten die Kinder ihre Betten, aßen wenig oder nichts, und auch wenn einer das Haus für eine Wirtschaft hielt, wie es gelegentlich vorgekommen war, verpflegte man ihn und ließ ihn – wollte er bezahlen – lachend gehen.

Dem Justinus schien das natürlich und seine Frau ein Zauberwesen, dem das Brot und der Wein unter den Fingern wuchsen.

Mag sein, daß Friederike auch hier und da einer Bäuerin einen Wink gab, etwa, sie hätte noch keine Eier im Kalk oder kein Kraut im Faß; Justinus tat das nie und durfte es auch nicht erfahren.

Er sagte höchstens, wenn ihr einmal, vor der anflutenden Schar am Tor ängstlich wurde, leis in ihr Ohr: „Heiße die Gäste willkommen und tu Wasser an d'Supp!"

Wahrscheinlich, daß sie noch einen Brocken Schmalz in die brodelnde Brühe strich, und wenn Justinus beim Essen sang und reimte, schmeckte das allen gut.

Es war etwas an ihm, etwas um ihn, das sich nicht beschreiben ließ. – Es war vielleicht die Melodie der Zeit, die Gestimmtheit der ganzen Epoche, die er wie ein Brennglas in sich gesammelt hatte. Denn sonst wären wohl kaum die höchstgelehrten, die feingebildeten, die verwöhntesten Leute zu ihm gekommen, Prinzen und Könige, Gelehrte und Könner, und auch Naive und Verwirrte.

Eines Tages kam der ehemalige König von Schweden, mit Ränzlein und Knebelbart und wurde aufgenommen, ein anderesmal der Graf von Württemberg, der lockige Alexander, – auch er ein Dichter, nicht nur ein Reimeschmied …

Und ein im Irrenhaus Geplagter, der sich nicht anders als mit tobender Wut auszudrücken wußte, kam, und unter Justinus guten Augen und Händen wurde er stiller und endlich ein liebevoller Freund der Blumen und Gräser.

Der hatte im Spinnhaus, wohinein sie ihn gesperrt hatten, weil ja Krankheit als Schuld, und Verwirrtheit als Sünde angesehen wurde, verstört wie er war, den großen Ofen umgeworfen, da ja die Irren oft erstaunliche Kräfte haben.

Man hatte Kerner zu ihm gerufen, weil man ihn im Haus nicht bändigen und im Irrenhaus nicht mehr unbezahlt behalten wollte. Kerner ging in die Stube, vor der zitternd die Verwandten des Rasenden horchten, und fragte, ob er spielen solle.

Nach den ersten Tönen des „Trömmeleins" wurde das Gesicht heller, der Doktor ließ ein paar harmonische Laute nachtönen, strich dazwischen dem verstrubbelten Menschen ruhig übers Haar, nahm ihn bei den Schultern und stellte ihn mit einer energischen Geste vor den zerstörten Ofen hin.

„Da siehst, was du an'grichtet hast, Kerle! Aber jetzt tust so ebbes nimmer, ich weiß dir was bessers: do guck 'naus, wie hoch mei Gras steht, des muß mer schneide ..."

Danach ging er und ließ dem „Gedämpften" eine warme Milchsuppe bringen.

Das Jahr darauf war der „Irre" Knecht beim Doktor, fütterte die Gäule und schnitt das Gras.

Und einmal kam er in die sommerliche Stube, wo gerade die Frau die ersten Äpfel schnitt, und sagte: „Doktorin, i kann des Gras net schneide, dees tut mer weh!"

„Warum denn, Jaköble?" fragte sie.

„'S hôt so schöne Blümle drunter, die müesset nô hi' sein!"

Die Kernerin sagte darauf: „Nô laß halt stehe, des Gras!"

Das war ein Anlaß, über die Verstörten zu reden, als Kerner abends heimkam, über den Jakob und den Lenau, der ihnen immer wieder zu schaffen machte, und über den Einfluß, den ein friedvolles Haus und Wesen auf einen verwirrten Geist haben könne.

„Hätt ich ihn noch dabehalten", sagte sie traurig, „Vielleicht wär's besser geworden mit ihm ..."

„Es ist halt nicht bloß der Boden, Rickele, es ist auch der Keim."

„Immerhin hat er hier schreiben können, sich entfalten, es wäre gut für den kranken Keim gewesen."

„Ich hab's bald genug gesehen, daß er ‚verfallen' ist, der Arme!"

Sie stand auf. „Ich hätt ihn besser hüten sollen!" sagte sie im Hinausgehen. Und er: „Ach, Rickele, dein gutes Herz!"

Inzwischen war Gustav Schwab wieder einmal angekommen, der damals den Niembsch zu Kerner gebracht hatte, in der Hoffnung, der werde ihn heilen. Er war acht Jahre jünger als Kerner, hatte in Tübingen Theologie und Philosophie studiert, auch Philologie, und Justinus hatte in einem Almanach Schwabs erste Gedichte drucken lassen.

Darin besang der den Herzog Christoph, und bearbeitete alte Versdichtungen aus der Renaissance, den satirischen „Froschmeuseler" des Rollenhagen etwa, der um 1600 erschienen war, da sie alle das Rittermäßige und Altdeutsche, wie sie es verstanden, liebten und verklärten.

Wilhelm Hauff war gekommen, blondlockiger Theologe und Schriftsteller, und hatte aus seinem „Lichtenstein" vorgelesen, in dem er die

Kerner im Freundeskreis:
v. l. Th. Kerner, Lenau, Schwab, Alex. v. Württbg., K. Mayer, Uhland, Varnhagen

wahrhaft rührende Liebesgeschichte des Georg von Sturmfeder und der Marie von Lichtenstein so herzbeweglich mit dem bitteren Geschick des vertriebenen Schwabenherzogs Ulrich verwob und verwickelte, daß der Fürst, ein Enkel des tüchtigen Eberhard, gegen alle historische Bonität als ein Edelmann dastand, ob er gleich ein unbeherrschter und gewissenloser Kumpan gewesen war.

Als Rickele noch spät zu einem Punsch in den Garten hinausrief, weil Justinus „etwas Warmes“ verlangte, da er gerade „eines Knäbleins genesen“ sei, des ersten einer gesunden Bäuerin, gleichwohl nicht ganz unkompliziert gelagert; als Rickele mit dem heißen Getränk heranlief, da kamen auch Karl Mayer, Hauff und Mörike, und man erzählte sich, auch Emmanuel Geibel sei dagewesen und habe „einen Hauch verspürt“ von der Kernerschen Wärme und „Kernhaftigkeit“, und sei, beschwingt und ernüchtert zugleich, wieder daraus geschieden: dabei hatte er mit Mörike einen ergötzlichen Disput gehalten, der weithin bekannt geworden ist. – Jedenfalls wurde er lang und breit und johlend erzählt: Geibel, abends im Wagen neben dem Pfarrer Mörike: „Wie lieblich schweben die rosigen Abendwolken über den schon schimmernd verbleichenden Himmel ...“

Mörike darauf: „Ha jô, bei uns heißt mer's Schäfle ...“

Ein anderer aus dem Kreis war ein – wie Kerner sagte – „abgelegter Adeliger“, Anastasius Grün, Anton Alexander Graf von Auersperg, nicht weit von Lenaus Heimat in Krain zu Haus, der dichtete historische Balladen und vaterländische Gesänge, und Kerner meinte, er deute sein Pseudonym ganz recht mit der „Hoffnung und dem immer wieder Erstehen ...“

Es war ein allzu buntes Bild, wenn alle die gescheiten, verrückten, vergnügten und schwermütigen Leute da unter einem Dach zusammenwaren, nicht alle zugleich, aber doch immer drei und vier der lebendigsten Geister und beredesten Münder, und wenn David Friedrich Strauß sich über sein „Leben Jesu" ausließ und ihn die Zuhörer, wie etwa der Graf Alexander von Württemberg, gelegentlich fragten, ob er denn schon in Palästina gewesen sei, oder Theodor Storm, der die „graue Stadt am Meer" da unten nicht wiederfand, und doch den „Wein, den holden" gern aus Rickeles Krügen ins Glas goß, und wenn er, der innerlich Vornehme, von Grund auf Noble, sich mit Justinus dann doch verstand, so hatten die Heimatorte da wenig dreinzusprechen.

Es gab auch Schalksnarren und Eulenspiegel unter den Gästen, und magnetisieren wollten sie alle, zaubern beinah, und erlösten sich selber aus ihren Schattenphantasien durch ihre Gesänge und Lieder.

Uhland, der Jurist, der Klardenkende, der die Lage Deutschlands erkannte und zu beeinflussen suchte, war kein „Magier" und wollte keiner sein. Aber er sang starke und dichterisch großartige Balladen und Romanzen, die Lenaus Lyrik wohl ebenbürtig waren – bloß waren sie wie gemeißelt, und nichts Hingehauchtes und dunkel Melodisches war ihnen eigen.

Friederike Kerner kannte die Männer und Frauen, die ihr Haus bevölkerten, und kannte sie um so besser, als sie sich hier keinen Zwang antaten, da sie reichlich dem „funkelnden Wein" zusprachen.

Der Tod seiner Frau am 16. April 1854 bedeutete für Kerner einen schrecklichen Verlust. Ottilie Wildermuth, die mit Kerner im Briefwechsel stand, schreibt dazu im August/September 1854 in ihrer Hauschronik: „Auch wieder ein Franzos aufgetaucht! ein Herr Malano, ehemaliger Theologe und Sprachlehrer aus Savoyen, mit etwas abenteuerlicher Vergangenheit, ein armer Tropf, der hier schlimmer als auf dem Trockenen sitzt; wir laden ihn ein, so oft es angeht.

Ehe ich noch J. Kerners wiederholter Einladung nach Weinsberg folgen konnte, starb sein ‚Rickele', seine vortreffliche Gattin, und all sein späteres Leben war nur eine tiefe, rührende Totenklage um diesen Verlust. Ich fühlte so tief in seiner Seele diesen Schlag, daß ich, als eine so neue Bekannte, nicht wagte, in diesem großen Leid ihm zu nahen. Erst als ich einen Brief von ihm empfing, der nichts enthielt als die Worte:

‚Teure Freundin!
Wo sind Sie?
Ihr unglücklich gewordener
J. Kerner.‘

hatte ich den Mut, ihm meine ganze innige Teilnahme auszusprechen. Er lud mich wiederholt in seiner klagenden, todesahnenden Weise ein, ihn zu besuchen: ‚Kommen Sie nicht bald, so finden Sie mich nicht mehr, und das Häuschen, in dem so viel gemütliche Herzen in Poesie und Liebe sich zusammenfanden, steht verlassen und geschlossen da.

Mein Leben kann nicht länger dauern, als noch einige Monate lang, denn ich bin zu elend und müde und voll Heimweh.

Gern wollt ich ja am Tage Schmerzen leiden,
Verdorren sehen meines Lebens Baum,
O käme nachts von meinen alten Freuden
Zu mir nur einmal noch ein schöner Traum!
Doch schlaflos blick ich stets nach jener Stelle,
Von der mir nachts oft ihre Stimme klang,
Und war es auch nur ihres Atems Welle,
Hat mir's getönt wie leiser Engelssang.
Doch schlaflos muß ich nachts zur Stelle blicken,
Von der mir längst kein lieber Laut mehr kam,
An der ich, sie zum letztenmal zu drücken,
Die kalte Hand in meine heiße nahm.
Was hab ich noch? ein Auge müd und trübe,
Das dennoch sich nicht schließen kann zur Ruh,
Ein Herz, weit offen für den Schmerz der Liebe,
Komm', lieber Tod, schließ' mir die beiden zu!

Mein armer König Ludwig! (von Bayern) im ganz gleichen Alter und in ganz gleich langer Verbindung wie mich traf ihn auch der Schlag, die Gattin zu verlieren! Ich kann am besten fühlen, wie es ihm nun ist, schrecklich, entsetzlich. Trotz all seiner herrlichen Schöpfungen auf der Erde wird ein tötendes Heimweh ihn plagen. Das schrieb ich ihm auch. – Verlaß mich nicht!

... Du solltest die barmherzige Schwester machen und zu mir kommen, so lang ich so elend und verlassen bin. Eine andere barmherzige Schwester als Du könnte ja inzwischen Deinen Franzosen verpflegen; er ist freilich so elend dran wie ich, den man auch, ob er gleich deutsch spricht, nicht versteht. – Mit dem größten Vergnügen ließ ich mir aus der allgemeinen Zeitung durch meinen Sekretär Nr. 2 den billig Deine vortrefflichen Bücher würdig beurteilenden Aufsatz vorlesen. Er hat, wenn auch in Deiner Bescheidenheit nicht Dir, aber gewiß Deinem lieben Mann, Deiner Mutter und Deinen Freunden große Freude gemacht.

Mein Oberstaatssekretär und Hofrat Nr. 1 (die älteste Enkelin, Anna Riethammer) hat wegen eines Katarrhs längeren Urlaub genommen. Ich habe demselben das Großkreuz meines Justiniordens erteilt. Was dies Großkreuz betrifft, so ist dasselbe sehr groß und bedeckt den Mann vom Kopf bis an die Zehen mit Trauer und mit Wehen. Nun leb wohl!

Dein alter Freund

J. Kerner."

Ottilie Wildermuth

Schilderungen des Schwabenlandes, insbesondere der engen, bescheidenen Welt der Pfarrhäuser und Kleinstädte, stehen im Zentrum des Werkes von Ottilie Wildermuth. Als Tochter des Landvogteikriminalrates Rooschüz am 22. Februar 1817 in Rottenburg geboren, verbrachte sie ihre Kindheit und Jugend in

Marbach. Nach ihrer Heirat mit dem Gymnasialprofessor Johann David Wildermuth kam sie nach Tübingen, wo sie am 12. Juli 1877 starb. Noch heute erinnert ein Denkmal in Tübingen an sie.

Ottilie Wildermuth war eine sehr produktive Volks- und Jugendschriftstellerin, deren Beschreibungen des schwäbischen Lebens zugleich soziale Sittenbilder von kulturhistorischem Interesse sind. Krauß schreibt in seiner Literaturgeschichte von 1899 über sie: „Wie manche Leserin hat in Anfechtung und Kummer aus ihren Schriften Erquickung und Trost geschöpft!

Sie ist aber auch eine vorzügliche Kennerin des Frauenherzens. Wer hat wie sie die Poesie des erträumter Seligkeit ahnungsfroh entgegenharrenden Backfisches, die Poesie der entsagungsstarken alten Jungfer ergründet? Etwas Reines und Keusches, etwas Kerngesundes und Tüchtiges liegt in ihrer ganzen Art. Alles, bis auf den Stil, ist bei ihr einfach, natürlich, schlicht, gediegen."

Wir lassen hier im wesentlichen Ottilie Wildermuth mit Auszügen aus ihrer „Hauschronik", die viel von der Atmosphäre der damaligen Zeit vermitteln, und mit Briefen zu Wort kommen. Briefe an sie und der Nachruf auf sie vervollständigen das Bild dieser warmherzigen Autorin.

Zu den bekanntesten Werken Ottilie Wildermuths gehören die „Schwäbischen Pfarrhäuser". Sie schreibt darüber am 10.1.1850 an ihre Mutter Eleonore Rooschüz:

„Ich weiß noch gar nicht, wie mit diesem Kindervolk der Winter 'rumgehen soll. Heut hätt' ich nötig schreiben sollen für Wildermuth, da bracht ich den ganzen langen Tag, ohne sonstige Unterbrechung, 9 Seiten in Stand, nur abgeschrieben!

Die Pfarrhäuser sind bald fertig, hier habt ihr eine Partie, notiert mir Eure Bemerkungen, ich muß natürlich noch alle ins Reine schreiben. Meiner Ansicht nach will ich sie so arrangieren: Das freundliche Pfarrhaus. (Beninger.) – Der Haselnußpfarrer – Das stille Pf. – Das humoristische Pf. (Wolfschlugen, ist wirklich bei Eisenlohrin, da ich's nicht ohne ihre Einwilligung drucken lassen will.) – Das geizige – Das gastfreie – Das fromme Pfarrhaus. Letzteres ist noch unter der Feder. Diese 7 scheinen mir fürs erste genug, ich hätte noch eine zweite Reihe im Plan: Das sentimentale, – Das verbauerte, – Das gelehrte, – Das töchterreiche, – Das freudlose; will es aber der Redaktion überlassen, ob es nicht gar zu viel in einem Genre ist, ehe ich weiter ausarbeite. Beim geizigen will ich noch alle Züge sorgsam verwischen, die die Hochdorfer auf sich beziehen könnten, nur den Ranzen gebe ich bitterungern auf, frag Hermann, was er meint.... Verliert mir nur ja nichts aus den Pfarrhäusern."

Nicht alle Leser amüsierten sich über die „Pfarrhäuser". Mancher Pfarrer fühlte sich getroffen und reagierte gereizt. Ottilie Wildermuth in einem Brief an ihre Freundin Auguste Eisenlohr (1.11.1852):

„Wie lange hätte ich dir gern geschrieben! aber seit die Mutter verreist ist, ist mein Dasein ein langer Samstag. Ein unruhiges Hauswesen nebst kleinem Kind mit einer total unfähigen Magd zu besorgen, ist eine Danaidenarbeit, und es gelang mir noch nicht, dem Faß den Boden einzusetzen, – eine gute Schule ist's, will's Gott, keine vergebliche.

Dein Urteil über mein Buch, Dein erstes nämlich, hat mir recht wohl getan, weil Du's so frisch und hell aufnimmst. Über das zweite bin ich erstaunt; lieber Gott, was kann man alles aus so einem simpeln Büchlein herauslesen!

Ich denke zwar nicht, daß es vielen Leuten so geht – Du aber mußt mich ein wenig mit Geduld anhören.

Pfarrhäuser habe ich schildern wollen, nicht Pfarrer, Pfarrhäuser, so wie sie von meinem Standpunkt im Leben aus sich dem Auge darbieten. Die pfarramtliche Wirksamkeit fällt darein nicht, und so wenig Du einem Menschen vorwerfen kannst, er denke nicht an Gott, weil er just in Deiner Gegenwart nicht betet, so wenig kannst Du einem Pfarrer schuld geben, der Bauch sei sein Gott, weil er je und je mit seinen Freunden fröhlich ist. Eine gemütliche Gastlichkeit schließt darum ein tieferes geistliches Wirken, schließt die Kraft der Verkündigung des Wortes nicht aus. Unwürdige Pfarrer sind unter den meinen nur der Haselnußpfarrer und der geizige; bei dem freundlichen, dem gastfreien, dem humoristischen und dem frommen ist ohnehin der wohltuende, gabenspendende Geist des Pfarrhauses gegenüber der Gemeinde nicht nur angedeutet, sondern ausgesprochen.

Egoistisches Wohlleben kann man allenfalls nur dem gastfreien Nummer zwei vorhalten. Sie gehören freilich mit Ausnahme des genügsamen alle schon einer gewissen Vergangenheit an, einer Vergangenheit, in der die Armut noch nicht das gottentfremdete, neidische, drohende Gespenst war wie jetzt, obgleich damals die Armen auch nicht hungergestorben sind. So war es noch keine Sünde und Raub in Frieden und Freude beisammen zu sein. Ich will ja nicht bitter werden, gewiß fordert die Gegenwart ganz andere Opfer, und mit Recht, von uns; aber darum will ich unsern guten Vorfahren, die auch ihr Bündel zu tragen hatten, ihren harmlosen Genuß nicht nachträglich noch für Bauchgötzendienst und Egoismus verschreien.

Ein anderes ist's mit dem alten Beamtenstand. Hier war in der Tat Egoismus, ein Paschaleben, das mit Recht einen Stoß erlitten hat, und ich habe das absichtlich gezeichnet, wie es war und den Onkel Spezial (in den drei Zöpfen) gelassen, wer er war.

Verzeih, daß ich so weitläufig wurde! aber es liegt mir daran, hier nicht mißverstanden zu werden, so herzlich ich über den Ingrimm des Philistertums lachen mußte."

Eine Vorkämpferin für die Rechte der Frau war Ottilie Wildermuth gewiß nicht. Sich selbst ließ sie aber nicht auf den häuslichen Kreis beschränken (Hauschronik vom 5. Mai 1853):

„Justin Kerner hat mich heute durch einen Artikel in der Frauenzeitung überrascht. Er sagt darin, die beste Art zu dichten sei für Frauen die mit Nadel und Häkelnadel, und schließt mit dem Vers:

‚Dein Rührlöffel von Lindenholz,
Liebes Weibchen, der sei dein Stolz;
  Besser dir steht er
  Als die Gansfeder.
Rupfe und brate die Gans nur fein,
Aber die Feder der Schwinge
  Bringe
Dem Manne herein.'

Nur einer Mitarbeiterin der Frauenzeitung, bemerkt er noch, wolle er um ihrer gemütlichen schwäbischen Bilder willen gern die Feder zugestehen. Ich konnte der Lust nicht widerstehen und sandte in derselben Viertelstunde ein Blättchen an Kerner ab:

Du meinst, es habe mich gestochen,
Ein spitzes Wort in deinem Kranz,
Das zu den Frauen du gesprochen
Von Löffeln, Federn und der Gans.

O nein! ich durfte ruhig bleiben,
Dieweil, wenn ich die Hand geregt,
Um meine Bilder aufzuschreiben,
Ich kaum den Löffel weg gelegt;

Dieweil ich in des Lebens Lenze
Kochkunst studierte mit Gewinn,

Lang' eh' ich dacht' an Lorbeerkränze,
Beir Tochter der Frau Löfflerin;

Ja, weil in Küch- und Kindersorgen
Ich mich bewege spät und früh,
So fürcht' ich fast, die Bilder atmen
Ein bißchen – Küchenpoesie.

Doch sollte dich's noch einmal locken
Zur vielgetreuen Musenstadt,
Die wohl für dich der alten Freunde,
Der lieben Plätzchen viele hat,

Dann koch' ich dir mit eignen Händen
Als wertem Gast dein Leibgericht,
Und Poesie und Prosa eine
Dann solch ein praktisches Gedicht.

Der andere Tag brachte Kerners Antwort, indem er unserer früheren Beziehungen gedenkt: er hatte mit meinem Vater studiert und mein Mann war früher einst wegen der Heilung eines ihm verwandten Kindes, das man zu Kerner gebracht, mehrere Tage in dessen Haus gewesen:

‚Ja, ja, ich will dich bald besuchen!
Dann back' mir einen – Pfannenkuchen,
Wie ich einst, was ich nie vergaß,
Im Neuen Baue einen aß.

Dein lieber Vater oft mich freute,
Wenn schmunzelnd er an meiner Seite
Vier aß; ja, liebe Wildermuth,
Die waren „donderschlächtig“ gut!

Sie waren wie der Mond zu schauen,
Groß, guldengelb, leicht zum Verdauen;
Aß ich ein Viertel, mir verlieh
Das Viertel ganze Poesie.

Vier aber, Kind, die wirkten mächtig,
Drauf dichtete dein Vater prächtig
Erlebnisse ganz wunderbar, –
Dein Dichtergeist schon in ihm war.

Das waren Zeiten noch zum Scherzen!
Auch deinen Mann lieb' ich von Herzen,
Wohl dünkt ihm noch mein Gartenhaus,
Wo wir den Teufel trieben aus.

Doch eh' ich noch bei dir erscheine,
Verlange ich, – denn ich vermeine
Daß, weil du noch bist frisch und jung –
Daß du zu mir machst einen Sprung.

Ja, eil' ans Herz des alten Blinden!
Du wirst für dich es offen finden;
Zum Geisterturm, zum Dichterhaus
Eil', eh' mein Licht löscht gänzlich aus.‘

Ich hatte sehr große Lust, der Einladung zu folgen. Nach Weinsberg zu reisen war zunächst

Stuttgart, Villa Berg

nicht möglich; aber im Juni kam ich mit Agnes nach Stuttgart; von dort aus machte ich mit ihr einen Spaziergang nach dem nahegelegenen Bad Berg, um Kerner, der sich gerade dort aufhielt, zu besuchen. Es brauchte lange, bis wir ihn endlich im Badhotel auffanden. Ich war schüchtern, mich so ohne weiteres einzuführen, fand aber niemand, der mich hätte melden können; so klopfte ich endlich. Ein großer dicker alter Herr in Hemdärmeln saß am Schreibtisch, eine recht würdig aussehende liebe ältliche Frau in Trauer bei ihm – das mußte ja Kerner sein. Ich war zuerst etwas befangen, da mir mein Eindringen unbescheiden erschien; ich nannte meinen Namen, da begrüßte mich Kerner mit lauter herzlicher Freude, warf einen Rock um und setzte sich zu mir auf das Sofa. Nun bin ich überhaupt nicht geistreich, könnte es aber am wenigsten so expreß sein; so gab ich mich eben dem Gespräch hin, wie Kerner es anschlug. Er steckt mit Leib und Seele im Tischrücken, Tischklopfen und allerlei anderen Hexereien, erzählte mir eine schauerliche Geschichte von einem klopfenden Schlüssel, schenkte mir sein Bild und einen gemalten Geist mit einem Herzen in der Hand. Agnes hat sich acht Nächte lang nach diesem Besuch entsetzlich gefürchtet. Im ganzen denke ich, daß wir uns gut verstanden haben.

Konnte in Stuttgart auch noch bei strömendem Regen das Schillerfest mitfeiern. Herrlicher Gesang. Zweiundzwanzig Jahre vorher war ich beim ersten Schillerfest gewesen. Auf dem Heimweg machte ich bei Helfer Langs in Göppingen einen Besuch. Es war sehr nett; Lottchen (geb. Gerok) noch das alte, nette, junge, zierliche Lottchen – ihr ganzes Hauswesen, ihr Mann vor allem, haben mir sehr gut gefallen. Daheim ist Gott sei Dank! alles gesund geblieben. Das Bubele, dick und stark, hat mich zuerst nicht recht kennen wollen, ist aber bald wieder ein arges Mamakindle geworden.

Unter anderen feinen und groben Betteleien werden wir aufs jammervollste heimgesucht mit Briefen von einem Sprachlehrer Lindner, ein abenteuerlicher Charakter wie es scheint: Jurist,

Bilderhändler, Diplomat, – was weiß ich alles, und mit einer wahnsinnigen Frau in hilflosem Elend. Wir haben ihm gegeben, was wir konnten, und getan, was wir konnten, ihm Beschäftigung zu verschaffen; es hat mir manche schlaflose Stunde gemacht und ich fürchte, es läßt sich nicht helfen.

Ach die Armut! das ist der Alp, der einem die Lebensfreudigkeit zerdrückt, die Harpyie, die einem den Bissen verbittert. Tag und Nacht ist mir das Herz schwer von Not, der ich nicht helfen kann. Wir haben als stehenden Sonntagsgast einen armen alten Mann, heißt Biedermann, ist keiner."

Generell war ihre Haltung zur Frauenfrage eher zwiespältig. Im Herbst 1873 schrieb sie an ihre Mutter:

„Über die Frauenfrage habe ich noch nicht abgeschlossen. Gegen öffentliches Zusammenkommen und Reden der Frauen bin ich entschieden. Das eine aber ist wahr, daß die Frauen in gewisser Weise auf Selbsthilfe angewiesen sind, weil das stärkere Geschlecht, das angewiesen wäre, sie zu stützen, zu schützen und sie zu vertreten, sie meist schmählich im Stiche läßt. Ist's nicht unter 100 Fällen kaum einmal, daß eine Schwester oder Schwestern bei einem Bruder eine Heimat oder die Beihilfe zu einer solchen finden, obgleich in den meisten Familien unsres Standes die Ausbildung der Söhne den größten Teil des Vermögens kostet? ‚Es ist die Not der Zeit; die Brüder haben selbst zu schwimmen und zu waten' wohl, aber dann müssen die Mädchen sich selbst helfen und daß das nicht allein und nicht für alle mit Schneidernähen und Hausjungferwerden geht, liegt am Tage. Wie aber helfen? als, wie Du auch sagst, mit mehr Frauenasylen, das ist freilich schwer zu sagen, denn in seitherigem Männerberuf als Lehrerin, auf der Post etc. können sie auch nicht viel ersparen. Nun, wir machen's inzwischen nicht aus."

Heute erscheint Ottilie Wildermuth vielen nur interessant als Schilderin des schwäbischen Lebens, als Schriftstellerin wird sie oft nicht so recht ernst genommen. Zu ihrer Zeit wurde die Wildermuth jedoch nicht nur vom breiten Publikum, sondern auch von vielen Schriftsteller-Kollegen geschätzt.

Adalbert Stifter schreibt am 8.2.1854:

... „Ich sage Ihnen tausend lieben warmen Dank für Ihr herrliches Buch. *Lange hat mich nichts so sehr erfreut.* In unserer Zeit der Kunstlosigkeit oder der Kunstungeheuerlichkeit hat dieses gesunde Gestaltungsvermögen mich wie eine reine edle Muse mit klaren menschlichen Augen angeschaut.... Sie müssen sehr viel nach der Natur arbeiten (wie die Maler sagen), weil Ihre Gestalten so rund gebildet sind, daß man um sie herumgehen kann, daß man sie von der Sonne beleuchtet in den Gassen der kleinen Stadt oder auf den Feldern derselben herumgehen sieht; besonders aber, daß Sie einer Klippe unserer Zeit aus dem Wege gegangen sind, die ich so sehr hasse und die ich doch leider selber in der Jugend aufsuchte, der Übertreibung. Maßhalten dürfte das sicherste, aber schwerste Merkmal des wahren Künstlers sein. Wie schön ist die Gestalt Ihrer Schustersfrau! (Ein ungerächtes Opfer). Ich bringe sie nicht aus dem Kopf und dem Herzen. Fast dürftig sind die Züge, aber so einheitlich, daß jeder ihr ganzes Leben und zwar immer dasselbe Leben enthüllt und weiter entwickelt. Diese Frau, der Bide, der Schuster und der ganze Hintergrund der Verwandtschaft und des Städtchens *erscheint mir als ein Meisterwerk der Kunst.* ... Ich sende den Brief an Ihren Verleger, da einmal die Allgemeine Zeitung die Vermutung aussprach, daß Wildermuth nicht Ihr Name sei.

Die besten herzlichsten Grüße

Adelbert Stifter."

Und Jeremias Gotthelf (bürgerlich Pfarrer Bitzius) schreibt am 11. Oktober 1853 aus Lützelflüh in der Schweiz:

„Sie sind im Pfarrhaus Lützelflüh längst eine liebe Bekannte. Ihre Bekanntschaft machten wir im Morgenblatt, beschieden Sie dann, um Sie immer zu haben, ins Haus, brachten es aber noch nicht dazu, Ihnen eine bleibende Stätte zu verschaffen. Denn Sie, wenigstens Ihr Buch, sind eine sehr unruhige Person, stehen nie an Ihrem Platz; will man Sie haben, muß man Sie suchen, und findet man Sie endlich, so ist's oft an sehr seltsamen Orten. Wir haben schon öfter geraten,

Jeremias Gotthelf

mit welchem Namen Sie das Pfarrhaus Lützelflüh bezeichnen würden? Wie Sie uns *nicht* sagen würden, darüber waren wir bald einig, aber das rechte Wort, über das wir uns verständigen konnten, wollte uns nicht kommen. Vielleicht erfaßt Sie einmal der Zug der Zeit und trägt Sie über Berg und Tal, und dann lenken Sie Ihre Schritte ins Bernerland der Emme zu und bringen uns das rechte Wort, von dem wir alle sagen: Das ist's! Und wir könnten Ihnen dann mündlich sagen, wie sehr uns Ihr Buch und alles, was Sie darin aussprechen, erfreut. Das wäre freundlich und schön!"

In ihrer „Hauschronik" schildert Ottilie Wildermuth auch Ereignisse des täglichen Lebens, Reisen und besondere Erlebnisse.

Oktober 1853:

„Trotz des öfteren Regens haben mein Mann und ich doch eine kleine Reise gemacht, meist zu Fuß. Dies stille Beisammensein tagelang in den grünen Wäldern ist ein so seltener Genuß für uns; es ist mir, als hätten wir dem lieben Gott und uns selbst wieder viel unmittelbarer ins Auge gesehen.

Zu Hause traf ich einen Brief vom Legationsrat der Königin von Holland (Tochter König Wilhelms). Ich hatte für unsere Prinzeß Sophie von den Mädchenjahren her ein besonderes Interesse und schickte ihr nach langem Zögern ein Exemplar meiner schwäbischen Geschichten mit einem Brief. Die Folge war eine Aufforderung, die Königin, die in Stuttgart sei, zu besuchen. Da in diesen Tagen unsere Familienzusammenkunft in Cannstatt wieder stattfinden sollte, so ließ sich beides gut verbinden. Ich hatte ganz und gar keine Idee, wie und ob ich mich dabei benehmen könne, ich, die ich von jeher in der heimischen Sauce aufgewachsen bin und nie anders gesprochen habe, als mir mein schwäbischer Schnabel gewachsen ist. Nun – Donnerstag früh reisten wir ab, gut aufgelegt, so daß auch die dicken Gutsbesitzer und Weinhändler im Eilwagen von guter Laune angesteckt wurden, und mit Wildermuth zog ich nachmittags durch die Anlagen nach Cannstatt, wo wir schon einen

Bad Cannstatt

großen Teil der Familie trafen. Viel Lücken hatte der Tod gerissen. Zu tiefster Wehmut bewegten mich die drei letzten Geschwister des Vaters, die in Trauer um die jüngstverstorbene Schwester in einer Ecke beisammen saßen in herzlichem Gespräch.

Nun kamen sie in Scharen herbei, die Vettern und Basen, jung und alt, man hatte zu tun, bis man alle grüßte. Allmählich flogen Champagnerpfröpfe, die Gesellschaft erwärmte sich gegenseitig. Der Vetter P. Rooschüz trug ein schönes Gedicht auf die Verstorbenen vor. Ein paar Spielleute zogen auf, das junge Volk sollte tanzen.

Aus dem Tanz wurde allmählich eine Promenade durch den Saal, der sich nach und nach die gesetzteren Mitglieder auch anschlossen. Man sang Volkslieder: ‚die alten lustigen Lieder, die rufen als Glockengeläut die alte Lust aus dem Grabe, die alte fröhliche Zeit!' Alles führte einander, alles sang mit; man war einmal draußen aus dem Philisterium und hatte ein Fleckchen vom Zauberland der Poesie erobert.

Fröhlich trennte man sich in Hoffnung auf die Wiederkehr des Festes."

„Am anderen Morgen besuchten wir Krabbe in Stuttgart; ‚ach, es ist schon ein Lakai dagewesen, um zwölf Uhr erwartet Sie die Königin!' hieß es da in großer Aufregung. Und es war bald elf und ich nicht angekleidet und weit weg von unserem Quartier! Nun es ging, mein Staat war aus triftigen Gründen sehr einfach und ich war zur bestimmten Zeit bereit. Sobald ich den Korridor des Schlosses betreten, kam eine völlige Unbefangenheit über mich, ein seltsames Gefühl, das ich auch sonst schon gehabt, als wäre nicht ich es, der das begegnete, sondern jemand anderes, und ich sähe mit aller Ruhe zu. Der Kammerdiener meldete mich, öffnete die Tür, und unmittelbar davor stand die Königin, eine schöne Frau von wahrhaft königlicher Gestalt, aber bleich und freudlos aussehend. Sie bot mir die feine schmale Hand; ich wußte nicht, ob sie einen Handkuß erwarte und gab ihr eben meine Hand auch; dann setzte sie sich, ich mich ihr gegenüber. Sie dankte für mein Buch und be-

Eines der vom Stuttgarter Verleger Adolph Krabbe herausgebrachten Bücher O. Wildermuths

gann die Unterhaltung mit der etwas abrupten Frage: ‚Wie sind Sie dazu gekommen, zu schreiben?' Das erklärte ich ihr denn, so gut es sich überhaupt erklären läßt; sie sagte mir, daß sie die Bilder mit großer Freude gelesen. Nun begann sie weiter ein literarisches Gespräch; sie ist eine gescheite Dame, die selbst denkt. Schiller liebt sie nicht; es tut mir leid, daß ich im Augenblick meinen lieben Dichter nicht beredter verteidigen konnte, es kam mir zu unerwartet. Sie fragte, ob ich Gutzkow gern lese; ich sagte, ich lese ihn gar nicht, dies billigte sie auch. Wir sprachen über Holland, die Verschiedenheit deutscher und holländischer Jugend – bis sie nach einer halben Stunde etwa aufstand und mir noch einmal die Hand bot, freundlich dankend, daß ich gekommen. Sie wird diese kurze Unterredung wohl bald vergessen haben, mir aber bleibt sie eine werte Erinnerung. Schütze dich Gott, du schöne bleiche Königin, und lasse dich dereinst eine höhere Krone erlangen, nicht so dornenvoll als deine irdische! Eine fröhliche Abendgesellschaft bei Krabbe beschloß den Tag.

Sonntag wohnten wir noch der Einsegnung von drei Missionaren bei in der Kirche und Montag ging's heim, bescheidentlich im Omnibus. Ein altes Bauernweib fuhr mit, die Mutter eines der gestern geweihten Missionare. Ich bedauerte sie wegen der schweren Trennung. ‚Ja, 's tut waih,' sagte sie in ihrer schlichten Weise, ‚aber Frau, Graißers woaß i nunz.' (Ja, 's tut weh, aber Größeres weiß ich nichts.) Die gute Frau hatte ihr

Letztes für die Reise aufgewendet; als der Omnibus über Mittag hielt, wollte sie sitzen bleiben, ohne etwas zu genießen. Wir ließen ihr Suppe und ein Glas Wein geben, was sie dankbar annahm. Sie zog getrost und freudig ihre Straße, glücklich in dem Heil, das ihrem Sohn widerfahren. – Daheim wurden wir mit Jubel aufgenommen und ich mußte den Kindern gar umständlich von der Königin erzählen."

1854:

„Mittwoch den 20. September haben wir, mein Mann und ich, nach sehr rasch gefaßtem Entschluß wieder eine Fußreise angetreten, in aller Frühe, bei herrlichem wolkenlosen Himmel zunächst auf heißer, staubiger Landstraße bis Hechingen und von da auf den Hohenzollern, belohnt durch die Fernsicht von der Höhe und den Anblick der werdenden Burg. Man nennt sie eine Spielerei, eine *königliche* Spielerei ist's auf jeden Fall; wir wollen hoffen, daß sich diese schlanke jungfräuliche Feste mit den zierlichen Türmen nie im blutigen Ernst zu verteidigen hat.

Ein Glas Bier und Butterbrot, das wir an einem baufälligen Tisch im Freien vor einer bretternen Knallhütte genossen, schmeckte mir köstlicher als jedes spätere Reisemahl.

Wir stiegen nach anderer Richtung den Berg hinab, einen höchst romantischen Weg, vorüber an einem Kirchhof und einer Kapelle, dann den Wald aufwärts. Das war ein Waldweg! für Geißen, nicht für Menschen, ganz senkrecht, auf, auf. Es dämmerte schon stark, als wir die

Höhe endlich erklommen hatten, auf der wir hofften, Onstmettingen, unser nächstes Ziel, alsogleich zu erblicken. Ja prosit! Da lag in schönster rosiger Abenddämmerung eine ganz romantische Waldwiese, ein anmutiger Spielplatz für Elfen, rechts ein waldiger Hügel über dem andern. Kein Kirchturm, kein Glockenton, keine Spur einer menschlichen Behausung. Wir schritten voran, unseres Wegs gänzlich unsicher, immer voran; den einzigen Wegzeiger, dem wir begegneten, konnten wir nimmer lesen, immer zu – aufwärts, abwärts, immer dunkler.

Wir faßten unsere Seele am Ende mit Geduld zu dem Gedanken, unter einem Baum Nachtquartier suchen zu müssen. Immer dunkler, immer unheimlicher – da endlich ein Acker, endlich ein Lichtlein – Kindergeschrei, die Lichter eines großen Dorfes! Auch die Sonne, das empfohlene Hotel, war bald erreicht und wir waren zunächst im Hafen, aber! – Sterblicher, frohlocke nicht zu früh!

Wir traten in die große Wirtsstube, wo der Wirt, ein dicker, stattlicher Bauer, Knechte und Mägde in patriarchalischer Einfalt um eine ungeheuere Kartoffelschüssel saßen. Von unserem Eintritt nahm er wenig Notiz und brauchte eine Weile, bis er seine stattliche Gestalt vor uns hinpflanzte und nach unseren Wünschen fragte. Wir bekamen ordentlichen Wein, eßbare Suppe und gute saure Milch und als Vorbereitung zu unserem Nachtquartier klapperte der Wirt mächtig mit Schlüsseln und schloß knarrende

Kastentüren auf und zu. Ich fror und war todmüde und verlangte sehr nach Ruhe. Endlich leuchtete er uns mit einem dreibeinigen Leuchter in unser Schlafzimmer. Ach diese Nacht! eine Kammer mit so schmutzigem Fußboden, daß man kaum darauf zu treten wagte, breite große Betten mit schweren Unterbetten und gewichtigen Decken, in denen auch vielleicht, wie einst eine Wirtin sagte, ‚nur ein reinlicher Mensch zuvor geschlafen hatte'.

Nun in Gottesnamen! zu Bett mußte man; ich konnte trotz meiner Ermüdung die ganze Nacht kein Auge schließen und Wildermuth ging es nicht viel besser. Nun, es wurde am Ende Tag und ich durfte die schlimme Ruhestatt verlassen. Der Kaffee war zur Not trinkbar, und der dicke Sonnenwirt, ein echtes Abbild eines wohlbehäbigen, selbstzufriedenen, hochmütigen Bauern, machte uns mit Kreide auf den Tisch geschrieben eine Zeche, die der Billigkeit wegen Veröffentlichung verdient: Nachtessen mit Wein, Nachtlager, Frühstück – 49 Kreuzer.

Wir schieden als gute Freunde und hatten bald unser nächstes Ziel erreicht, ein befreundetes Pfarrhaus, wo wir aufs herzlichste aufgenommen wurden. Eine gute Frau, die klagelos ein schweres Tagewerk trägt: sechs Kinder, Äcker, Vieh und was sonst alles, dazu eine arme Gemeinde und keine Rede von geselligem Umgang, – es muß das gelernt sein und gehört etwas mehr dazu als romantische Mädchenideen vom Glück des Landlebens.

Anderen Tags begleiteten uns unsere Wirte nach Werrwag. Von der Stadt Ebingen, von wo aus wir fuhren, ist mir nichts erinnerlich, als die seltene Kultur des Mists, der allda mit rührender Pietät in einer Art von hängenden Gärten auf allen öffentlichen Plätzen gehegt und gesammelt wird.

Es ging bergan, ward immer öder, bis wir endlich auf das sogenannte Härdtfeld kamen, eine Gegend, von deren maßloser Öde man gar keinen Begriff hat. Kein Baum, kein Strauch unterbricht sie, nur trostlose Dörfer stehen inmitten der windigen Höhe, grau und trübselig. Der Weg war lang – immer kälter, immer trauriger; endlich lenkten wir in einen gepflasterten Hof, der von Wirtschaftsgebäuden umgeben ist – und plötzlich wie durch Zauberschlag sieht man sich am überhängenden Rande eines dachsteilen Berges, der hinuntergeht in ein Tal von wilder, wunderbarer Schönheit. Unten, tief unten windet sich die Donau zwischen grünen Wiesen vorbei an hübschen Mühlen, auf beiden Seiten waldbewachsene Berge, oben mit wunderbar gestalteten Felsen besetzt – man sieht sich nicht satt an dem Anblick.

Die Bewirtung bei dem Pächter ist vortrefflich, fast zu üppig für zwei Ehepaare in so bescheidenen Verhältnissen; aber wir ließen einmal den Rappen laufen, tranken nach Tisch in einem über den Abgrund ragenden Pavillon noch Kaffee und aßen Sträublein dazu. Gegen Abend trennten wir uns von unseren Gastfreunden, die den abscheulichen Weg übers Härdtfeld zurück mußten; wir stiegen den steil gewundenen Felspfad hinab und kamen in das wundersame Tal. Der zweistündige Weg war ein fortwährender Genuß; zur Linken die dunkelblaue Donau, freilich hier noch etwas schmächtig, da und dort mit zierlich geschwungenen Brückchen, romantischen Fischerhütten, das grüne Tal schon in matter Abschiedsfarbe, zu beiden Seiten die felsgekrönten Berge – einmal löst sich ein Gebäude von Menschenhand ab von dem zackigen Gestein: die abenteuerliche Burg Wildenstein, ein altes Raubschloß. Endlich tönte fernes Abendgeläute und in der Dämmerung fast wie auf einer Insel lag das Kloster Beuron mit seinem Kirchlein – ein Bild des Friedens. Eine Klostergeschichte aus alten Tagen hätte sich so von ferne ausspinnen lassen.

Mit Einbruch der Nacht erreichten wir den stattlichen Gasthof. Die Wirtin unterhielt uns mit der abenteuerlichen Heiratsgeschichte der schönen Gräfin Robiano, die in diesem Tal gespielt.

In der Frühe verließen wir das stille, anmutige Beuron, um den Weg durchs Bärental nach Rottweil zu suchen auf steinigen, steilen Pfaden. Das war ein Weg! und kein Mensch! kein Wegzeiger! An einer schauerlichen Felswand glitten wir hinab und gelangten so in das gesuchte Bärental. Wieder ein anmutiger, wechselreicher Weg, wenn auch nicht so wunderbar wie das Donautal. Das Wirtshaus zur Sonne, wo wir Mittag machen wollten, war erreicht, und wir wurden dort von einer geisteskranken Frauensperson mit einem Schwall verwirrter Reden empfangen, in denen sie uns ein Diner verhieß, ‚wie es der Sonne würdig sei'. Vielversprechend war es nicht, daß zur Eröffnung der Tafel jeder Gast einen kleinen Baumzweig erhielt, um sich damit die Mücken vom Leib zu halten, die in schauderhafter Menge den Tisch und die Speisen umschwärmten. Bei kaltem Wind schritten wir nach diesem Genuß rüstig weiter, bergab, bergauf, gar oft des Wegs unkundig, bis wir in der schönen alten Stadt Rottweil mit ihren Erkerhäusern einzogen, wo wir in dem alten Giebelhaus des Stadtpfarrers freundliche Herberge fanden.

Die Stadt besitzt eine schöne seltene Sammlung von Holzschnitzarbeiten, schöne zarte Marienbilder, Heilige und Märtyrer – auch sahen wir eine ganze Stube voll römischer Altertümer, alte Kachelscherben von Julius Cäsar und rostige Eisendrähte, wenig unter dem Gerümpel, das einem ein lebendiges Bild dieser Zeit gegeben hätte.

Nach zwei Tagen machten wir uns auf den Heimweg und zogen bei Sonnenschein wohlgemut unsere Straße. Es war Mittag, als wir Haigerloch passierten, ‚die tollgewordene Stadt', wie sie Schwab nennt. Das ist ein wunderlich Ding – man kommt ganz ebenen Weges daher an eine Kapelle aus der Rokokozeit, von einem heimlichen Rasenplatz und säuselnden Linden umgeben, gegenüber ein gar hübsches Schlößchen, jetzt Kaplanei, das ist alles noch recht und vernünftig. – Jetzt aber kommt man an den Rand einer steilen, trichterartigen Bergspalte; an der sind dachgäh hinab und wieder hinauf die Häuser der Stadt gebaut, so lebensgefährlich, daß man glaubt, im nächsten Augenblick stürze alles zusammen und übereinander. Auf der jenseitigen Höhe liegt noch ein Schloß, ein wüstes, uraltes. Es ist eine merkwürdige Geschichte, die sich gar nicht beschreiben läßt.

Wir zogen durch die abenteuerlichen Gassen hinab und hinauf, bis wir in ein ziemlich enges grünes Tal kamen, von waldigen Höhen eingefaßt. Es ist gar still und einsam, fast ein wenig unheimlich, und wir waren froh, mit einbrechender Nacht Immnau zu erreichen.

Die Saison war vorüber; des Sommers letzte Rose, ein bleichsüchtiges Bürgerstöchterlein, war als einziger Badegast noch vorhanden. Recht müde setzten wir uns an den runden Tisch, um den sich allmählich die Familie des Wirts gruppierte: eine dicke Mama, hinter der sich ein kleiner Bursche versteckte, drei Töchter mit schwarzem Haar und dunklem Teint, bis zuletzt die Schönheit des Hauses auftrat, eine hochgewachsene Blondine von voller schlanker Gestalt, die schönen Haare à l'Imperatrice, kurz ganz und gar als beauty, gefaßt auf den Eindruck, den sie gewöhnt war zu machen, ein angenehmes, lebhaftes Mädchen. Man war hier ganz en famille und kam bald in lebhafte Unterhaltung. Ich wußte nicht, warum mich die

Blick auf Heidelberg

Mädchen je und je mit besonders pfiffigen Mienen anschauten, bis sie uns endlich nach dem Tee das Stubenmädchen mit dem Fremdenbuch ohne weiteres auf den Hals schickten. Nachdem unser Name bekannt war, offenbarten sie, daß sie uns gleich für *diejenigen* gehalten, da sie mich bereits durch die Frauenzeitung als Fußreisende von Profession kannten. Sie waren äußerst charmant, bis wir uns in unser komfortables Zimmer zurückzogen.

Eine Reiseschilderung in einem Brief an ihren Mann vom 16.6.1861:

„Jetzt sind wir wieder auf dem kaiserlichen, d. h. in Besigheim, in dem jungen, zierlich eingerichteten Haushalt, wo wir einen behaglichen Rasttag haben, und ich kann Euch von unserem Überschreiten der vaterländischen Grenze benachrichtigen. Alle Welt in Heidelberg schrie Zeter gegen die Neckarfahrt: ‚Das halten Sie nicht aus, das ist tödlich langweilig!' Natürlich, in einer Zeit, wo man in sechs Stunden fast bis ans Ende der Welt kommt, zwölf Stunden auf dem Wasser verleben! Es war aber ein ganz herrlicher Tag; diese Stille und Einsamkeit zwischen grünen Bergen, Wäldern und Burgen tat mir unendlich wohl, man war in einer ganz eigenen Welt und hatte mit der draußen nichts zu schaffen. Es war immer schön und wechselvoll – jetzt eine Burgruine – dann ein Haufen badender Buben, die mit lautem Juchzen dem Schiff nachschwammen, ab- und zugehende Passagiere; – erst von Wimpfen an, als die Ufer sich verflachten, dachte man daran, daß man schon zwölf Stunden auf dem Wasser war; es wurde sieben Uhr bis wir in den stattlichen Hafen von Heilbronn einliefen und behaglichstes Quartier bei Vetter Raur fanden.

Gestern früh ging ich mit Agnes nach Weinsberg; es war der erste weite Gang, den ich machte, und ich konnte ihn zu meiner Freude gut vollbringen, obwohl ich von den anderthalb Stunden so müde wurde, als sonst von sechs. Es war so ein schöner Gang in der Sonntagsfrühe; wir kamen hinten durch den Garten ins Haus, da war eben in der grünen Rotunde der Frühstückstisch bereitet und wir setzten uns daran. Endlich

Das Kernerhaus in Weinsberg

mit vielem Ächzen brachten sie höchst mühselig Kerner in einer braunen Einsiedlerkutte heraus. Ich erschrak, wie gar sehr er gealtert und zusammengefallen ist. Er hatte eine Freude über meinen Besuch, doch traf ich's insofern nicht geschickt, als viel Gäste da waren, unter anderen eine Gräfin Valerie de la Courcé, die ein allerliebstes abgerichtetes Schoßhündchen Künste machen ließ, und eine holländische Generalin, eine prächtige alte Dame, das schneeweiße Haar zurückgestrichen, zuerst in tadellosem Morgennegligée, blendendweiß, dann in schwarzem Atlas. Es hätte nur ein Papagei auf die Hand gehört, um eine Edeldame auf einem niederländischen Bild fertig zu machen."

An Frau Pastorin Schreiter in Schleswig, Juli 1862:

„Vorletzte Woche hatte ich das sehr mühsame und beschwerliche Geschäft der Durchsicht und Korrektur meiner sämtlichen Werke (einer Gesamtausgabe der bis dahin erschienenen Schriften) beendet, und sagte, nun möchte ich mir nur auch irgend eine Güte antun! Da kam die freundliche Einladung Deines Bruders, ihn in Boll zu besuchen. Da ich auch im Haus viel Unruhe und allerlei Unwohlsein gehabt, so beschloß ich alsbald mit obrigkeitlicher Bewilligung einen kleinen Besuch dort zu machen und fuhr Dienstag früh nach Göppingen. Dort fand ich nicht wie ich gehofft, Postgelegenheit nach Boll, und ging deshalb zu Bekannten, bei ihnen meine Reisetasche abzulegen, um mich dann trotz des Schmutzes zu Fuß auf den Weg zu machen; der Herr Direktor Landerer aber war ein galanter Herr, ließ eine schöne Droschke anspannen und so fuhr ich denn so flott wie seit lange nicht, hinüber nach Boll.

Ich kam während des Mittagessens an, freudig von Wagners begrüßt. Die Gesellschaft war schon ziemlich zahlreich, vierzig bis achtundvierzig Fremde, zu großem Teil Damen, meist unverheiratet, Norddeutsche und Schweizer, nur drei aus Württemberg. Ich gestehe, daß ich nicht ohne Vorurteil nach Boll kam; auch hat beim ersten Eintritt der Speisesaal etwas Düsteres, die tiefe Stille, die überall herrscht in dem ungeheuer großen Gebäude, etwas Beklemmendes. Aber mehr und mehr übte der Friedensgeist, der über diesem Hause ruht, seine Macht auf mich, und es war mir unbeschreiblich wohl da. Fast mehr noch als den Pfarrer mußte ich die Frau bewundern, bei diesem großen Umtrieb diese Ruhe und Gelassenheit, in welcher doch so gar nichts Gemachtes ist! Wenn es für mich hier eine Schattenseite gab, so war es die allzu große Güte der Damen, die mich mit freundlicher Beachtung fast überschwemmten; ich sollte nichts als Album- und Vergißmeinnichtblätter schreiben bis zum letzten Augenblick. Die eine brachte mir ihre Manuskripte und wollte, ich sollte mit ihr ein Journal gründen; die andere überschwemmte mich mit frommen Schriften zum Besten der Mission, die ich ihr verkaufen solle – kurz ich wußte mir fast gar nicht zu helfen. Donnerstag wohnte ich noch dem Morgengottesdienst bei und reiste dann nach Tisch ab. Ich habe seither noch ein wenig zu kämpfen mit Heimweh nach Boll, nach dem Sonntagsfrieden, der auf dem grünen Tale liegt."

Bei den literarischen Anfängen der Ottilie Wildermuth spielte der finanzielle Aspekt keine geringe Rolle. Bevor ihre ersten eigenen Prosabeiträge veröffentlicht wurden, hatte sie für Cottas „Morgenblatt" bereits

1846 Nachdichtungen aus dem Englischen verfaßt. In einem Brief an einen Redakteur des „Deutschen Museums" (1859) erinnert sie sich an ihre Mitarbeit beim „Morgenblatt":

„– obgleich ich so ein bißchen gedichtet und geträumt habe, solang ich denken kann, so dachte ich doch nie an die Möglichkeit etwas drucken zu lassen, eine Schriftstellerin kam mir wie ein nicht beneidenswertes Ausnahmsgeschöpf vor. Da ich nun schon im Plaudern bin, will ich Ihnen erzählen, wie ich erstmals dazu kam, d. h. zum Schreiben. Ich war drei Jahre verheiratet und hatte ein liebes, kleines Kind und zu tun genug, als ich mit meinem Mann in einem Journal irgendwelche Genrebilder las, ‚hör', so könnte eigentlich jederman Geschichten schreiben', meinte ich, ‚ei, so schreib' du eben auch', sagte mein Mann scherzend. Ich versuchte so ein kleines Genrebild aus meiner Erinnerung und las es meinem Mann und Bruder *(Hermann)* vor. ‚Gib mir's einmal', sagte mein Bruder, ‚ich versuch's und schicke es an das Morgenblatt.' ‚O geh, wer wird das drucken?' meinte ich, ließ es aber geschehen. Nach kurzer Zeit kam eine freundliche Aufforderung von der Redaktion um mehrere. Erst nach zwei Jahren, als ich noch mehr Jugend- und Familienerinnerungen geschrieben, willigte ich auf meines Bruders Bitte ein, daß er der Redaktion meinen Namen nenne. ... ich wurde wieder und von verschiedenen Seiten aufgefordert, und so kam ich allmählich weiter und weiter auf dieser Bahn. Nur sehr schwer kam ich dazu, dem Schreiben einen Platz in der Reihe regelmäßiger Beschäftigungen einzuräumen; jetzt nehme ich mir die Morgenzeit, wenn die Kinder in die Schule befördert sind und die Küche beschickt ist ..."

Der im „Staatsanzeiger für Württemberg" am 14. Juli 1877 veröffentlichte Nachruf zeigt, wie sehr Ottilie Wildermuth in ihrer schwäbischen Heimat verehrt wurde:

„*Stuttgart, 13. Juli.* In *Ottilie Wildermuth* ist eine Zierde Schwabens dahingeschwunden und wenn die unwiderstehliche Anmut Wildermuthscher Erzählungsweise ihre Geschichten und ihren Namen weit über unsere Grenzen hinausgetragen, wenn die unbeschränkte Gastfreundschaft des Wildermuthschen Hauses ihre liebenswürdige Persönlichkeit auch zahlreichen Norddeutschen und Ausländern nahe gebracht und verehrungswürdig gemacht hat, so hat doch die schwäbische Heimat sie vor allem als die Ihrige verstanden und wird sie als die Ihrige betrauern. Eine Tochter Altwürttembergs nach Familie und Lebensgang und schwäbisch in ihrer ganzen Art, hat sie gleich für ihr erstes Buch, das auch sofort ihren Ruf begründet hat, die ‚Bilder und Geschichten aus dem schwäbischen Leben', aus dem Eigensten, aus dem vor der Welt verborgenen Tun und Treiben heimatlicher Häuslichkeit geschöpft, und so wenig ihr je das Verständnis und die weitherzige Anerkennung für fremde Art gefehlt hat, so sehr sie den Gästen aus Nord und Süd, aus Ost und West zugänglich war – nicht bloß ihr Haus, sondern auch ihr Herz – so hat sie doch nichts von dem literarischen Weltbürgertum an sich gehabt, dem die Heimat verloren gegangen ist; sie war und blieb eine Schwäbin. ... Vermissen wird man aber nicht bloß in weiten Kreisen die *Schriftstellerin,* sondern auch die gute, edle *Frau;* wer sie gekannt hat, der weiß, daß ihr literarischer Ruhm, von dem sie selbst bescheiden genug gedacht hat, gehoben und verklärt wurde durch die schönsten menschlichen Eigenschaften; sie war eine gerade, demütige, menschenfreundliche Natur, und nicht bloß, was sie gedichtet und geschrieben, sondern alles, was sie in hingebender, selbstverleugnender Liebe an vielen Bedrängten getan hat, wird ihr Andenken lebendig erhalten."

Rudolf Krauß

Luise Pichler

Luise Pichler, am 16. Januar 1823 geboren, entstammte dem kinderreichen Pfarrhause zu Wangen. Hier, seit 1829 in Oberwälden (beide Orte im Oberamt Göppingen), seit 1842 in Mössingen (Oberamt Rottenburg) verbrachte sie eine stille Jugendzeit, vom Vater gemeinsam mit den Brüdern unterrichtet, von der Mutter in die Mysterien der Hauswirtschaft eingeführt. Die Poesie fesselte sie frühzeitig, und frühzeitig verriet sie Erzählertalent, das sie vorerst zur Unterhaltung ihrer jüngeren Geschwister verwandte. Eine schwere Krankheit des Vaters brachte sie auf den Gedanken, öffentlich als Schriftstellerin aufzutreten, um ihm durch ihre Einnahmen eine Badekur zu ermöglichen. So entstand ihre erste geschichtliche Erzählung, „Der Kampf um Hohentwiel" (1847). Der Vater starb aber noch, ehe das Honorar eintraf. In Tübingen, wohin sie mit der Mutter nunmehr zog, übte sie ihren neuen Beruf fleißig aus, und sie blieb diesem auch treu, nachdem sie sich 1861 mit dem Stuttgarter Gymnasialprofessor Moritz Zeller vermählt hatte. Sie lebte mit diesem in glücklicher, doch kinderloser Ehe bis zu ihrem am 20. November 1889 erfolgten Hinscheiden.

Luise Pichler hat sich wesentlich andere Aufgaben gesetzt als die Wildermuth. Zwar hat sie gelegentlich auch schwäbische Volks- und Familiengeschichten geschrieben, aber nicht um Schilderung der Gegenwart und Wirklichkeit war es ihr hauptsächlich zu tun, vielmehr wollte sie der Jugend die Heldengestalten und großen Taten der deutschen Vorzeit in idealen Bildern zur Erbauung, Erhebung und Nacheiferung vor Augen führen. In einer Reihe größerer historischen Romane, in einer Menge kleinerer vaterländischen Geschichten hat sie ihre poetischen Absichten verwirklicht.

Dieser Information über die württembergische Schriftstellerin aus Krauß' „Schwäbischer Litteraturgeschichte" vom Jahre 1899 brauchen wir nichts hinzufügen. Sie soll daher gleich mit dem folgenden Textauszug selbst zu Wort kommen.

Luise Pichler

Das Vaterhaus

Bilder aus der Kindheit

Das Gärtchen

Nur wenige unter den Stadtkindern mögen wissen, wie viel Freuden der Besitz eines eigenen Gartens gewährt. Selbst wenn dort die Eltern einen solchen zu eigen haben, ist der Genuß ein beschränkter, wenn eine weite Strecke dahin zu gehen, darum eine gelegene Stunde abzuwarten ist.

Das Pfarrhaus hat den Garten in unmittelbarster Nähe vor sich. Sommers sucht man die Kinder, wenn ihre Lektionen in des Vaters Studierstube beendigt sind, nicht im Hause, sondern stets im Garten; selbst morgens vor dem Frühstück, abends noch nach dem Nachtessen huschen sie hinab. Im Frühjahr beobachten sie vom Fenster aus, wie unter dem Schnee schon die ersten Krokus und Schneeglöckchen hervorsprießen; im Spätherbst nützen sie die letzten schönen Tage noch im Garten aus, wenn Wiesen und Wald längst vom Regen unwegbar gemacht sind.

Links oben: Belagerung des Hohentwiel

Zur größeren Freude der Kinder läßt der Vater einmal im Frühjahr drei halbrunde Beete in dem geräumigen Gras- und Obstgarten umbrechen, der an den Blumen- und Küchengarten stößt; jedes der Großen soll seinen Teil nach eigenem Gefallen bepflanzen. Voll Eifer fassen die kleinen Gärtner ihre Aufgabe an. Die Mutter wird mit Bitten um Blumenstöcke und Samen bestürmt und gibt aus den Beeten im großen Garten jedem Verschiedenes, allen genügend. Mit Eifer wird nun gegraben, gepflanzt und gesät; jedes will, daß sein Gärtchen das schönste sei.

Doch den Knaben ist die Sache nur schön, solang sie neu ist. Nun aber dauert es ihnen zu lang, bis die Samenkeime aus der Erde hervorsprießen, die neugepflanzten Stöcke sich ausbreiten, Knospen und Blüten treiben. Ermüdend ist's, die Gießkanne zu schleppen, und langweilig, das widerwärtige Unkraut, das so üppig sprießt, immer aufs neue wieder auszujäten. Ihr Eifer läßt nach, und sie kehren zu den Lieblingsbeschäftigungen zurück, Festungen aus Sand und Steinen zu erbauen und zu stürmen, oder den Eichhörnchen im Walde nachzuspüren oder mit einem aus alten Speichertüren gezimmerten Floße auf dem unweit gelegenen Weiher, stolz „See" genannt, umherzuschiffen.

Nur das Mädchen bleibt dem Gärtchen treu, das ihr unerschöpfliche Freude spendet. Ist auch der große Garten den Kindern den ganzen Tag offen, so beobachtet sie jedes aufkeimende Pflänzchen, jede Knospe im eigenen Gärtchen mit ganz besonderem Interesse. Auch die vernachlässigten Gärtchen der Brüder sucht sie aus Mitleid mit den armen Blumen imstande zu halten, recht eigentliche Freude aber macht ihr doch nur das eigene Gärtchen, wo ihr jede Pflanze gleichsam persönlich befreundet ist.

Sobald der Frühling volle Herrschaft gewonnen hat, sprossen die ersten Blumen darin. Die ersten, die sie pflücken kann, bindet die kleine Gärtnerin in zwei Sträußchen; frohen Herzens eilt sie ins Haus zurück, um zuerst der Mutter eines anzubieten. Diese badet eben das Kleinste. „Das ist ja recht schön", sagte sie; „leg's nur auf den Nähtisch – und dann geh geschwind und sag dem Kätherle, daß sie Feuer im Herde machen soll."

Das Töchterchen verläßt die Stube, um den Auftrag der Mutter zu erfüllen, unterwegs aber spricht sie gekränkt zu sich: „Wie kann nur Mutterle sagen, recht schön, da sie doch das Sträußchen gar nicht angeschaut hat?“ Kleinlaut schleicht sie nun die Treppe empor zum Studierzimmer des Vaters. Sie hört ihn auf- und abgehen, er studiert seine Predigt; soll sie nicht lieber auf eine spätere Stunde warten? – Nein, sie will ihr Geschenk lieber gleich zurückgewiesen oder angenommen sehen. Geräuschlos tritt sie ein und bietet mit den halblauten Worten: „Aus meinem Gärtle“, das Sträußchen dem Vater dar.

Er nimmt es schweigend an, betrachtet es und weist auf ein leeres Glas, denn er pflegt, während er studiert, nicht gern zu sprechen. Schon ermutigt beeilt sich das Mädchen, das Glas – nicht in der Küche – sondern gleich am Brunnen im Hofe mit Wasser zu füllen. Zurückkehrend sieht sie, daß der Vater im Auf- und Abgehen ihr Sträußchen noch immer in der Hand hält und wiederholt den süßen Blumenduft einzieht. Sofort nun stellt er es im Glas auf seinen Pult neben das Schreibzeug und nickt seinem Töchterchen zu.

Hochvergnügt hüpft dieses hinweg, ihr Geschenk ist nicht verschmäht worden! Indem sie wieder in die Wohnstube tritt, sieht sie, wie – o weh! – der kleine Bruder das Sträußchen zerrupft, das sie der Mutter gebracht hatte. Diese hält ihn auf dem Schoß und hat's nicht wahrgenommen.

„Mutterle fragt eben nach Blumen nichts, der Vater aber hat sie gern“, tröstet sich das kleine

Mädchen. Dennoch hat sie unrichtig geschlossen, denn die Mutter hat in der frohsinnigen Mädchenzeit die Blumen geliebt und gehegt; jetzt noch pflegt sie dieselben als Zierde des Gartens, hauptsächlich dem Vater zulieb. Daß sie jetzt nicht Zeit hat, sowohl sich recht an den Blumen zu freuen, als auch jede Regung in der Kinderseele zu beachten, versteht das Töchterchen nicht, und ihre Sträußchen wandern fortan alle in die Studierstube des Vaters.

Osterzeit

Weihnachten hat mit seinem Lichterglanze die trübe Zeit der kurzen Tage durchstrahlt, Schnee- und Eisbahn haben der Kinderwelt den strengen Wintermonat erheitert, der Hornung aber bringt endlosen Regen oder nassen Schnee und in seinem Gefolge Husten und Schnupfen. Willkommen ist nun der März mit seinen Frühlingsstürmen, die den nassen Boden trocknen, mit seinen klaren Sonnentagen, die Leberblumen, Krokus und Schneeglöckchen aus den Gartenbeeten emporlocken, im Walde den duftenden Seidelbast mit seinen roten Blüten schmücken, die hängenden Blütenschäfchen der Haselstaude öffnen und die in silbergrauem Pelze aus der braunen Hülse geschlüpften Palmkätzchen der Saalweide mit hellem Goldschimmer überkleiden. Sie alle schmücken sich für die festliche Osterzeit.

Willkommen, Palmsonntag, du still freundliches Fest! Christi Einzug in Jerusalem wird gefeiert. Im benachbarten katholischen Dorfe werden die blühenden Palmzweige in die Kirche gebracht, um, dort geweiht, das Haus vor dem Blitze zu schützen. In der evangelischen Gemeinde herrscht dieser Brauch nicht, aber in jeder Bauernstube duften in der Ecke die goldblühenden Palmzweige, und auf den Gassen sitzen die Buben, klein und groß, und klopfen die saftigen Weidenzweige zu grünen Pfeifen; auch die Pfarrerssöhne sind darunter, nur das Mädchen ist zu ihrer Beschämung mit einem barschen: „Dich kann man zu so was nicht brauchen; das versteht ein Mädle gar nicht", zurückgewiesen worden. Die grünen Pfeifen lassen ihren vieltönigen, je nach der Dicke der Rohre höheren oder tieferen, doch immer melodischen Schall von oben und unten im Dorfe, vom Rain herab und aus der Schlucht herauf ertönen, „sie blasen den Palmtag ein". Der Einzug des Erlösers und der Einzug des Frühlings wird in lieblicher Deutung zugleich gefeiert.

Nachmittags nach der Kirche wandeln die Dorfmädchen in ihrer Sonntagstracht Hand in Hand durchs Feld, und in einiger Entfernung folgen die Burschen, die dampfende Ulmerpfeife im Munde; es ist der erste allgemeine Frühlingsspaziergang. Doch früh abends wird's still; es beginnt die Karwoche.

Stille Woche! Heilige Woche! Geräuschlos wird in den ersten drei Tagen das nötige Feldge-

schäft besorgt. Schon am Gründonnerstag aber ruht die Arbeit, und am Karfreitag liegt tiefe, hehre Stille über Dorf und Flur. Keine Geisel klatscht, wenn morgens das Vieh zur Tränke geführt wird, keine Pfeife tönt, kein Kind wagt mit Ball oder Kreisel zu spielen, selbst die Kleinen werden bei der Stille ringsum und den ernstandächtigen Mienen der Erwachsenen von der Ahnung eines unsagbar Heiligen, Hohen ergriffen und scheuen sich, laut zu jauchzen oder laut zu weinen.

Still ist's diese Woche durch besonders im Pfarrhause. Der Vater nimmt nicht wie sonst des Abends teil an den Spielen der Kinder; selbst auf dem Spaziergange ist er in ernste Gedanken versunken, und die Kinder wagen, um ihn nicht zu stören, kaum flüsternd zu reden. Nur zur Zeit des Dämmerlichts ruft er die Kinderschar auf ein Halbstündchen in seine Stube, um ihren jungen Herzen die große Versöhnungstat, die die Christenheit in diesen Tagen feiert, in seiner klaren, warmen Darstellung nahezubringen.

Am Gründonnerstag und Karfreitag gehen die Größeren mit der Mutter in die Kirche, die Kleinen schauen staunend zum Fenster hinaus auf die zahlreichen Kirchgänger, die in schwarzer Tracht herzuströmen; hernach lauschen sie auf den Gemeindegesang und auf die Stimme des Vaters, die von der Kanzel der nahen Kirche vollkräftig ins stille Pfarrhaus herübertönt.

Karfreitag nachmittags dürfen die Kleinen unter guter Hut sich im Grasgarten aufhalten, wo ihre zarten Fingerchen die zierlichen Blätter der Schafgarbe aus dem grünenden Rasen rupfen, um sie der Mutter für die Ostereier zu bringen. In der Kirche daneben hält der Vater jetzt einen liturgischen Festgottesdienst, der nicht allgemein gebräuchlich, aber dem einzelnen Geistlichen auch nicht verwehrt ist. Nicht nur aus den Filialen, sondern auch aus den Nachbargemeinden sind die Andächtigen herzugeströmt, es fehlen selbst nicht einzelne Katholiken, denn noch ist der konfessionelle Friede ungestört, da der milde Geist Wessenbergs in den katholischen Landesteilen Württembergs vorherrscht. Es gilt ja nicht, noch einmal einer Predigt anzuwohnen, die in stetig sich entwickelndem Gedankengang die andächtig Hörenden, wenn auch fesselt, doch anstrengt; darum sind nicht nur die sämtlichen Sitzreihen, sondern auch die Gänge der verhältnismäßig geräumigen Dorfkirche Kopf an Kopf gefüllt, als der Gemeindegesang beginnt.

Sanft verklingender Orgelton begleitet endlich die geräuschlos der Kirche entströmende Menschenmasse. Müde vom anstrengenden Kanzel- und Altardienst dieses und des vorigen Tags kehrt auch der Vater ins Haus heim. Er versagt sich den abendlichen Spaziergang durch Feld und Wald um der Schwachen willen, denen er Ärgernis geben könnte, und begnügt sich

damit, zwischen den Gartenbeeten umherzugehen, gefolgt von den größeren Kindern, die heute auch nicht verlangen, auf der Wiese und dem Rain auf- und abzuspringen, wie an andern Tagen.

Frühe endet der Tag; Dämmerlicht senkt sich auf Feld und Wald, nur die Bergspitzen heben sich noch, vom Abendrote angeglüht, leuchtend vom blassen Nachthimmel ab. Zuletzt klingen noch von Höhen und Tälern die Abendglocken, die den hehren, stillen Tag feiernd schließen.

Karsamstag ist der Rüsttag auf Ostern. Rührige, wenn auch noch gedämpfte Bewegung gibt sich wieder im Dorfe kund. Die Backöfen atmen Kuchengeruch, in den Küchen brodeln die Kessel mit roten, blauen und gelben Farbhölzern. Auch im Pfarrhause helfen die Kinder geschäftig die weißen Eier mit grünen Blättchen umbinden, die sich beim Färben in schöner Schattierung auf den Eiern abzeichnen; die Küche aber, wo die Mutter mit der vertrauten Magd die weitere Zubereitung besorgt, bleibt ihnen verschlossen, und huscht unversehens, während die Mutter hin- und herzugehen hat, ein vorwitziges Büblein herein, so wird es kräftig zurückgewiesen. Sie dürfen ja die schön gelungenen, in bunter Abwechslung gefärbten Ostereier nicht vorzeitig schauen. Freilich sind die Buben schwer zu bändigen, da der Vater an zwei Osterpredigten studiert und ihnen statt des gewöhnlichen Lateinunterrichts nur einige schriftliche Aufgaben gegeben hat, die sie unbeaufsichtigt bald flüchtig hingeworfen haben. Da der Frühlingsregen niederträufelt, können sie auch nicht ins Freie und treiben sich müßig im Hause herum. Unversehens ruft der eine, der am Fenster stand: „Die Bötin ist da, die Bötin!" Bewegung kommt in die junge Schar.

„Bringt sie eine Schachtel?"

„Ja, eine recht große!"

Alle drängen sich zur Fensterseite, die auf den Weg schaut. Es handelt sich um eine Schachtel voll Zuckerhasen, die alljährlich von Onkel Konditor aus der Stadt geschickt werden, und wofür die Mutter mit einer Sendung frischer Eier vom Lande dankt.

Die alte Bötin tritt ein, mit Jubel begrüßt, und übergibt die Schachtel der Mutter, die sie sofort in die obere Stube zum Vater bringt, während die Bötin sich im Ofenwinkel niedersetzt, wo schon ihr Vesperimbiß bereit steht.

Erwartungsfröhlich gehen die Kinder an diesem Abend schlafen und flüstern sich aus den kleinen Bettstellen noch zu: „Morgen ist Ostertag!"

Als sie morgens erwachen, sind Vater und Mutter schon weggegangen; die Kinder wissen, weshalb, und schlüpfen hurtig aus den Betten. Bald kommt die Mutter zurück. Waschen und Ankleiden geht rasch vonstatten, hastig wird das Frühstück eingenommen, und kaum ist es beendet, als der Vater eintritt und lächelnd ruft: „Kommt in den Garten, der Has hat gelegt!"

Kopfüber geht's die Treppen hinab, keins

weint, wenn's auch von dem andern einen tüchtigen Puff bekommt. Wer ist zuerst unten? Ein eifriges Suchen beginnt; so gut wie der Vater weiß niemand Verstecke zu schaffen.

Hier findet das Mädchen ein Nest im hochgewachsenen Buchs im Vordergärtchen, wo ringsum die Krokus und Schneeglöckchen blühen; sie hat's erraten, es ist das ihrige. Ein andres aber ist unter der dunkeln Tannengruppe im Moos versteckt, ein drittes in den Himbeersträuchen im hintersten Gartenwinkel. Jedes Nest ist durch ein Ei mit schön gemaltem Namenszug bezeichnet. Doch findet nicht jedes Kind gleich das seinige; darum gibt's viel fröhliches Hinüber- und Herüberrufen, bis jedes das seine empfangen hat, jedes überzeugt: „Meines ist das schönste."

Schon läutet's das erste Zeichen; schon ist der Vater weggegangen, und die Mutter ruft: „Nun kommt, Kinder!"

Jedes nimmt seine Gabe in Schürze oder Mütze in sorglich aufgehobenen Armen zusammen, die farbenbunten Eier, die Zucker-Hasen, -Lämmer, -Pferde, die Osterbrezeln obendrauf.

„Nachmittags spielen wir Klöpferles", flüstern die größeren Kinder sich zu. Dabei gilt's, ein Ei ans andre zu schlagen, und derjenige, dessen Ei ganz bleibt, hat das andre gewonnen.

Nun läutet's zusammen, und die Großen gehen zur Kirche, bei den Kleinen bleibt die Magd zurück. Bald heißt's hier: „Der Karl hat seinem Lamme den Kopf abgebissen!"

Er versichert dreist: „Es schmeckt gut!“ und beißt auch die Füße ab.

Ostermontag ist ein fröhlicher Tag. In bunter Festtracht geht die ledige Jugend des Dorfs zur Stadt. Die Burschen schreiten voran, die Mädchen folgen; nur die Halbgewachsenen werden spröde genommen.

Auch im Pfarrhause ist nach der stillen Woche wieder geräuschvolles Leben unter das Kindervolk gekommen.

„Heute nachmittag gehen wir in den Wald“, sagt der Vater heiter, als er aus der Kirche zurückgekehrt ist. Die anstrengenden kirchlichen Pflichten der Festzeit sind erfüllt, er darf sich des Festes nun im Familienkreise freuen.

Mit Jubel wird der Spaziergang angetreten; auch die Mutter geht heute mit, weil's Feiertag ist, und das Kleinste wird im Wägelchen nachgezogen. „Der Herr Pfarrer geht spazieren“, heißt's im Dorfe, und von allen Seiten schließen sich die Dorfkinder an, wie sie der Vater gewöhnt hat. Ältere führen die Kleinen an der Hand oder tragen auch die Jüngsten auf den Armen. Viele haben ihre Ostereier in den Schürzen oder Taschen mitgebracht; einige Kleine weisen sie frohlockend dem Vater: „Sieh, Herr Pfarr, was i schöne Eier von meiner Dota han!“ Und er bewundert sie und rühmt die Patin des Kindes, die so schöne Eier zu malen versteht.

Über die Wiesen, die im ersten Grün schimmern, geht's dem Walde zu, wo auf jeder lichten Stelle die Anemonen weiß, die Schmalzblümchen golden hervorschimmern. Die lärmende, lachende, plaudernde Kinderschar zerstreut sich, um Blumen zu pflücken; dazwischen werden Fragen laut, die bald aufgeweckten Sinn verraten, bald recht kindisch albern herausplatzen. Dem Vater wird der Lärm nicht zu viel, er lächelt und scherzt mit.

Auf einer lichten Waldwiese angelangt, auf der gefällte Baumstämme Sitze darbieten, macht der Vater Halt. Die Frühlingssonne sendet warmen Strahl, der Wind wird vom Walde abgehalten, es läßt sich ganz gut ein Stündchen hier sitzen. Er nimmt Platz, die Mutter ihm zur Seite, das

Wägelchen mit dem Kleinsten neben sich. „Nun könnt ihr spielen", sagt er zu der Kinderschar, die sogleich dem Winke folgt. Wo ließe sich auch ein schönerer Spielplatz finden für Fangens, Schlupferles, Frau Mutter leih' mir d'Scher, Schaut euch nicht um, der Fuchs geht um?

Heller Jubel schallt durch den Wald; der Vater hat sich in trauliches Gespräch mit der Mutter vertieft. Ihr Blick weilt stetig auf dem kleinen Korbwagen; des Vaters klares, dunkles Auge überwacht die Kinderschar und läßt, ohne daß ihnen ein Zwang fühlbar wird, keine Unordnung, keine Unart aufkommen. Er kennt auch genau den Zeitpunkt, da die Heiterkeit in Ausgelassenheit überzugehen droht.

„Der Herr Pfarrer will erzählen", heißt's plötzlich; die laute Schar wird still und drängt sich um den Vater. Wer kann auch schildern, wie er, so lebendig, so anschaulich und doch den Kindergemütern so faßlich?

Nicht die heilige Geschichte wählt er jetzt; sie ist in der Fastenzeit den Augen und Herzen oftmals vorgeführt worden, und er weiß, wie schädlich Übersättigung wirkt. Der Vater weiß auch Märchen trefflich zu erzählen, doch heute heißt er die Kinder zu dem herrlichen Berghaupt emporblicken, das, die Landschaft wie ein König beherrschend, auch über den Wald her auf die stille Wiese blickt. Vom Hohenstaufen gibt's ja so viel zu singen und zu sagen! Er ruft die goldgelockte Gestalt des letzten Heldensprossen Konradin aus dem Nebelschleier der Vergangenheit empor.

Blick über den Rechberg zum Hohenstaufen

Wie lauschen die Kinder! Kaum ein Atemzug wird laut, die Herzen pochen, die Augen leuchten. Der Vater schließt mit der Schilderung, wie Konradin auf dem Schafott zuletzt den treuen Freund umarmte, dann vor dem Todesblock niederkniend ausrief: „Jesus Christus, König der Ehren, willst du nicht, daß dieser Kelch an mir vorübergehe, so befehle ich meinen Geist in deine Hände!"

Feierlich still bleibt's im Kinderkreise, als der Vater geendet hat. Die Mädchen führen die kleinen Schürzen zu den Augen, die Knaben schauen staunend zum Hohenstaufen empor, der ihnen so nahe, so bekannt ist und so Großes gesehen hat.

Über der ungewohnten Stille erwacht das Kleine im Korbwagen; die Mutter beschwichtigt es. Auch der Vater erhebt sich, und der Heimweg wird angetreten. „Unterwegs wollen wir noch etwas singen“, sagt der Vater, und ohne zu fragen, jubeln die hellen Kinderstimmen in den dunkeln Wald hinaus:

O du fröhliche, o du selige, freuden-
bringende Osterzeit!
Welt lag in Banden, Christ ist erstanden,
Freue dich, freue dich, o Christenheit!

Auf den Rechberg

Am zweiten Mai ist der Eltern Hochzeitstag. Der Frühling steht in vollem Glanze, Bäume und Hecken schimmern im Blütengewand, und der Himmel wölbt sich in tiefem Blau über der Landschaft. Darum schlägt der Vater der Mutter für diesen Tag eine schon lang beabsichtigte Fahrt auf den Rechberg vor.

„Mit allen Kindern?“ fragt die Mutter zögernd.

„Wenn dir's so recht ist, denk ich mit allen“, erwiderte der Vater mit warmem Blicke, und bittend und jubelnd fällt der Chor der Kinder ein: „Auf den Rechberg wir alle, alle!“

Die Mutter widerstrebt nicht mehr, obwohl sie voraussieht, daß der Hochzeitstag nicht eben ein

Tag der Erholung für sie sein werde.

„So könnet ihr denn zum Nachbar gehen und fragen, ob wir nicht seine Rappen auf morgen haben könnten“, weist der Vater die beiden ältesten Kinder an. Mit welcher Willigkeit wird dieser Auftrag vollzogen! Kaum berühren die kleinen Füße die Stufen der Treppe; von der Haustüre geht's im Sprung zum Nachbarshause. Schon ist's Feierabend; der Bauer steht, seine kurze Pfeife rauchend, am Eingange des Stalles und schaut zu, wie sein Ältester die wohlgenährten Rosse aus der Schwemme heimreitet. Schweigend hört er die Kinder an, die mit atemloser Spannung seiner Antwort harren. Nachdem er noch ein paar lange Züge aus der Pfeife getan hat, redet er den Sohn an: „Was meinst? Der Herr Pfarr' möchte die Rappen auf morgen.“

„Mich däucht, man kann sie schon geben“, antwortet der kraushaarige Bursche nach kurzem Besinnen; „ich ackere morgen auf der Brachhalde, da nehm' ich die Ochsen.“

Er weiß, daß sich sein Vater zwar die Rosse nicht bezahlen läßt, daß aber der Herr Pfarrer für's Einschirren ein stattliches Trinkgeld spenden wird, das dem Bauernsohne stets gelegen kommt. Liebte er es doch bei Hochzeiten und Jahrmärkten was draufgehen zu lassen, wurde aber vom reichen Vater ziemlich knapp gehalten. Der Bauer ist zufrieden; er nickt mit dem Kopfe und spricht, die Pfeife zwischen den Zähnen, nur halb verständlich: „Nen Gruß an den Herr Pfarr', und er könne die Rappen schon haben.“

Die Kinder fliegen nach Hause; jedes will dem andern zuvorkommen, um zuerst die bejahende Nachricht zu bringen. Leider wird das Mädchen vom Knaben überholt, der einen kürzeren Rock trägt und nicht wie sie auf der Treppe sich zweimal überstürzt. Doch kommt sie ihm schnell nach und hat die Genugtuung, die kurze Nachricht des Bruders: „Man kann die Rappen haben“, durch genaueren Bericht über die Beratung des Nachbars mit seinem Sohne zu vervollständigen.

Also morgen! Wenn's nur schon Nacht wäre! Die Mutter nimmt den Schlüsselbund und hat mancherlei zuzurüsten, denn es muß Proviant für den ganzen Tag mitgenommen werden. Der Vater hat noch eine Hochzeitspredigt auf übermorgen auszuarbeiten. Um indessen die größeren Kinder zu beschäftigen, gibt er ihnen einen Auftrag in das Haus des Schullehrers. Im Vorübergehen sehen sie den krausköpfigen Nachbarssohn beschäftigt, die Kutsche vom Staube zu reinigen und das Lederwerk frisch zu schwärzen, damit es morgen schmuck aussehe. Glückselig schauen sie ihm zu; darüber geht denn der Abend vorüber, und es kommt die Zeit des Nachtessens und Schlafengehens. Eine Zeitlang führen die Kinder noch von den Betten aus lebhaftes Gespräch, doch bald verstummt dies, und als die Eltern später nachkommen, treffen sie die kleine Welt in tiefer Ruhe.

Aber wie ist am Morgen alles wieder wach! „Sind die Rappen schon da?“ ruft es aus einem kleinen Bett nach dem andern.

„Noch nicht, doch sie kommen bald. Macht schnell, daß ihr fertig werdet!“

Wie geht es so flink mit dem Waschen und Ankleiden! Heute beschwert sich keins, wenn die Bürste etwas unsanft die wirren Lockenhaare, das Erbteil des Vaters, zurechtstreicht. Die Morgensuppe ist heiß, doch verziehen sich die Mäulchen kaum, wenn sie sich auch etwas gebrannt haben. Jetzt wiehern unten die Rosse, und die Kinder eilen ans Fenster, um zuzuschauen, wie sie an den Wagen gespannt werden. Auch die Mutter verläßt den Tisch und schickt die Magd mit den Speisevorräten zur Kutsche hinab.

Sehnlich erwartet tritt nun endlich auch der Vater ein, der noch erst seine Predigt rein geschrieben hat; während er Kaffee trinkt, nehmen die Kinder in eiliger Hast Hütchen und Mützen und Mäntelchen um. Dann geht er mit den Größern hinab und sucht sie im ursprünglich nur zweisitzigen Gefährt unterzubringen, bis die Mutter mit den Kleinen nachkommt. Auf einem Polster zu Füßen der Eltern finden die drei Großen Platz, ein viertes darf zwischen Vater und Mutter sitzen, und den Säugling im Kissen hat die Mutter auf den Knien.

Zuletzt drückt der Vater dem Nachbarsohne ein Trinkgeld in die Hand, das seine Erwartungen vollkommen rechtfertigt, weshalb er mit einem höflichen: „Glückliche Reise, Herr Pfarr'!“ zurücktritt. Der Vater hat Peitsche und

Leitseil zur Hand genommen, und ein rasches Fort! setzt die Rappen in Bewegung. Fort! jubeln die Kinder nach; die Mutter knüpft noch ihre Hutbänder; des Vaters Gedanken aber kehren zurück in die muntere Studentenzeit. Wie manches Mal hat er in raschem Einspänner den Weg von Tübingen zum fernen, rebenreichen Unterlande nach dem elterlichen Pfarrhause seiner Braut zurückgelegt, um dort den Sonntag zu verbringen und nach abermaliger Nachtfahrt montags rechtzeitig im Kolleg einzutreffen!

Von den Haustüren winkt da und dort eine Bauersfrau ein freundliches: Glück auf den Weg! zu. Doch bald ist das Dorf verschwunden. Wie fliegen sie am Wagen vorüber, die blühenden Bäume, die grünenden Saaten, selbst die blauen Bergzüge der Alb! Der Nachbarsohn hat die Rosse in der Frühe reichlich mit Haber gefüttert, sie machen ihm Ehre und traben so lustig, als wären sie nicht sonst gewöhnt, langsam am Pfluge zu gehen.

Bald winken Türme. „Könnten wir nicht hinter der Stadt herumfahen?“ fragt die Mutter etwas befangen. Sie scheut sich, die mit Kindern bepackte Pfarrchaise den Blicken der spottlustigen Städter preiszugeben. Doch der Vater schüttelt lächelnd den Kopf; er hat einen guten Humor, und es macht ihm Vergnügen, sich den städtischen Philistern so mit Frau und Kindern, eine durchfahrende Idylle, zu zeigen; auch würde den Kindern etwas Wesentliches von den Genüssen des Tags entgehen, wenn sie nicht auch die Stadt gesehen hätten. Also mutig mitten durch die Hauptstraße der Stadt! Wohl steht da und dort unter der Ladentüre mancher Ellenwarenhändler oder ehrbare Seifensieder und Stadtrat, und schaut belustigt auf die Pfarrkutsche; doch nickt auch jeder einen freundlichen Gruß herüber, denn der junge Pfarrer ist bekannt und geachtet in der Oberamtsstadt. Die Kinder aber ergötzen sich am Anblick des Postwagens, eines vorüberkommenden Hochzeitszuges, der langen Häuserreihen, eines in zwölf Röhren sich ergießenden Brunnens und manch andrer Sehenswürdigkeiten, bis bald die Stadt wieder hinter ihnen liegt, und der Weg erst den herrlichen Buchenwald hinan, dann am Hohenstaufen vorüberführt. Die Vögel singen, die Quellen rieseln; aus den halb offenen Knospen dringt das junge Laub hervor. Dann noch eine Strecke Wegs an einsam stehenden Gehöften vorüber, wo bald eine weidende Schafherde, bald ein Storch, bald eine Bruthenne mit ihrer piependen Schar die Augen der Kinder anzieht.

Endlich ist der Rechberg erreicht. Das Schloß mit den alten Römermauern, den mittelalterlichen Türmen und der Zugbrücke schaut wie eine in die Gegenwart getretene Rittergeschichte auf die Kinder nieder, und von der höchsten Höhe des Berges winkt freundlich die schöne Wallfahrtskirche, das Pfarr- und das Mesnerhaus samt der hundertjährigen Linde. Im Dorfe am Fuße des Berges pflegen sonst Reisende auszusteigen. Aber der schöne Frühlingstag, die rasche

Hohenrechberg

Fahrt samt allen Erinnerungen des Tags haben in dem Vater etwas von dem Übermut der einstigen Studentenzeit wachgerufen. „Du kannst den Berg nicht zu Fuß mit den Kindern besteigen. Bleibt nur ruhig sitzen; ich führe euch sicher hinauf", sagt er zu der Mutter.

Sie zögert; sie kennt den Weg eigentlich nicht, sonst würde sie nicht eingewilligt haben. Die Kinder aber sind's wohl zufrieden, länger fahren zu dürfen. Es geht also bergan. Nur der Vater ist abgestiegen und geht, mit Frau und Kindern scherzend, neben dem Wagen her.

Aber bald wird er schweigsam, er beantwortet die Fragen der Kinder nicht mehr, streichelt dagegen liebkosend den Hals der Pferde, redet ihnen schmeichelnd zu und hält den Zaum kurz am Gebisse. Auch die Mutter ist still geworden; sie unterdrückt jeden Ausruf der Angst, aber sie ist sehr bleich und hält die beiden Kleinen fest umfaßt. Nur die Kinder ahnen nichts von Gefahr; fährt ja doch der Vater. Mag der Weg noch so steil emporführen, sich so verengen, daß die Hufe der Pferde den Rand berühren, neben welchem der Abgrund gähnt – die Knaben plaudern munter fort. Dem Mädchen zwar fällt es auf, daß Vater und Mutter so still geworden sind; auch will ihr fast schwindeln, wenn sie hart an den Rädern des Wagens vorbei in die Tiefe hinabschaut; doch mit um so festerer Zuversicht blickt sie wieder auf den Vater, und jeder ängstliche Gedanke verschwindet.

Endlich ist die Höhe erreicht. Ein aus tiefstem Herzen kommendes: „Gott sei's gedankt!" und ein langer, abbittender Blick auf die Mutter verraten einzig, welche Qualen der Vater während der gefahrvollen Fahrt erlitten hat.

Erst werden nun die Kinder, dann die Vorräte aus dem Wagen gehoben. Die Pferde finden Herberge bei den Kühen im Mesnerhause, die Familie ein gastliches Obdach im katholischen Pfarrhause.

Für Geld wird dort nichts verabreicht. Deshalb hat sich die Mutter mit dem Nötigen versehen. Willig aber bietet die Schwester des Pfarrherrn Teller und Gläser dazu dar; ja sie räumt dem Säugling und dem zweijährigen Kinde, die von der Fahrt und der Luft müde geworden waren, ihr eigenes Bett im Nebenzimmer ein und läßt es sich nicht nehmen, zu den kalten mitgebrachten Vorräten eine warme Suppe für die Kinder zu kochen und einen grünen Salat für den fremden Herrn Pfarrer zuzubereiten.

Während diese Vorbereitungen samt den Bedürfnissen der zwei Kleinen die Mutter in Anspruch nehmen, nimmt der Vater mit den drei älteren Kindern eine Rundschau auf dem Berge vor. Was gibt es da alles zu betrachten, zu fragen, zu erzählen!

„Da, schaut nach dem Süden über die Albkette hin! Seht ihr die weißen Linien, die wie Wolken am Himmel hinlaufen? Das sind – –?“

„Die Schweizeralpen!“ jubeln die Kinder.

„Und jenseits derselben, was liegt da?“

„Italien! – Rom – Neapel!“ tönt es im Chore.

„Und weiter?“

„Das Mittelmeer! – – Afrika!“

Und vor der beweglichen Phantasie der Kinder taucht, fast so deutlich wie eine Fata Morgana, das ewige Rom, der Vesuv mit seinen Lavaströmen, die Sahara, das Kapland auf.

Nun hinüber nach Westen! Hier der Hohenstaufen, im Nordwest Lorch, die Hohenstaufengruft.

Von Klängen und von Bildern
Wird mir da mächtig bang.
Ich sänge, sie zu schildern,
Wohl ein Jahrhundert lang.

Klosterkirche zu Lorch

Die Kinder kennen das Lied; sie wissen auch einiges aus der Geschichte der Hohenstaufen, blickt ihnen doch der alte Kaiserfelsen täglich durch die Fenster; aber so nahe, wie Aug' in Auge, haben sie ihn noch nicht geschaut. Hier ist der Ort, um ihnen einige Bilder jener vergangenen Zeit vorzuführen. Wer verstände dies so lebensfrisch, begeistert und doch kindlich anschaulich zu tun wie der Vater?

Graue Heide, sei gegrüßet, sei gegrüßet,
 Konradin!
O, wie leise schwebt dein Name ob den
 Genzianen hin!
Deine holden Jugendspiele, deiner Blüte
 kurzer Traum,
Ach, sie wehen mit den Lüftchen noch
 um diesen Felsensaum!

Hier aufs weiße Pferdchen stiegst du,
galoppierest froh einher,
Schwingst so zierlich und beweglich schon
im Händchen deinen Speer!
Ach, dein Pferdchen magst du tummeln,
schwingen magst du deinen Speer,
Aber deiner Stimme folgen Deutschlands
Fahnen nimmermehr;
Ahnest nicht, indes die Mutter dich in
trauten Armen hält,
Daß dein Haupt voll goldner Locken
unterm Mörderbeile fällt!
Ahnest nicht, indes du betest: Hochgelobt
sei Jesus Christ!
Daß der eine hohe Name bald dein einzig
Erbteil ist!

Während der Vater mit lauter Stimme Albert Knapps Gedicht den Kindern vorträgt, kommen sie zu der Kirche, deren Schmuck mit Bildern und Altären ihnen neu ist. Nur leise treten sie auf und wagen kaum zu reden. Es gibt auch hier vieles bewundernd anzuschauen, doch atmen sie freier, als sie wieder ans Licht, ins Freie treten.

Fast hätten sie unter all dem Schauen vergessen, daß es Mittagszeit geworden, und daß die Mutter indessen für sie beschäftigt war. Sie sind es aber schnell zufrieden, als der Vater den Weg ins Pfarrhaus zurücklenkt, wo sie gedeckten Tisch finden.

Nun erst, nachdem die Kinder gesättigt sind, wieder abgetragen und aufgeräumt ist, hat auch die Mutter einige Ruhe. Die Eltern setzen sich auf den Rasen am westlichen Abhange; vor ihnen tummeln sich die Kinder. Dort, im duftigen Westen, im milden Unterlande liegt der Mutter Jugendheimat. Welch traute Erinnerungen ruft nicht dieser Tag wach! Wohl ist sie glücklich an der Seite ihres geist- und gemütvollen Gatten; wohl würde ihr Herz verbluten, sollte eines der Kinder, die Tag und Nacht ihre Mühe und Sorge sind, ihr entrissen werden – aber schön war sie doch, jene harmlose, goldene Mädchenzeit!

Der Nachmittag führt noch einige Fremde auf den Berg; es bildet sich eine kleine Gesellschaft um den Tisch unter der Linde, wozu sich auch der vorher abwesende katholische Pfarrherr einfindet. Es entspinnt sich lebhaftes Gespräch. Der geistvolle Humor des Vaters fesselt die Fremden. Die Aufmerksamkeit, die der jungen Mutter erwiesen wird, erinnert in leisen Anklängen an die Zeit, in der sie als das schönste Mädchen der Umgegend gefeiert wurde. Ist nicht die Schönheit eine Gabe Gottes, deren man sich wohl erfreuen darf?

Ab und zu stürmen die Kinder herbei: „Gelt, Vaterle, das sind solch blaue Genzianen, wie sie auf den Schweizeralpen wachsen?"

„Vater, willst du mir nicht diesen Schmetterling feststecken?"

„Guck, Vater, ein Ammonshorn!" ruft bald das eine, bald das andre. Dann aber heißt es auch: „Mutter, ich habe meinen Gürtel verloren."

„Mutterle, eine Wespe hat mich in den Arm gestochen!"

„Mutter, bitte, noch ein Brot, aber ein großes!"

Nach einiger Zeit aber bleiben die Kinder aus. Drüben, an der Nordseite des Berges, hat eine schroffe Kalksteinwand die Knaben zu einer Rutschpartie verlockt, wobei eine vorspringende Felsspitze Schluß und Anhaltspunkt bildet. Dies ist zwar ein gefährliches Spiel, und das Mädchen mahnt anfangs davon ab. Aber ihre Warnung übt wenig Wirkung, vielmehr unterliegt sie selbst bald der Lust, an dem Spiel teilzunehmen, das für sie um so gefährlicher wird, da sie, genötigt die Röckchen zusammenzufassen, nur eine Hand frei behält, um das Gleichgewicht zu halten. Es geht indessen doch, und unter lautem Jubel wird in die Weite gerutscht und mühsam wieder heraufgeklommen.

Niemand stört die Lust. Zwar sind die Fremden weggegangen, aber der Vater hat sich mit dem katholischen Amtsbruder in ein Gespräch über die Kirchenväter vertieft. Sie wetteifern in Zitaten, nicht um sich zu bekämpfen, sondern um die noch gemeinsamen Grundlagen der beiderseitigen Kirchenlehren darzutun. Die Mutter ist mit den Kleinen ins Haus gegangen.

Erst als die Kinder, des Spiels endlich müde geworden, nun müßig am Abhang stehen, taucht ihnen eine Ahnung vom Gewagten desselben auf. In gemeinsamer Regung verabreden sie, dem Vater lieber nichts davon zu sagen, ein Beschluß, den sie auch halten bis zur Frühe des folgenden Tags. Da bringen es die Knaben nicht mehr übers Herz, ihre Heldentaten unerwähnt zu lassen, und rücken gemeinsam mit dem Geständnis heraus, um so mehr, da die Mutter beim Durchsehen der Kleider auch einige verdächtige Löcher in denselben entdeckt hat. Der Vater machte zwar über die Verheimlichung ein ernstes Gesicht, ließ aber unter Androhung der schärfsten Strafen im Wiederholungsfall die Sache auf sich beruhen.

Eben, als die Kinder sich bei der Linde einfinden, ist auch die Mutter wieder aus dem Hause gekommen, um dringend zum Aufbruch zu mahnen. Da die Sonne schon nahezu hinter den Bergen verschwindet, kann der Vater ihr Verlangen nur billig finden und bricht, obwohl nur ungern, seine Unterhaltung mit dem katholischen Amtsbruder ab. Pferde und Wagen werden durch den Mesner leer bis zum Fuße des Berges hinabgeführt. Die Kinder hatten zwar, nachdem sie sich müde getummelt, Lust gehabt, gleich oben einzusteigen, doch wird es ihnen angesichts der damit verbundenen Gefahr vom Vater entschieden verwehrt.

Der Pfarrherr vom Rechberg geleitet sie bis zum Fuße des Berges. Wehmütig hebt er beim Abschied die Kinder seines evangelischen Amtsbruders empor, küßt und beschenkt sie. Herzlich umarmen sich die beiden Pfarrherren, und mit schüchterner Verbeugung küßt der alte Herr der jungen Pfarrfrau zum Abschiede die Hand. Sinnend schaut das Mädchen zu ihm empor. Ahnend kam ihr der Gedanke, wie wohl dem einsamen Manne beim Blicke auf die glückliche Familie seines Amtsbruders zumute sein möge. Oft, wenn der Rechberg, von der Abendsonne mit Glut überstrahlt, in die Fenster ihres Elternhauses hereinschaute, hat sie mitleidig an den Pfarrherrn zurückgedacht, der so einsam in der Bergespracht oben wohnen mußte, keine Frau, kein Kind haben durfte.

Erst später hat sie verstehen lernen, daß auch die religiösen Gefühle – wo sie wahr sind – eine Tiefe, eine Innigkeit haben können, die für die stärksten und süßesten menschlichen Bande entschädigen kann. – Bei wie vielen mögen sie so wahr und tief gehen?

Müde hatten sich die Kinder beim Hinabsteigen an den Arm des Vaters gehängt. Selbst für das erhabene Schauspiel des Sonnenuntergangs in so weiter Runde, auf das der Vater sie aufmerksam machen wollte, hatten sie kein Auge mehr. Sie waren froh, als sie wohlverpackt im Wagen ihre Plätze gefunden hatten.

Wie viel dunkler ist es schon hier unten! Die Kinder zwar kümmert dies nicht. Kaum sind sie im Wagen untergebracht, die Pferde haben sich kaum in Bewegung gesetzt, als auch schon eines um das andre einschläft. Am längsten sucht das Mädchen der Müdigkeit und dem Schlafbedürfnis standzuhalten. Sie möchte den Tag recht vollständig auskosten. Aber noch ehe die Nacht völlig eingebrochen, ist auch sie, den Kopf auf die Knie des Vaters gelegt, vom Schlaf überwältigt. Nur wie im Traum fühlen die Kinder noch das Schaukeln des Wagens, hören zuweilen die Zurufe des Vaters an die Rosse. Kaum erwachen sie, als nach einigen Stunden der Wagen vor dem Hause hält und sie herausgehoben werden.

Die Suppe ist ihnen heute erspart. Schlaftrunken werden sie zu Bette gebracht und sinken im warmen Bett in die Träume zurück, die sie im schaukelnden Wagen begonnen haben. Munter werden am andern Tage die Ereignisse des herrlichen Ausflugs noch einmal besprochen, und in späte Erinnerungen noch leuchtet die Fahrt auf den Rechberg mit Vater, Mutter und Geschwistern herein.

Anna von Helmholtz

Während einige der in diesem Band vorgestellten Frauen zwar nicht in Württemberg geboren wurden, aber dort entscheidend wirkten, ist es bei Anna von Helmholtz – die unser hier wiedergegebener Textauszug aus einem 1912 erschienenen Buch „eine der bedeutendsten Erscheinungen des vergangenen Jahrhunderts" nennt – gerade umgekehrt: Hauptzentrum ihrer Tätigkeit waren Heidelberg und Berlin, geboren wurde sie jedoch als Anna von Mohl in Tübingen.

Anna von Helmholtz hat kein Land regiert, sie ist nie als selbständige Schriftstellerin hervorgetreten, hat nie eine Kunstausstellung mit Bildern beschickt – sie hat von keiner Bühne aus auf ihre Zeitgenossen gewirkt und keine Revolution vorbereitet, ja sie hat es nie versucht, einen politischen Einfluß auszuüben.

Und dennoch war sie unter den deutschen Frauen eine der bedeutendsten Erscheinungen des vergangenen Jahrhunderts; denn sie war eine wirklich vornehme und harmonische Frau, – eine Persönlichkeit. Schon ihre Mutter, Pauline von Mohl, hat für Deutschland mehr getan, als ihr vielleicht selber bewußt war; denn als Robert von Mohl im Jahre 1861 als Bundestagsgesandter nach Stuttgart ging, lernten die ausländischen Diplomaten eine deutsche Gelehrtenfrau, eine deutsche Professorengattin kennen, die eine Weltdame war. Damals wie heute sicher keine allzu häufige Erscheinung!

In der kleinen schwäbischen Universitätsstadt Tübingen kam Anna von Helmholtz als die Tochter des berühmten Rechtslehrers Robert von Mohl und seiner Frau Pauline geborene Becher im Jahre 1833 zur Welt.

Es blieb ihr erspart, sich aus widrigen oder hemmenden Verhältnissen herausarbeiten zu müssen. Schon im Vaterhause waren für die Entwicklung des begabten Mädchens die denkbar günstigsten Bedingungen gegeben. Ihr Vater, der Gelehrten- und Beamtenaristokratie Württembergs angehörend, spielte schon in verhältnismäßig jungen Jahren zunächst als Gelehrter, später aber auch als aktiver Politiker, im Staatsleben seines württembergischen Vaterlandes eine hervorragende Rolle. Im Jahre 1845 geriet er wegen eines liberalen Wahlprogrammes mit der Regierung in Konflikt, verließ den Staatsdienst und widmete sich von da an vorwiegend der Politik. Im Jahre 1847 als Mitglied des Vorparlaments nach Frankfurt berufen, übernahm er im Reichsministerium von 1848 das Portefeuille des Justizministers und hat an den Arbeiten der Gesetzgebung einen hervorragenden Anteil gehabt. Im Jahre 1849 schied er wieder aus, und nahm nun in Heidelberg seine Vorlesungen wieder auf.

Schon im Vaterhause sah Anna von Mohl viele bedeutende Menschen ein- und ausgehen, lernte sie ihre natürlichen Gaben wie ein Instrument meistern; die hohe Schule geistiger und gesellschaftlicher Betätigung bedeuteten ihr wiederholte mehrmonatliche Besuche in Paris im Hause ihres Onkels, des berühmten Orientalisten Julius von Mohl. Seine geistvolle Frau, Mary Clarke, eine Schottin von Geburt, hatte noch durch 20 Jahre am Kamin von Madame Recamier gesessen, und hielt die berühmten Traditionen in dem letzten der französischen Salons aufrecht. Hier tat sich eine neue Welt vor den Augen von Anna von Mohl auf. Diese Zeiten in Paris sind von dauerndem Einfluß auf ihre ganze Entwicklung geblieben.

Nach Heidelberg zurückgekehrt, hatte sie teil

an einer Zeit, welche für Deutschland die glorreiche Epoche deutscher Universitäten bildet. In Heidelberg wirkten damals ein Schlosser, Häußer und später auch Gervinus, Kuno Fischer, David Friedrich Strauß, Bunsen und Kirchhoff, die Erfinder der Spektralanalyse.

Alle diese Männer waren Freunde des Mohlschen Hauses. – Aber das für Anna von Mohls ganzes Leben entscheidende Ereignis war noch nicht eingetreten. Erst im Jahre 1858 wurde Hermann von Helmholtz an die „Ruperta Carola" berufen. Die Erfindung des Augenspiegels und seine Darlegungen über das Gesetz der Erhaltung der Kraft hatten in der Öffentlichkeit seinen Namen bekannt gemacht; er stand mitten in den Problemen seiner Arbeiten: über die „Physiologische Optik" und über die „Tonempfindungen als physikalische Grundlage für die Theorie der Musik".

Die Musik war es auch, welche den nach kurzer Ehe verwitweten Helmholtz zuerst mit Anna von Mohl in gemeinsamen Freuden zusammenführte.

Im Jahre 1861 wurde dann der Bund geschlossen. – Und schon in den ersten Jahren in Heidelberg war das Haus Helmholtz eine Stätte der edelsten Geselligkeit. Als jedoch Helmholtz im Jahre 1871 in hervorragender Stellung nach Berlin berufen wurde, gelangten die glänzenden Gaben seiner Gattin erst zur vollen Entfaltung.

Richard Wachsmuth schreibt im „Biographischen Jahrbuch": „Die Aristokratie des Geistes

Das Alte Schloß zu Heidelberg

und die Aristokratie der Geburt fanden sich in ihrem Salon zusammen, und diese sonst nicht wiedergefundene Mischung gab ihm einen eigentümlichen reizvollen Charakter.

Gelehrte, Künstler, Offiziere, Diplomaten sah man bei den offenen Abenden versammelt, und es gibt in den letzten Jahrzehnten wohl kaum einen berühmten Namen, zu dessen Träger Frau von Helmholtz nicht in persönliche Beziehungen getreten wäre. Nur auf Geist und Bildung legte sie Wert. Stellung galt ihr nichts. Wohl aber war eine gewisse gesellschaftliche Form ihr ein starkes ästhetisches Bedürfnis, so daß sie erzieherisch eingriff, wo ihr die Jugend an Rücksichten zu ermangeln schien; ebensowenig duldete sie geistige Bequemlichkeit oder schlaffes Sichgehenlassen. Eine Herrschernatur, verlor sie als Wirtin nie die Leitung des Ganzen aus der Hand. In hohem Maße besaß sie die Gabe, die verschiedensten Menschen zueinander in Beziehung zu bringen, und jeder Fremde fühlte sich bald heimisch, wie in einem großen Kreise von Bekannten. Das große Pumpwerk der Unterhaltung bedurfte immer neuen Stoffes, jedoch war sie nie darum verlegen; sie hatte viel gesehen, aber es war gerade ihre Kunst, nicht selber den Stoff zu bieten, sondern ihn aus dem anderen herauszulocken. Auch verstand sie, den Stillen und Unbedeutenden gesprächig und interessant zu machen, und wußte abzuschneiden, wenn der Brunnen anfing zu versiegen oder sich zu trüben. Die medisante Kritik des lieben Nebenmenschen war ihrem vornehmen Geiste verhaßt."

Kurze Zeit nach ihrem Hinscheiden schreibt Wilhelm Dilthey in der von Julius Rodenberg herausgegebenen „Deutschen Rundschau" über Anna von Helmholtz:

„Sie war zweifelsohne eine der bedeutendsten Frauen des Zeitalters. Frauen von ähnlicher Stärke der Begabung haben sich wohl der Wissenschaft zugewandt oder der Literatur. Nach dem Maßstabe, welchen sie an geistige Schöpfungen anlegte, konnte sie hieran nicht denken. In den ruhigen Tagen von Heidelberg hatte sie, zusammen mit Frau Klara Wiedemann, einige der Schriften Tyndalls übersetzt. Wie sie überhaupt ein großes Sprachtalent hatte, beherrschte sie vollkommen das Englische; auch besaß sie naturwissenschaftliche Kenntnisse, und wo diese nicht zureichten, waren die Männer behilflich. Aber ihrem an Goethe gebildeten Formsinn war hierbei doch die eigenste Freude, einen, wenn auch freien, doch zutreffend schönen Ausdruck für das englische Vorbild in unserer Sprache zu suchen; sie konnte lange und unermüdlich einem solchen nachgehen. Gerade die Klarheit und Eleganz des deutschen Ausdrucks haben die Verbreitung dieser Schriften in mehreren starken Auflagen zur Folge gehabt. Zusammen natürlich mit der wissenschaftlichen Autorität von Helmholtz und Wiedemann, unter welchen sie gingen, denn sie hielt mit ihrem eigenen Namen zurück. Seit dem Tode ihres Sohnes Robert entstand ihr das Bedürfnis, ihren Gedanken durch eine solche Beschäftigung zeitweise eine andere Richtung zu geben. So hat sie damals ihre Tätigkeit zusammen mit Fräulein Estelle du Bois Reymond wieder aufgenommen. Eine neue Folge dieser Fragmente von Tyndall wurde übertragen. Neue Auflagen wurden veranstaltet, und als sie sich nach einer Fortsetzung solcher Beschäftigung umsah, wählte sie die Schrift von Oliver Lodge über Elektrizität; auf ihre Anfrage kam noch vom Krankenbette des Physikers Hertz, des großen Schülers ihres Mannes, die Zustimmung zu dieser Wahl; 1896 erschien dann diese Übertragung.

Warmblütiges Temperament, das direkte und sofortige Wirkung verlangt, Kraft unmittelbaren Gewährens und schlagenden Urteils, ein kerniger Humor – das war ihre Mitgift aus dem Elternhause und der schwäbischen Heimat. So fand sie als ein echtes Kind der Goetheschen Epoche, schönheitsbedürftig in jeder Faser ihrer Seele, sich nur darin befriedigt, das Leben künstlerisch zu gestalten. Eine außerordentliche Gabe, Menschen zu erfassen, zu genießen und ihre eigene Persönlichkeit geltend zu machen, war verbunden mit der Tatkraft, ihr Leben und das der Ihrigen zu gestalten und mit wechselndem Reichtum zu erfüllen. Es gibt Frauen, welche jeden Tag eine ihm eigene Schönheit und einen besondern Gehalt mitzuteilen das Bedürfnis und die Kraft haben. Eine von diesen ist sie gewesen. Aber ihr Bild wäre unvollständig ohne den Zug, der Naturen solcher Art nicht selten eigen ist: Aus dem Besitz und Genuß der Gegenwart hinüberzublicken in zukünftige Steigerungen und Vollkommenheiten. Ganz unmöglich, so schrieb sie einmal, erscheine es ihr, das Leben in Kleinigkeiten sich verzehren zu lassen; sie habe nur die Wahl, in großen und freien Verhältnissen oder einfach und einsam zu leben.

Das lebendigste Gefühl des Zusammenhangs mit der Universität blieb ihr auch, nachdem sie

Berlin: Opernhaus und Hedwigskirche

in Villa und Park der Reichsanstalt Charlottenburg übersiedelt war. Und auch nach dem Tode ihres Mannes war ihr Herz bei dem, was dort geschah. Wie sie so war, fand sie in Helmholtz die glückliche Ergänzung ihrer vorherrschenden Rücksicht auf das Persönliche und Ästhetische. Der Maßstab der großen Objektivitäten des Lebens war durch seine bloße Gegenwart und Einwirkung ihr beständig gegeben. Er gehörte zu den Menschen, deren ganzer Charakter immer, in jeder Äußerung, gesammelt gegenwärtig ist: so regelten sich unter seiner stillen, überlegenen Einwirkung die momentanen Impulse ihres stürmischen Temperaments. Sie ihrerseits erfüllte mit ihrer inneren Beweglichkeit und Daseinsfreudigkeit Leben und Haus ihres Mannes."

Marie von Bunsen, einer Familie angehörend, die durch drei Generationen hindurch Anna von Helmholtz treue Freundschaft gehalten hat, sagt von ihr:

„Ihre Bildung war die gründlichste deutsche Bildung ihrer Generation.

Die Bildung war natürlich nur die Grundlage, nicht das Wesentliche und Wichtigste ihres Geistes. Bildung läßt sich erzwingen, ist nicht das kostbarste Geschenk. Ich möchte sie nicht nur zu den geistig begabtesten Frauen, sondern zu den geistig begabtesten Menschen zählen, und Maßgebendere würden, glaube ich, mir beistimmen. Keineswegs wurde ihr Herz durch die Intelligenz überwuchert. Güte und Gütigkeit waren ebenso ungewöhnlich entwickelt, als ihr Verstand." –

In der wissenschaftlichen Beilage der „Münchener Allgemeinen Zeitung" widmete ihr Rosalie Braun-Artaria einen warmen Nachruf, in dem sie unter anderem sagte: (...)

„Einer speziellen Neigung ihrer eminent praktischen Natur zur Krankenpflege folgend, hat sie sich um die Organisation des Viktoriahauses hohe Verdienste erworben. Kronprinzessin Viktoria, die persönliche Freundschaft mit Anna von Helmholtz verband, fand in ihr eine kluge und tatkräftige Helferin bei allen ihren vielen Unternehmungen für Frauenbildung und Wohlfahrtspflege. Es werden nicht viele derartige Gründungen in dem neuen Berlin entstanden sein, ohne die tätige Anteilnahme von Anna von Helmholtz. Dies Interesse am gemeinnützigen Wirken erwuchs bei ihr ganz naturgemäß aus dem tiefsten Grundzug ihres Wesens, Leben zu gestalten an Menschen und für Menschen wirksam zu sein „hilfreich und gut“ – dies Goethesche Ideal war ihr immer gegenwärtig. Sie wollte nicht nur helfen, sie konnte es auch, von innen heraus. Ganze Existenzen hat sie in die Hand genommen, begründet und beschützt, Jahre hindurch. Aber die größte Einwirkung, die von ihr ausging, war eine unwillkürliche: Indem sie wie von sich so von anderen das Beste mit Leidenschaft forderte, weckte sie in ihnen die eigene Kraft. (...)

Nicht nur das Viktoriahaus für Krankenpflege, dessen Seele sie war, auch das Viktoria-Lyceum verdankt zum Teil Frau von Helmholtz seine Entstehung und wurde nach dem Tode der Miß Archer interimistisch von ihr geleitet. – Die Schatten, welche auch auf einem vom Glück so begünstigten Leben lagen, senkten sich tiefer nach dem Tode ihres Sohnes Robert. Sie hat diesen nie innerlich verwunden. Die tiefe Gedankenarbeit von Helmholtz ging stetig, rastlos vorwärts, unterbrochen nur gleichsam durch eine äußere Macht, wenn seine tiefen Augen bedeutende Eindrücke in sich aufnahmen, oder er in den Alpen seine einsamen Wege aufwärts stieg. Niemand hätte eine Müdigkeit an ihm wahrnehmen können; dennoch sagte er später Zeller, als dieser Berlin verließ: „So wie Sie es machen, ist es das Richtige.“ Dann kam die Reise nach Amerika; Helmholtz selber hat diese letztere Erweiterung seiner Einsicht in die wirksamen Kräfte seiner Zeit bestimmt gewollt; seine Gemahlin begleitete ihn. Es war wie ein Triumphzug. Aber er war zu teuer erkauft. Nun kam sein Tod. – Zwei Monate nach seinem Hingang schrieb sie einer Freundin: „Ich bin jetzt namenlos unglücklich und sehe täglich mehr, wie ganz das Leben ihm gehörte, wie ich nur mit diesem von mir nur zu sehr als ganz selbstverständlich angesehenen Hintergrund des Daseins überhaupt lebte und dadurch nur die eigene Persönlichkeit entwickeln konnte. Wie ich ohne diesen Mittelpunkt so haltlos zusammenfalle, wie er es tat, als sein Gehirn plötzlich nicht mehr voll funktionierte. Von *dieser* Vereinsamung nach dieser Gemeinschaft kann sich niemand einen Begriff machen.“

Sie starb unerwartet zu Volosca bei Abbazia, als sie ihrer Schwester, deren Gatte schwer erkrankt war, zu Hilfe eilen wollte; und es klingt fast wie eine Vorahnung, wenn sie kurz vorher in einem Briefe schreibt: „Das Leben ist ja so klein und kurz und geht dahin wie ein Nichts im ganzen. Man muß es nehmen wie es ist und es nutzen.“

Sie hat es genutzt nach Goethes Worten:

„Höchstes Glück der Erdenkinder
Ist doch die Persönlichkeit.“

Margarete Steiff oder Steiff Knopf im Ohr

(Unter Nutzung verschiedener Quellen und Veröffentlichungen erarbeitet von Teresa Müller-Roguski)

„Wo der zweite von den Kesseln des mittleren Brenztales sich schließt und der dritte sich öffnet, liegt Giengen am Abhang eines gegen Süden abfallenden Hügels, eingeengt zwischen dem steilen und felsigen Bruckersberg südlich und dem minder schroff ansteigenden Schießberg nördlich. An der Südseite fließt die Brenz mit zwei Armen; ein dritter ist in einem gemauerten Kanal durch die untere Stadt geleitet. Die beste Ansicht bietet die Stadt unstreitig gegen das Tal von Herbrechtingen her. Hier hat man die in der Mitte des Tales emporsteigende Felsmasse vor sich, welche mit der altertümlichen, wohlerhaltenen Stadtmauer gekrönt ist. Aber auch von der entgegengesetzten Seite, von Hohenmemmingen her, präsentiert sich die Stadt sehr vorteilhaft. Der Boden, auf welchem Giengen erbaut ist, neigt sich stark nach Süden und Osten; eben ist nur der untere Teil, der bisweilen sehr durch Überschwemmungen leidet. Die Stadt hat drei Tore und zwei Einlässe, aber nur noch einen Torturm, den Memminger. Das untere, Lauinger- oder Spital-Tor, ist nur ein

Staketentor und das obere (Heidenheimer, früher Altengienger) Tor ganz verschwunden. Die Stadtmauer ist nur so weit abgetragen, als die Anlage neuer Häuser gegen Heidenheim es nötig machte.

Sonst enthält sich die Stadt bis jetzt, die Wahrzeichen ihrer städtischen Eigenschaft mutwillig zu zerstören.

Die Einwohner sind tüchtige, rüstige Leute, die sich aus den Zeiten ihres reichsstädtischen Bürgertums manche rühmliche Eigenschaften, große Anhänglichkeit an Haus und Heimat, Pietät gegen das erprobte Alte, muntere und unbefangene Geselligkeit bewahrt haben, bei aller Ökonomie und Erwerbstätigkeit den Ehrenpfennig nicht sparen und gegen Hilfsbedürftige sich freigiebig erweisen. In Rücksicht auf die bürgerliche Ordnung sind sie ruhig und fügsam. Für ihre Schulanstalten zeigen sie großes Interesse. Auch physisch ist der Menschenschlag gesund, wenn auch weniger kräftig als die umwohnenden Landleute; man kennt keine vorherrschenden Gebrechen." (Aus: Beschreibung des Oberamts Heidenheim)

In diesem Giengen an der Brenz wird am 24. Juli 1847 Margarete Steiff geboren. Die Schwäbische Alb, an deren Ostrand Giengen liegt, ist ein kärgliches Gebiet, die Landwirtschaft bietet kaum das Nötigste zum Leben. Entscheidend für das Auskommen der Menschen sind schon früh Handwerk und Gewerbe: selbständige Weber, Gerber, Strumpfwirker, Hafner. Um

Fräulein Margarete Steiff

1850 ließ sich die Württembergische Wollfilz-Manufaktur in Giengen nieder, eine Tatsache, die im Leben der Margarete Steiff noch wichtig sein sollte.

Zurück ins Jahr 1847. Die Eltern Margarete Steiffs, der Bauwerkmeister Friedrich Steiff und seine Frau Maria, geborene Hähnle, waren aus dem nahen Geislingen nach Giengen gekommen. Margarete war ihre dritte Tochter, eineinhalb Jahre später bekamen sie noch einen Sohn.

Mit noch nicht zwei Jahren bekommt Margarete Kinderlähmung, beide Beine bleiben gelähmt, auch die rechte Hand ist in Mitleidenschaft gezogen. Sie selbst schreibt darüber: „Mit 1 1/2 Jahren wurde ich von einer Krankheit befallen, nach welcher ich nicht mehr gehen konnte. Der linke Fuß war vollständig, der rechte teilweise gelähmt, auch der rechte Arm war sehr geschwächt." (Dieses Zitat stammt – wie die folgenden – aus dem „Tagebuch von Fräulein Margarete Steiff", das im Firmenmuseum der Firma Steiff aufbewahrt wird. Es handelt sich dabei allerdings um kein Tagebuch im eigentlichen Sinne, sondern Margarete Steiff verfaßte diese Aufzeichnungen, in denen sie ihre Jugend und den Kampf gegen ihre Krankheit beschreibt, im nachhinein im Alter von etwa dreißig Jahren. Das „Tagebuch" gibt Auskunft über ihr Leben bis zur Eröffnung ihres ersten eigenen Geschäftes.)

Trotz der Behinderung verläuft das Leben Margaretes relativ „normal". Das Kind hat eine heitere Natur und zeigt einen starken Lebenswillen. Sie kämpft gegen ihre körperliche Schwäche und wird dabei von den Eltern unterstützt: „Ich bin meiner Mutter von Herzen dankbar, daß sie mich nicht verwöhnte, wie so häufig Mütter ihre leidenden Kinder verwöhnen und verzärteln." Weiter heißt es: „Im übrigen war und blieb ich von da an stets gesund, hatte auch wenig an den üblichen Kinderkrankheiten zu leiden. Es wurde natürlich kein Mittel unversucht gelassen, und ich kann mich erinnern, daß meine Mutter öfters mit mir bei auswärtigen Ärzten war." Doch alle Ärzte können nicht helfen, die Lähmung bleibt. Margarete wird anfangs in einem Holzwägelchen herumgefahren, später ist sie auf einen eisernen Rollstuhl angewiesen.

„Im Frühling war's dann so schön ... in meinem Wägelchen. Da sammelten sich alle Kinder um mich, und ich ordnete Spiele an, wo ich der Mittelpunkt war ... Aber sehr oft kam es auch vor, daß alle davonsprangen, dann unterhielt ich mich mit den ganz kleinen, die meiner Obhut anvertraut waren. Ich hatte immer Platz für zwei oder drei in meinem Wägelchen, und die Frau Nachbar war froh, wenn ich die Kinder hütete." Oft war Margarete auch bei ihren Großeltern. „Ich war viel bei meinen Großeltern, denn immer auf der Gasse bleiben konnte ich doch nicht, obwohl mir das der liebste Aufenthalt war. Alle Hausgenossen bettelte ich an: Tragt mich auf die Gasse, wenn ich auch manchmal fast erfror."

Gemessen an dem, was heutige Kinder gewohnt sind, verlief die Kindheit Margaretes sehr bescheiden. Spielzeug in unserem Sinne hatte sie fast keines: „Bei dem alten Ferde und seiner alten Bäbe, welche in unserem Nachbarhaus wohnten, war ich als kleines Kind oft zu Besuch und hatte dort ein sehr anziehendes Spielzeug, nämlich zwei kleine Töpfchen und eine Hand voll Linsen, d. i. eine unerschöpfliche Unterhaltung ... Bei Frau Gerber Schmid, welche ein Ideal von einer schönen, lieben Frau war, bekam ich eine Schachtel mit Knöpfen, was ebenso interessant war wie Ferdes Linsen." Ebensowenig verwöhnt waren Margarete und ihre Geschwister beim Essen. Eine Bratwurst war ein Ereignis: „Einmal fuhren wir über Ulm, mit welcher Gelegenheit kann ich mich nicht erinnern ... Dort angekommen ... gings in den Gasthof zur Gans, wo ich eine *ganze* knusprige Bratwurst bekam, und dieser Wurst wegen ist mir die Reise im Gedächtnis geblieben." Ein anderes Beispiel: „Beim alten Esis war's am allerschönsten. Wenn man zu Hause Gemüse oder Haferbrei hatte, dann bekam man sicher beim Schumacher ein Butterbrot zum Nachtisch, denn die obigen Speisen hatten wir gar nicht gerne. Auch gab es dort Schnitz und Hutzeln, Rührmilch und andere gute Sachen."

Margarete war eine eifrige Schülerin. „In die Schule ging ich sehr gerne und ließ mich durch keine Witterung abhalten, obgleich ich leicht Urlaub bekommen hätte. Meine Geschwister oder Nachbarskinder nahmen mich mit. In der Nähe des Schulhauses hatte eine Frau den Auftrag, mich die Treppe hinaufzutragen. Nicht selten kam es vor, daß mich mein Gespann einfach vor dem Schulhaus stehenließ und in die Klasse eilte ... Die Lehrer trugen mich dann hin und her."

Die Eltern versuchten alles, um ihrem kranken Kind zu helfen. Immer wieder wurde Margarete zu den verschiedensten Ärzten gebracht oder den Sommer über zur Badekur geschickt. Das hieß dann verstärktes Arbeiten in der Schule.

Wildbad

„Durch die beiden Sommer, die ich in Ludwigsburg und Wildbad verbrachte, war ich in der Schule zurückgekommen. Nun galt es, die Sprüche und Lieder nachzulernen ... Zu der Zeit war ich von 8 Uhr früh bis abends 5 in den Schulen. Von 11 bis 12 Uhr war Konfirmanden-Unterricht, um 12 Uhr kamen schon wieder die anderen Schüler und brachten mir etwas zu essen. Ich hatte aber nicht das Herz, mein Essen zu genießen, sondern machte mit den anderen Schülern gleich wieder mit im Lernen."

Nach der Schule war das Arbeitspensum noch

nicht zu Ende: „Um 2 Uhr war die Schule aus, dann schleppten mich die stärksten von meiner Klasse in die Nähschule ... (Da) konnte man alles lernen: Weiß- und Kleidernähen, Stricken, Häkeln, Sticken und alle Modearbeiten. Es ging nicht nach System und Schablone, aber gelernt wurde und fertiggebracht."

Aber alle Kuren und Heilbehandlungen waren vergeblich. Schließlich fand Margarete sich mit ihrer Behinderung ab: „Das war noch ein langes Suchen nach Heilung, bis ich mir selbst sagte, Gott hat es für mich so bestimmt, daß ich nicht gehen kann, es muß auch so recht sein ... Von da an, etwa mit 17 bis 18 Jahren, ließ ich mich durch keine angepriesenen Mittel oder Heilmethoden mehr aufregen, denn das unnütze Suchen nach Heilung läßt den Menschen nicht zur Ruhe kommen."

Neben der Schule mußten die Kinder der Familie Steiff noch kräftig mithelfen, bereits im Vorschulalter mußte Margarete jeden Tag ein bestimmtes Stück häkeln. „Einmal noch zur Schulzeit war meine Mutter gar nicht zufrieden und ich hatte doch fleißig gehäkelt. Da rührte ich zwei Tage keine Arbeit mehr an, sagend, wenn das nicht genug ist, schaff ich gar nichts mehr." – Die kleine Margarete wußte sich also sehr wohl ihrer Haut zu wehren, wenn ihr die Arbeit zuviel erschien, obwohl sie sich in der Regel sehr bemühte, das auferlegte Pensum zu schaffen. „Meinen beiden Schwestern habe ich viel Kummer gemacht, die waren so fleißig und geschickt, während ich alles verkehrt anfaßte. Sie hatten schon die Hoffnung aufgegeben, daß ich je etwas Ordentliches im Nähen fertigbrachte, bis mir endlich der Ernst doch gekommen ist. Das Nähen ist mir aber auch sehr schwer gefallen. Der rechte Arm tat mir bei geringer Anstrengung weh und links hatte ich kein Geschick."

Margarete Steiff war entschlossen, trotz ihrer Behinderung ein eigenes, auch wirtschaftlich unabhängiges Leben zu führen. Als erste in der Stadt schaffte sie sich eine Nähmaschine an. Ihre Schwester Pauline eröffnete ein Putzgeschäft. Da hieß es tüchtig mit zupacken: „Auf die Festzeiten hatten wir sehr viel zu tun und hörten oft den Jonathan (den Nachtwächter) die Mitternachtsstunde ausrufen, oder unsere Glocke hat 2 Uhr geschlagen. Einmal an einem Pfingstfest gingen wir morgens um 6 Uhr ins Bett. Mir hat das viele Nähen und Arbeiten nichts geschadet, aber Pauline hat ihre Gesundheit dadurch ruiniert." Im März 1877 eröffnet Margarete Steiff zusammen mit ihrer Schwester Maria eine Nähstube. Hier kam ihr schließlich die Idee, aus Filz Tiere zu schneidern: „Zu dieser Zeit (1880) kam mir die Abbildung eines Elefanten in die Hände: Filz eignet sich sehr gut zur Nachbildung; zur Ausführung wurde der schönste Wollfilz verwendet. Dieser kleine Elefant diente zuerst als Nadelkissen." Margarete verschenkt ihr „Eleföntle", und es stößt überall auf Begeisterung. Immer mehr Bekannte und Nachbarskinder möchten auch so ein kleines Filztier geschenkt. Die Idee, Filztiere herzustellen, beginnt nach und nach eine Eigendynamik zu entwickeln. 1880 stellt Margarete Steiff 8 kleine Elefanten her, fünf Jahre später schon 596. Und ein weiteres Jahr später sind es schon 5066 kleine Filzelefanten. Es bleibt nicht lange bei den Elefanten, die Tierfamilie wird größer: ein Esel, ein Pferd, ein Schwein und ein Kamel kommen hinzu. Die kleine Nähstube ist bald nicht mehr in der Lage, allen Wünschen nachzukommen. Es entsteht eine Manufaktur und schließlich eine Fabrik. Beim Verkauf half schon bald Margaretes Bruder Fritz, Vater von sechs Söhnen und drei Töchtern, mit. Er zog auf den Weihnachtsmarkt im nahe gelegenen Heidenheim und verkaufte dort die Filzelefanten seiner Schwester. Und er fand immer mehr begeisterte Käufer. Fritz war es auch, der dafür sorgte, daß die kleinen Elefanten einen Platz im Stuttgarter Musterlager, dem Exportschaufenster Württembergs, bekamen.

Zu den Filztieren zum Spielen kamen die ersten Reittiere mit eisernen Rädern. Im Innern verbarg sich ein belastbares Holzskelett, das ein Giengener Tischler anfertigte. Über das „Reit-Kamel“ heißt es: „56 cent. hoch, auf Rädern, Stahlgerippe aus Mannesmannröhren, durchaus unverwüstlich, für Knaben bis zu 5 Jahren.“

Leitspruch der Firma ist „Für unsere Kinder ist das Beste gerade gut genug.“ In einem Prospekt der damaligen „Filz-Spielwaren-Fabrik Giengen a. d. Brenz“ heißt es dazu:

„Von diesem Grundsatz ausgehend, bemühten wir uns, ein Spielzeug herzustellen, das sowohl in Dauerhaftigkeit als auch in der Form allen gerechten Anforderungen entspricht. Wir verwenden zu unseren Spieltieren besten, extra zu diesem Zweck angefertigten Filzstoff (wo es die Naturähnlichkeit der Tiere erfordert auch Plüsch und Felle), feines weiches Stopfmaterial und zur Sicherung der Form federnde Metallgerippe.

Die Räder und sonstigen Ausstattungsstücke sind meist nach eigener Konstruktion gearbeitet und auf mögliche Unverwüstlichkeit berechnet.

Aus ganz kleinen Anfängen ist unsere Leistungsfähigkeit auf wöchentlich tausend und mehr Stücke gehoben, so daß jeder Auftrag prompt ausgeführt werden kann.

Durch Mitwirkung künstlerischer und technischer Kräfte und unterstützt durch die uns zu Gebote stehenden brillanten Produkte der hiesigen bedeutenden Filzfabriken sind wir imstande, unsere Spielsachen einer fortwährenden Vervollkommnung und Vermehrung zu unterziehen."

1893 werden die Stofftiere der Firma Steiff zum ersten Mal auf der Leipziger Messe ausgestellt. – Anfangs allerdings lediglich in einem Verkaufsstand auf der Straße, aber schon 1897 findet man sie in der Messehalle.

Eine entscheidende Veränderung – einen Schritt nach vorne – bringt der Eintritt der zweiten Generation in die Firma. Margarete

Steiffs fünf Neffen steigen nach und nach in die Firma ein. Richard kommt 1897 von der Kunstgewerbeschule in Stuttgart. Er initiiert den Bau eines Fabrikgebäudes in Glasbauweise, einem Baustil, der sich erst Jahrzehnte später bei Industriebauten durchsetzt. Neffe Paul hilft seiner Tante bei der Weiterentwicklung der Produkte. Franz Steiff übernimmt die Werbung. Er gilt als Erfinder des Warenzeichens der Firma. Der berühmte „Knopf im Ohr" ist heute noch das Synonym für Steiff-Produkte, ein Markenzeichen, das sozusagen jedes Kind kennt. Schon 1904 werden alle Steiff-Tiere mit dem Knopf im Ohr versehen. Die Schutzmarke „befestigte ich am 1. November 1904 nunmehr ausnahmslos an jedes Stück und zwar im linken Ohr auf einem kleinen Nickelknöpfchen". Allerdings unterschied sich das damalige Markenzeichen noch beträchtlich von dem heutigen. Während uns heute der allseits bekannte Teddy anlacht, war das ursprüngliche Zeichen ein Elefant mit S-förmigem Rüssel. Erst nach dem Erfolg der Teddybären, durch die die Firma Steiff geradezu zur „Bärenfabrik" wurde, trat der Bär an die Stelle des Elefanten. (Zu den Bären kommen wir später noch.) Entscheidend war jedoch, daß das Zeichen nicht nur Briefbogen und Firmengebäude zierte, sondern unlösbar mit dem Produkt verbunden, ja ein Teil des Produkts selbst wurde. Eine zur damaligen Zeit total neue und umwerfende Idee.

Neben Richard, Paul und Franz Steiff traten noch Hugo und Otto in das Unternehmen ein.

Richard Steiff

Hugo, von Beruf Ingenieur, übernahm die Fertigung und befaßte sich mit Mechanisierung und Rationalisierung des Produktionsablaufes. Otto Steiff übernahm die kaufmännische Leitung, er gründete auch die ersten ausländischen Tochtergesellschaften.

Zweifellos leisteten alle fünf Neffen einen wichtigen Beitrag zur Weiterentwicklung des Unternehmens. Der entscheidende Impuls kam jedoch von Richard Steiff: Er hatte die Idee mit den Bären! 1903 stellte er einen von ihm entworfenen Bären auf der Leipziger Messe aus. Dieses Tier war nicht mehr aus Filz, sondern – dem Fell eines Bären nachempfunden – aus zotteligem Mohair, sein Kopf, seine Arme und Beine waren drehbar. Bei den Messebesuchern stößt die Neuheit jedoch auf wenig Interesse.

Erst am letzten Messetag erscheint ein Amerikaner, sieht das Tier und ist begeistert. Spontan gibt er 3000 Stück in Auftrag.

Doch das ist nicht alles, eine ganze Kette von Glücksfällen schließt sich diesem einen an: Die Bären werden nach New York geliefert und dort ausgestellt. Sie sind sofort ein Erfolg. Und einige tauchen schließlich auf einer Gesellschaft des damaligen Präsidenten Theodore Roosevelt als Dekoration auf. Um was für eine Gesellschaft es sich dabei handelte, ist umstritten: Die einen sprechen von der Hochzeit der Roosevelt-Tochter Alice, anderen Quellen zufolge handelte es sich um eine Jagdgesellschaft. Auf jeden Fall werden die Bären als Tischschmuck ausgewählt, weil Theodore „Teddy“ Roosevelt ein passionierter Jäger ist, der leidenschaftlich gerne auf die Bärenjagd geht. Die Bären sind auch hier ein Erfolg und haben auch schnell ihren Beinamen weg: Die Bären des Präsidenten Teddy Roosevelt sind ganz einfach Teddy-Bären (und sind es bis heute geblieben). Die Geschichte von der Teddy-Bären-Dekoration macht schnell die Runde, die Amerikaner kaufen wie wild Steiff-Bären. Der Durchbruch der Firma Steiff zur Weltmarke ist geschafft. Ein paar Zahlen machen deutlich, wie schier unglaublich dieser Bärenboom verlief: 1903 wurden 12.000 Teddybären hergestellt, 1907 – also nur 4 Jahre später – waren es bereits 974 000 Exemplare, eine fast unglaubliche Steigerung. An jedem Arbeitstag mußten rund zweieinhalbtausend Bären zugeschnitten, genäht, ausgestopft, getrimmt, verpackt und versandt werden. Und das von einem Betrieb, der wenige Jahre zuvor noch als Nähstube angefangen hatte – eine kaum vorstellbare Entwicklung.

Margarete Steiff hat den internationalen Durchbruch ihrer Firma noch miterlebt. Auch die erste große Krise des Unternehmens muß sie noch erleben. Die wirtschaftliche Entwicklung in den USA gerät in die Krise, und da ist es mit dem Bärenboom natürlich schnell vorbei. Zahlreiche Aufträge werden storniert, die bereits produzierten Bären können nicht abgesetzt werden und liegen auf Halde. Aber das Material für die nächsten Bären ist schon bestellt. Die Firma Steiff gerät in ernstliche Schwierigkeiten, Mitarbeiter und Heimarbeiterinnen müssen entlassen werden.

Die Sorgen und Probleme belasten zweifellos auch Margarete Steiff. Knapp 62jährig stirbt sie im Mai 1909. Am 13. Mai wird sie unter großer Anteilnahme der Bevölkerung ihrer Heimatstadt in Giengen beerdigt.

Ihre Firma aber meistert die Krise. Man lernt aus der Vergangenheit und vermeidet in Zukunft, sich zu sehr auf ein Produkt zu spezialisieren. Heute ist die Gründung der Margarete Steiff ein modernes Unternehmen, in dem nach modernen Grundsätzen geplant und produziert wird. Aber vieles bei der Herstellung der Steiff-Tiere ist geblieben. So wird – wie beim ersten Teddy des Jahres 1903 – immer noch vor allem

Plüsch als Material verwendet, gestopft wird heute allerdings fast ausschließlich mit synthetischen Materialien. Und immer noch wird viel in Handarbeit gemacht. Und noch immer hat jedes Tier sein Kennzeichen: Steiff Knopf im Ohr.

Was war das Besondere an diesem „Fräulein Margarete Steiff" (so wurde sie Zeit ihres Lebens genannt)? Was hat ausgerechnet sie zur Gründerin einer Weltfirma werden lassen, in einer Zeit, in der es noch weniger als in unserer üblich war, daß eine Frau eine berufliche Karriere machte? Kinder, Küche, Kirche waren die Aufgabenfelder der Frau; ein Beruf dann, wenn er zum Broterwerb nötig war. Und Margarete Steiff war nicht nur eine Frau, sie war auch durch eine Lähmung behindert. Einfach zu sagen, Margarete Steiff hätte eben die richtige Idee zur richtigen Zeit gehabt, wäre zu einfach. Denn bei den meisten wäre diese Idee nie über den engen Rahmen der Nähstube hinausgekommen, sie hätten eben ein paar Dutzend Elefäntle – vielleicht auch ein paar Hundert – produziert und mehr nicht. Es muß schon etwas ganz Besonderes, etwas Einmaliges in dieser lebenstüchtigen Frau gesteckt haben, die trotz ihrer Behinderung nie resignierte, kein Selbstmitleid zuließ, sondern ihr Leben energisch anpackte.

Tony Schumacher

Was mein einst war

Tony (von) Schumacher wurde am 17. Mai 1848 als Tochter des Generalleutnants von Baur-Breitenfeld geboren. Sie war eine Großnichte Justinus Kerners. Tony Schumacher, die mit dem Geheimen Hofrat von Schumacher verheiratet war, starb 1928 in Stuttgart. Zu Lebzeiten und in den dreißiger Jahren genoß Tony Schumacher eine beträchtliche Popularität als Autorin romantischer, aus heutiger Sicht oft sehr betulich wirkender Erzählungen, die besonders als Lektüre für junge Mädchen beliebt waren.

Der folgende Ausschnitt aus ihrem Memoirenband „Was mein einst war. Erinnerungen aus späteren Jahren" zeigt einen Ausschnitt aus dem Leben Tony Schumachers als junges Mädchen.

In den kommenden Wochen war, wie schon öfter, bei unserem Kranken eine Besserung insofern eingetreten, als die Schmerzen ohne künstliche Mittel nachließen. Und es waren wonnenvolle Tage, die wir drei noch zusammen genossen, denn auch meine Schwester war inzwischen wieder leistungsfähig geworden. Wir saßen beieinander und plauderten am liebsten von alten Zeiten. Meine Schwägerin hatte ein Klavier gemietet, und noch einmal spielte ich ihm die alten Weisen, und ich mußte singen, auch den „Allerseelentag" und was es sonst noch war von einst, und ich war beglückt, obgleich es mich innerlich weinen machte, wenn ich dann und wann einmal noch seine liebe, jetzt ach so schwache, heisere Stimme neben mir hörte. Gerne machte mein Bruder auch dann und wann ein Spiel, und die sehr liebenswürdige Fürstin Mestscherski widmete dem Kranken darin manche Stunde. Wußte ich Alfons versorgt, so verkehrte ich währenddessen mit deren Tochter, der sehr netten Dina Mestscherski und ihrer äußerst liebenswürdigen Erzieherin Miß Hull, einer Engländerin. Die kleine Prinzeß erinnerte mich ungemein in ihrer lebhaften, weltgewandten Art an meine Agnes, mit der ich in stetem Briefwechsel stand.

Ein Fest für uns drei war auch immer, wenn Nachrichten von daheim kamen. Mit dankbarer Liebe hatten meine Eltern die Schwiegertochter in ihr Herz geschlossen, und dieser, im Leben ziemlich an Liebe arm Gewesenen, tat die Herzenswärme, mit der die alten Eltern sie aufgenommen, wohl. Wir lasen die Briefe immer zusammen, enthielten sie doch auch so viel des Interessanten aus der Heimat. Am 18. Januar war ja die Kaiserproklamation in Versailles, und als durch ganz Deutschland am 28. Februar das ersehnte, herrliche Wort schallte: „Friede! Friede!" da jubelten auch wir mit. Ich nehme ein Stück von Mutters Brief heraus, welcher die am 8. März in Stuttgart gewesene große Illumination schilderte:

„Er und ich" –
das Ehepaar Schumacher

„... Die ganze Stadt bis in die kleinsten Gassen und Winkel strahlte in einem Meer von Lichtern, und auch wir Alten waren hingefahren, um uns dieses Fest mitanzusehen. Am ergreifendsten waren wohl die Bestrebungen der kleinen und armen Leute, auch mitzutun, und die Art, wie sie ihre Blechleuchter und ihre Stallaternen und ihre Küchenampeln hinausstellten und hinaushängten, war herzrührend. Und dieses Wogen in den Straßen, dieses Hurrarufen, Jubeln und immer wieder Singen der Wacht am Rhein: das war einfach überwältigend. Aber überwältigend war auch das Gedränge in manchen Straßen, so daß man manchmal in wirkliche Lebensgefahr geriet. Als unsere Marie Scholl in der ohnehin engen Schulgasse sich durchwand, um auf den Markt zu gelangen, drängte sich zu allem andern hin noch ein Fuhrwerk durch die Menschenmenge. Niemand konnte zurücktreten, weil die Häuser meist geschlossen waren, und der Lieben ging es fast ans Leben. Sie behauptete nachher, sie habe schon ordentlich ihre Rippen krachen hören. Da erblickte sie als Rettungsanker über sich einen Metzgerhaken, an dem gewöhnlich Fleisch aufgehängt wurde. Sie gab sich einen Schwung und erfaßte den Haken mit den Händen, das war ihre Rettung, denn so kam sie mit dem Oberkörper und damit über die Gefahr glücklich hinaus ..."

Das Frühjahr nahte und die Kinder im Hotel brachten dem „Herrn in dem Rollstuhl" die ersten Schneeglöckchen und Leberblümchen.

Das freute ihn, er hatte Blumen so gerne. Wir hatten schon den kühnen Plan, mit ihm am nächsten, sonnigen Tage eine Spazierfahrt zu machen. Sprachen wir aber davon, so wurde er ganz stille, und einmal sagte er: „Ich glaube nicht daran!" Und der Glaube an eine bleibende Besserung, den wir so gern, ach so gerne weiter gehegt hätten, entschwand auch wieder vollständig, als im März plötzlich ein ganz furchtbarer Rückschlag des alten Leidens kam, der seine Kräfte derart erschütterte, daß wir nur wünschen konnten: „O Herr, mach ein Ende!" Die Tage, welche nun folgten, waren so unsagbar schwer, daß, wie wir nachher hörten, etliche Fremde aus dem Hotel in der benachbarten Kirche Messen lesen ließen, damit der liebe, arme, stets so freundlich gewesene Herr doch erlöst werde. Gerade wieder in dieser Zeit mußte meine Schwägerin liegen. Er vermißte sie auch nicht sehr, denn sein Geist war in der meisten Zeit nun nicht mehr frei. Auch gesprochen hat er sehr wenig, nur seine Augen, die lieben, treuen, blauen Augen sahen mich oft so hilfeflehend an, so daß ich wußte, er habe es gerne, wenn ich bei ihm war. Meine Eltern sehnten sich, kommen zu dürfen, um den Sohn noch einmal zu sehen, aber wir zögerten mit dem Ruf an sie, wegen der Möglichkeit eines längeren Bleibenmüssens in Würzburg. Dann aber mußte es sein. Viele Nächte bin ich an seinem Bett gesessen, immer in Gedanken, das Letzte nicht zu versäumen. Es war ein furchtbarer Kampf, den der arme, eben

Blick auf Würzburg

im innersten Mark so ganz besonders jugendkräftige Mann auskämpfen mußte. Und mitten hinein kamen dann die lieben Eltern. Es war die letzte der mancherlei schweren Fahrten, die sie zu dem geliebten Sohn hatten machen müssen. Ich hatte versucht, Alfons darauf vorzubereiten, aber nur in seinen Augen war etwas wie ein Aufleuchten, die Glieder waren gelähmt. Aber eine gewisse Unruhe bemächtigte sich doch seiner und er blickte beständig nach der Uhr. Die lieben Alten kamen herein, angstvoll und erschüttert und gewärtig, daß der Sohn sie nicht mehr erkennen werde. Aber wer weiß etwas von den innersten Vorgängen eines schon halb gelösten Geistes? Da standen sie zum letztenmal vor ihrem Sorgenkind! Vater streichelte ihm die abgezehrten, bleichen Hände und Mutter schluchzte: „Mein Bub, mein Bub!" Mutters einziges Sehnen war: hatte er seinen Gott ge-

Würzburg: Alter Kranen und Festung

funden? War ihm dieser nahe? ... Da erhob der Sterbende mühsam ein wenig den Arm, und mit dem Zeigefinger feierlich nach oben deutend, heftete sich sein Blick fest auf das Antlitz der Mutter:

„Den Weg, den du mir so oft gewiesen, o Mutter, er war der richtige und ich habe ihn durch tiefe Tiefen gefunden!" ... Dies wurde nicht mit Worten ausgesprochen, aber es war uns allen so klar, daß es so gemeint war, wir durften so felsenfest daran glauben, so daß diese letzte Stunde von meinem über alles geliebten Bruder mir heute noch in hehrster und heiligster Erinnerung ist!

Wir haben ihn nicht mit uns in die Heimat genommen, die ihm ja keine mehr gewesen, sondern haben ihn auf seinen Wunsch hin auf dem Würzburger Friedhof zur Ruhe gebettet. „Laßt mich einmal da liegen, wo ich sterbe, – ich will nicht noch im Tode spazieren gefahren werden", hatte er des öfteren in seiner ihm eigenen Art ausgesprochen.

Seine Frau, die nachher sagte: „Das war das einzig glückliche Jahr in meinem Leben, wo ich einem solch treuen Menschen sein Ein und Alles sein durfte!", siedelte nun zu ihrer Schwester Hirschberg, die nebst ihrer Familie ihrem Herzen nahestand, nach München über. Meinen Eltern nahm sie das feste Versprechen ab, mich ihr künftig mindestens für einige Wochen jedes Jahr zu überlassen. Das Band, das uns umschlang, war ein unzerreißbar inniges geworden!

So wie die Eltern und ich jetzt nach dem Lebensabschluß dessen, der jahrelang der Mittelpunkt unseres Denkens war, nach Ludwigsburg zurückkehrten, so war auch nun für mich eine feste Rückkehr ins Vaterhaus und ins Leben der Vaterstadt selbstverständlich.

Im Politischen war augenblicklich ein Stillstand eingetreten. Die meisten Regimenter mußten vorerst noch zur Besetzung in Frankreich bleiben. Mein Schwager Molsberg stand in Reims, und wer beschreibt das Glück meiner Schwester, als ein Telegramm kam: „Habe für einige Tage Urlaub und werde morgen bei Euch sein."

In früher Stunde, meine Schwester wollte eben zur Bahn eilen, ging die Tür auf und der Ersehnte war da. Was in solchen Stunden empfunden wird, läßt sich mit Worten ja nicht beschreiben. Es gab auch da zuerst keine Worte. Nur nach und nach, als wir uns alle zusammengefunden hatten und um den lieben, runden Familientisch im Eßzimmer saßen – Elle dicht angeschmiegt an ihren Vater, auf der andern Seite Elisabeth, die selbstverständlich am diesem Tag in keine Schule geschickt wurde –, da lösten sich die Zungen, und es wurde gegenseitig gefragt und erzählt, und immer wieder erzählt, und glückselige Blicke wurden gewechselt: „Ja, bist du denn da? Ist's denn wirklich war, daß wir dich wieder haben?" Und dazwischen wurde auch noch dem rasch festlich gestalteten Essen wacker zugesprochen, denn die Fahrt war lang gewesen und Speisewagen gab's damals noch nicht. Wie groß die überstandenen Gefahren besonders vor Paris gewesen, das erfuhr man jetzt erst so gründlich, – und inniger Dank gegen Gott erfüllte uns alle. Gar schön kam hier meines Schwagers großes Talent fürs Zeichnen zur Geltung: Zu seinen Erzählungen könnte er uns erläuternd seine Zeichenbücher vorlegen, in denen er fast an jedem Tage und in jedem Orte, wo er sich in Frankreich befand, schnell eine Skizze entworfen. Diese Tagebücher sind wohl einzig in ihrer Art und von großem, bleibendem Werte.

Die Spitäler, welche unter meines Vaters Leitung standen, wurden jetzt nach und nach leer, sei es, daß Verwundete und Kranke als geheilt entlassen werden konnten oder daß die länger Leidenden zum Wechsel in andere Spitäler gebracht wurden oder aber, daß auch hier der Tod Raum schaffte.

Der Frühling zog ins Land und wie viele hatten das Gefühl, daß er noch nie so schön wie heuer gewesen sei, wenn er auch an und für sich gar nichts Besonderes mit sich brachte. Aber so reich hatten die Bäume gewiß noch nie geblüht, so freundlich blau war der Himmel noch nie gewesen, so köstlich war noch nie das Hinausspazieren auf die grünenden Fluren wie jetzt mit den befreiten Herzen, in denen die Erwartung zitterte nach denen, die nun endlich heimkommen durften, und für deren Empfang in Stadt und Land, im Schloß und in dem kleinsten Hause gearbeitet wurde.

„… Sie kommen, sie kommen! Am 29. Juni soll großer Einzug aller Truppen in Stuttgart sein und dann marschieren die Unserigen hier ein!" so jubelten die Ludwigsburger und wir mit. Und wer Hände hatte, sich zu regen, der nähte schwarzweißrote oder schwarzrote Fahnen, der wand Kränze und Girlanden oder band kleine Sträußchen für die Knopflöcher der Heimkehrenden. Schonungslos wurden Gärten und Gewächshäuser geplündert, keine Blume war zu köstlich und zu schön, um nicht gepflückt zu werden. Die Schulen hatten frei, um im Walde Moos, Efeu und vor allem Eichenblätter zu holen, und wer extra schön schreiben konnte, der verwendete diese Kunst für irgendeinen poetischen Willkommgruß.

Im Saale des Sanitätsvereins waren nun Leinwand, Nähmaschine und Arbeitskörbe weggelegt, und die langen Tische bedeckte frisches

Grün, das zum Schmuck der Häuser unter dem Gesang fröhlicher Lieder von uns zu Kränzen gewunden wurde. (...)

Der 29. Juni brach an. Zuerst, zu aller Jammer, mit Regen, aber bald klärte sich der Himmel auf. Und nun begann ein geschäftiges Treiben, wie man es noch nie in der Stadt erlebt hatte. Überall wurde an den Häusern gehämmert und geklopft, Leitern wurden angelegt, um den Schmuck anzubringen, und Tücher und Teppiche wurden hinausgehängt, gleichviel, zu was sie sonst dienten, um alles nur recht bunt und fröhlich aussehend zu machen. Von den naheliegenden Dörfern strömten die Menschen herein, und die Kinder übten in den Schulen noch zum letztenmal ihre patriotischen Gesänge.

Auch wir hatten daheim viel zu richten, denn die Königinmutter Pauline nebst ihrer Tochter, Prinzessin Katharina von Württemberg, die in dem etwas abgelegenen Schloß von Ludwigsburg nichts gesehen hätten, hatten sich angesagt, den Einzug von unserer, sehr günstig gelegenen Wohnung aus anzusehen. Da sollte auch von innen alles in schönstem Schmuck prangen. Tagelang vorher hatte ich mit Hilfe der Mathildenstiftskinder schon rote Papierrosen gemacht, die sich in den Efeu- und Immergrünranken, die wir um die Säulen unserer altertümlichen Treppe wanden, sehr gut ausnahmen. Es war an und für sich schon eine Freude und Ehre, die Königin bei uns zu empfangen.

Mein Vater war morgens nach Stuttgart gefahren, um als Mitglied der Kammer der Standesherren sich auf einer Tribüne beim Schlosse den dortigen Truppeneinzug mitanzusehen. (...)

Sobald der Zug vorüber war, eilte mein Vater, um noch rechtzeitig nach Ludwigsburg zu kommen. Dort waren vom Stuttgarter Tor an Spaliere von den eroberten französischen Kanonen gebildet. Das Tor selbst war als Triumphpforte sehr geschmackvoll mit Fahnen und Inschriften verziert. Dann kamen Tribünen, weiter abwärts standen die bürgerlichen Kollegien, der Sanitätsverein, Festjungfrauen, Turner, Feuerwehr und altertümlich gekleidete Handwerker. Um 3 Uhr fuhr Ihre Majestät mit der Prinzessin sowie dem Hofstaate bei uns vor. Meine Schwester und ich sowie die Kinder blieben zuwartend im Salon oben. Die kleine Helene war sehr stolz, den Damen einen Strauß überreichen zu dürfen, während die verständige Ältere den Kaffee auf einem silbernen Tablett anbieten durfte.

Fast in derselben Ordnung wie in Stuttgart zogen die hiesigen Garnisonsangehörigen ein. Brigadegeneral von Hügel, der von den fürstlichen Damen mit einem bereitgehaltenen Lorbeerkranze geschmückt wurde, dankte, indem er ein Hoch auf das Königspaar ausbrachte, das weithin mit lauter Begeisterung erwidert wurde. Auch mein Schwager, dessen Ulmer Batterie ja nicht zur Ludwigsburger Garnison gehörte, kam von Stuttgart noch zur rechten Zeit zum Ludwigsburger Einzuge. Nachdem die fürstlichen Gäste sich verabschiedet hatten, wurde noch schnell alles für die Beleuchtung des Hauses gerichtet. Und am Abend wogte eine Menschenmenge durch die Straßen, die womöglich noch begeisterter war als beim Friedensfeste. Den Höhepunkt aber erreichte die allgemeine Stimmung, als auf dem Marktplatz die Gesangvereine zu singen anhuben: „Nun danket alle Gott" und immer weiter anschwellend, bis in die entferntesten Straßen hinaus der Lobgesang erscholl.

Aber ein Etwas war vorhanden, ein Dämpfer des übergroßen Glückes. Das kam aus den da und dort dunklen Fenstern, aus den geschlossenen Läden einzelner Häuser, aus den stillen, ach so totstillen einzelnen Wohnungen, in die niemand zurückkehrte. Das alte Ehepaar Leube soll sich in diesen Stunden in das hinterste ihrer Zimmer zurückgezogen haben, und auch da hörten die todwunden Herzen noch zu viel von dem Jubel und Glück der andern. Daß ihr Einziger sein bestes Teil zu all den Siegen, über die man sich heute freute, beigetragen hatte, das vermochten die armen, verwundeten Herzen damals noch nicht als Linderung zu erfassen.

.... Nach dem Frieden wurden nun auch die französischen Gäste nach und nach wieder in ihre Heimat befördert, und wenn auch die meisten sich darüber freuten und manche sich heiß nach ihrem Vaterlande sehnten, so hatten sich andererseits in den langen Monaten doch auch wahre Freundschaftsverhältnisse zwischen vielen Ludwigsburgern und den Rothosen angeknüpft. Mensch zu Mensch! Wenn auch einer

Das Schloß zu Ludwigsburg

der Rabiatesten im Spital am Weihnachtsfeste gesagt hatte: „Nix Frieden zwischen uns!“ als er die Worte: „Friede auf Erden“ an der Wand gelesen hatte, so schmolz doch auch bei ihm das bittere Gefühl dahin, als er die Gaben unter dem leuchtenden Baume sah. Vollkommen menschlich war es, als bei der Abfahrt der Fremden die Wagenfenster nicht ausreichen wollten für all die Hände, die sich noch herausstreckten zum Abschiednehmen. Als sich aber einer der letzten Züge in Bewegung setzte und aus allen Fenstern ein: „Adieu! adieu!“ oder ein „au revoir! au revoir!“ oder: „mille remerciements!“ ertönte, da

Schloß Monrepos bei Ludwigsburg

sah ich einen einheimischen Brezelbuben, der dem Zug laut aufschluchzend noch nachlief, um einem alten Zuaven, mit dem er Freundschaft geschlossen hatte, zu winken, bis er ihn nimmer sehen konnte. Und bitterlich weinend sagte er nachher: „I han halt mein Abdallah so arg gern g'het!" ....

Von den folgenden Jahren habe ich im ganzen nicht viel Interessantes zu berichten. Das ganze Leben war nach und nach wieder in ein ruhiges Geleise getreten. Handel und Wandel nahm einen nicht geahnten Aufschwung. (...)

Der Verkehr mit den Geschwistern, welche richtig wieder in der Nachbarschaft eine Wohnung gefunden, war reger als je, und die zwei heranwachsenden Mädelchen – Elle war nun 6, Elisabeth 9 Jahre alt – liefen hin und her, brachten Puppen oder Aufgaben, erfreuten immer mehr mit ihrem herzigen Singen und waren der tägliche Sonnenschein für die Großeltern.

Da die Zeit der großen Ereignisse nun vorüber war und mein Leben in ruhigeren Bahnen sich bewegte, so bleibt mir nur noch übrig, einzelne Erlebnisse noch zu erwähnen, welche mein Inneres oder Äußeres oder beides zusammen bewegten. Zu den letzteren gehört die Schilderung von dem, was unsere liebe kleine Elle uns war und uns nach ihrem frühen Hinscheiden in der Erinnerung bleiben wird.

Elisabeth, mein Liesele, war nun ein echtes Schulmädel mit all dessen mehr oder weniger anmutenden Eigenschaften. Lieb, fleißig, gewissenhaft, ein schlank aufgewachsenes Dingelchen, war sie noch immer mein Liebling, ja, ich konnte sogar manchmal eifersüchtig für sie werden, wenn in der Familie oder bei den Freunden Elle nun bevorzugt wurde. Und doch verstand ich es gut. Die Kleine hatte wirklich einen großen Reiz. Gleich von Anfang an war es ein fröhliches, sonniges Geschöpfchen, immer vergnügt und zufrieden und freundlich gegen jedermann. Der Ausdruck ihres Gesichtchens war zwar ernst, Haare und Augen dunkel, die Züge, wenn sie nichts sprach, sinnend und denkend wie schon als ganz kleines Kind. Aber wenn sie freundlich lächelte, da zeigten sich zwei

Grübchen in ihren runden Bäcklein, die Augen leuchteten so voll Liebe und Glück, daß der Anblick allein wirklich schon ein herzerquickender war. Das Kind war auch kerngesund und voller Leben und Bewegung. Seine kleinen Aussprüche waren drollig und eigenartig. Oft, wenn das aufgeweckte Dingelchen unter anderen Kindern war, auch mit den Altersgenossinnen der Schwester, und wir beobachteten die Spiele und hörten dem Geplauder zu, so konnte Elisabeth neidlos, voll Stolz für das Schwesterlein, nachher sagen: „Unsere Elle ist das kleinste und doch das klügste von uns allen!"

Schon in frühester Jugend machte sich ein Tätigkeitstrieb bemerkbar, ein Helfen-wollen und ein Sich-in-andere-hineindenken-können. (...)

Die Kleine war bei alledem aber durchaus nicht fehlerlos, dazu war sie viel zu lebhaft und ausgeprägt in ihrer Eigenart. So warm, ja leidenschaftlich ihr Herzchen lieben konnte, so bestimmt waren ihr auch gewisse Personen zuwider. Auch ihr merkwürdiges und frühes Zufriedensein mit allem lag eigentlich nicht in ihrer Natur. Es wirkte deshalb um so überraschender, wenn die heiße Kinderstirn sich oft so rasch wieder glättete, die zum Schlag aufgehobene kleine Hand sich zurückzog, den sprudelnden Entgegnungen schnell ein liebes Wort folgte.

„Man muß ja!" hatte sie schlicht und kurz auf eine diesbezügliche Bemerkung gesagt. Und es

war merkwürdig, wie dieses „man muß" all seine fröhliche Harmlosigkeit beherrschte. Nicht direkt in ihm liegend, sondern frühe schon errungen war auch ihr Sätzchen: „Wenn's ist, so ist's!" Bei zerstörten Plänen, wenn etwas in die Quere kam, wenn ihr ein Spielzeug zerbrochen worden und dergleichen, so sagte sie so, aber nie sofort und rasch, sondern nach einem kurzen Besinnen, nachdem ein Schatten über ihr Gesichtchen gelaufen, aber dann: „*War's wie's war!*" und ihre Laune blieb eine frohe. (...)

Wie sonnig und erfrischend das Wesen der Kleinen war, beweist, daß sie zu verschiedenen Malen zur Erheiterung von Alfons begehrt wurde.

„Wenn meine Elle da wäre, wäre ich nicht so bedrückt", schrieb dieser einmal, und als meine Schwester die Kleine für ein paar Tage wirklich hinbrachte, da erfaßte die damals erst Dreijährige schon die Aufgabe, die ihr gestellt wurde. Sie, die im ganzen nicht sehr viel Worte machte, erzählte dem Onkel lange Geschichten, holte ihm herbei, was er brauchte, streichelte seine lahmen, in Decken gehüllten Knie oder drückte einen Kuß darauf, und die kleine Gestalt neben dem Rollstuhl ist uns unvergeßlich. (...)

Elle kam im Mai in die Schule und es war ihr besonders wichtig, lesen und schreiben zu lernen. Noch ehe sie die großen Buchstaben konnte, schrieb sie mit dem, was sie wußte, kleine Briefe ohne Wörterabsatz, aber voll des herzigsten Inhalts.

Im Sommer war ein heftiges Gewitter, Elle war gerade bei uns hüben und Großmama und ich wunderten uns, wie ruhig und unbekümmert sie heute bei den heftigsten Donnerschlägen war, während sonst das Blitzen und Donnern sie erregte und ängstlich machte. Wir hatten sie eifrig an ihrem Tischchen kritzeln sehen und unsere Herzen wurden warm und bewegt, als wir nachher auf dem Gesimse ein Zettelchen fanden mit folgenden Buchstaben: „librgodbeschizmich" – „Lieber Gott beschütz mich!" Jetzt noch, nach so vielen Jahren, wenn ich das in meinem Gebetbuch liegende Zettelchen ansehe, so beschämt und ermutigt mich diese Glaubenszuversicht des lieben Kindes.

Der Sommer 1872 war heiß und drückend. Es gab viele Kranke, und in Ludwigsburg griff die Ruhr um sich. Ich selbst litt damals an Bleichsucht und mußte eine Kur trinken. Um nicht allein zu sein, gab man mir zu meinem Morgenspaziergange das Elle mit, deren Schule ja erst um neun begann. Wir gingen meist in den Schloßgarten. In den Kastanien- und Obstbaumalleen war es so köstlich kühl. Auch ich war ja noch jung, Elle pflückte Blumen in den Wiesen. Wir machten Sträuße und Kränze und liefen dann aber auch wieder ganz regelrecht Kur, plauderten und erzählten einander. Wir unterhielten uns prächtig, und bei beiden hatte es den gewünschten Erfolg, die Morgengänge in der erquickenden Luft gaben bessere Farben und wieder ein frischeres Aussehen.

Unter den wenigen Menschen, denen wir so früh begegneten, war es regelmäßig ein Kinderhäuflein, das uns anzog. Ärmlich gekleidete Knaben und Mädchen im Alter von zwei bis fünf Jahren, unter der Obhut und Aufsicht eines siebenjährigen Schwesterchens, der Ältesten. Sie gehörten einem Aufseher in der Nähe. Das Brot war knapp in der Familie, die Mutter leidend, daheim gab es noch zwei „ganz Kleine", da war es eine Wohltat, wenn das Trüppchen des Morgens auszog und es für ein paar Stunden leer im Hause wurde.

Elle, welche die Kinder vom ersten Tag an interessiert hatten, schloß gar bald warmherzig, wie sie war, mit allen Freundschaft. Sie zeigte ihnen ihre „Puppenhelene", die sie meist bei sich hatte. Die kleinen Mädels durften sie auf den Arm nehmen und den Buben schenkte sie Schneller und Karline, der ältesten, kleine Büchlein und Bilder. Ein großes Anliegen und Sorge war ihr, daß die Kleinen beständig unreifes Obst aßen, selten sah man eines ohne einen grasgrünen Apfel in der Hand und zwischen den Zähnen, und ich hatte Karline schon mehrmals gemahnt, es nicht zu leiden. Aber, du liebe Zeit, das kleine Mädchen wußte es selber nicht besser, und dann war's ja wohl auch eine Ergänzung des gewiß nicht reichlichen Frühstücksbrotes daheim. Von da an sparte sich Elle täglich einen Teil ihres Frühstücks ab, die Mutter gab auch dazu, und es war eine große Wichtigkeit, das nachher richtig unter all die kleinen, hungrigen Mäulchen zu verteilen. Wenn eines der Kinder dann je noch ein unreifes Obststückchen in der Hand hielt, so nahm sie es schnell weg, drückte ihm dafür eine Semmel oder ein Hörnchen hinein und sagte mit ihrem lieben, lustigen Schelmengesichtchen: „Da, was Gutes für was Schlechtes!" Ich empfinde es noch, dieses warme Wort samt dem ganzen, herzgewinnenden Ausdruck, mit dem sie es sagte.

„Meine Kinder!" nannte sie Elle von da an, und es beschäftigte sie nun beständig die Frage: „Was nur kann ich ihnen morgen bringen?" – Die „Puppenhelene" mußte nun ein bißchen in den Hintergrund treten vor den Schürzen und Tüchlein, die sie mit Hilfe ihrer Kindsjungfer, der geliebten Julie, nähte, und es war ein glückseliger Morgen, als wir mit den fertigen Sachen – für jedes ein Stücklein –, unser Päckchen im Arm, dem Schloßgarten zueilten. Wo waren aber die Kinder, die sonst schon gewartet hatten? Da kamen die zwei jüngsten, Fritz und Berta, angetrottelt. Sie hatten sich an der Hand gefaßt, und auf unsere Frage nach den andern sagte das kleinste: „Daline muß daheim bleiben!" und das andere setzte ergänzend dazu: „Marie und Wilhelmle krank, so arg Wehweh!"

Mir war die Sache unheimlich, um so mehr, da die Seuche bedenklich um sich griff; erst gestern war eine liebe Bekannte von uns ganz plötzlich nach kurzer Erkrankung daran gestorben. Und so leid mir die zwei kleinen, verlassenen Geschöpfe taten, ich ließ sie mit einer verabfolgten

Brezel in der Hand stehen und schlug mit Elle rasch einen andern Weg ein. Das Kind war erregt und wollte sich lange nicht beruhigen lassen.

„Warum gehen wir fort, warum lassen wir sie allein? Wir wollen sie besuchen, es sind doch meine Kinder. Ich will nach ihnen sehen, wenn sie Wehweh haben!" So ging es in einem fort, auch noch zu Hause und in den nächsten Tagen, wo Regenwetter eingetreten war und wir nicht spazierengehen konnten. Meine Schwester hatte das Päckchen mit den genähten Sachen hingeschickt und noch andere Dinge und den Bescheid erhalten, die Kinder hätten die Ruhr. Auch Karoline und das ganz Jüngste seien heute erkrankt. Wir veranlaßten eine Pflegeschwester, daß sie sich der Familie annahm und für Krankenkost und Wein sorgen sollte. Aber Elle trieb die Sache beständig herum.

„Was ist Ruhr, Tantchen?" – „Tut es sehr weh?" – „Haben sie's von den unreifen Äpfeln bekommen?" – „Soll ich ihnen meine Puppenhelene schicken?" Solche Fragen stellte sie den ganzen Tag, und es war uns deshalb doppelt peinlich, als kurz darauf die Krankenpflegeschwester vor ihr berichtete, daß zwei der Kinder, der Wilhelmle und das Kleine in der Wiege, heute nacht gestorben seien. Die andern hingegen seien auf dem Wege der Besserung. Wir Großen gönnten den Geschöpfchen die Erlösung und meine Schwester sprach in diesem Sinne auch gleich zu Elle, die mit weit geöffneten Augen dastand und es nicht zu fassen schien.

„Deine Kinderchen haben es jetzt gut, die hat der liebe Gott zu sich geholt, und sie haben keinen Kummer mehr und kein ‚Wehweh'!"
„Aber dann sind sie fort und nicht mehr da", sagte diese mit bebenden Lippen. „Dafür sind sie nun auch im Himmelsland droben, in der Stadt der goldenen Gassen, und Englein spielen mit ihnen", fügte die Mutter bei.

„Werden sie froh sein?"

„Gewiß", lautete die beruhigende Antwort. „Froh und glücklich, denn sie sind ja beim lieben Heiland!" Über Elles kummervolles Gesichtchen flog ein Strahl der Erleichterung. Noch einen Augenblick war dies gewisse Kämpfen sichtbar, dann sagte sie:

„Also!" Und wir waren erleichtert, daß sie sich nachher scheinbar ganz fröhlich mit ihrer Schwester und einem kleinen Knaben unterhielt, der samt seiner Mutter zu Gaste gekommen war. Dieser Besuch und die Freude der Zerstreuung, die er mit sich brachte, war für die ganze Familie eine Erholung, denn ernster und ernster wurde die Zeit in unserer Stadt, und öfter und öfter klangen die Kirchhofglocken.

„Kommt mit uns!" sagte die Freundin, die deshalb bälder als beabsichtigt war, wieder heimreiste. Aber Amt und Beruf ihres Gatten hielten meine Schwester zurück, auch erschien uns allen eine Flucht nicht richtig. Elle hatte mit der Familie noch den kleinen Gefährten, den sie sehr liebte, mit bis an die Bahn begleitet.

„Komm bald wieder, Karl!" sagte sie. Und der

Bub rief noch zum Wagenfenster heraus: „Ich schick dir Blumen aus meinem Gärtchen, Elle!" Dann hatte sie sich an der nächsten Ecke von ihrer Mama getrennt und war in die Schule gegangen.

Mit dem Ranzen auf dem Rücken traf ich sie eine halbe Stunde nachher vor ihrem Hause, sich am Torpfeiler herumdrückend.

„Was tust du denn schon wieder da, Elle?" fragte ich und sah sie ganz erstaunt an.

„Mit ist so schlecht!" gab sie halb weinend zur Antwort, ich sah jetzt erst mit Schrecken, wie blaß und elend die Kleine aussah.

„Mir ist so schlecht!" sagte sie auch oben, als ich meine Schwester schnell verständigt und wir zusammen so rasch als möglich das Bettchen richteten, während Julie für eine heiße Wärmflasche sorgte. Keines von uns sprach ein Wort von dem, was wir fürchteten und dachten, aber jedem war der Schrecken in das Herz gefahren. Um so befremdlicher war, als Elle, die inzwischen in einer Fensternische stille gesessen und sich über etwas gebeugt hatte, bei der Aufforderung, nun in ihr warmes Bettchen zu gehen, sagte:

„Gleich, ja, aber laß mich noch geschwind mein Puppenkleidchen fertig nähen. Weißt Mama, nach der Ruhr kann man das nimmer!" setzte sie in sehr festem Ton hinzu.

Wie uns dies Wort in die Seele drang.

„Liebling, du hast nicht die Ruhr, sondern du hast dir nur den Magen verdorben", sagte meine Schwester ihr und sich selbst zur Beruhigung.

Aber das Kind schüttelte den Kopf und ließ sich dann still auskleiden und einbetten.

Aber es sollte nicht lange Ruhe haben, denn die Krankheit brach sofort mit Macht los, und sie wütete so stark und unaufhaltsam, daß wir schon am Abend des zweiten Tages wußten, daß die Seele des Kindes der ewigen Heimat zueilte.

„Ich muß!" Das Leidenmüssen trat mit grimmiger Macht heran, es stieg zum Höhepunkt in dem stundenlangen Rufen: „Mama hilf, o hilf!" Es drückte seinen Siegel auf in dem immer blässer werdenden, zerfallenden Gesichtchen, in dem raschen Hinschwinden der Kräfte. Aber auch ein anderes Gepräge kam mehr und mehr zum Vorschein. Das leuchtete aus den großen, dunklen, sich vergeistigenden Augen, es lag in dem namenlos ernsten Zuge um den Mund. Das Sterbenselend stieg zum äußersten! ... Was gab der kleinen Seele da die Kraft, nochmal mit dem ganzen, bezwingend lieblichen Ausdruck wie einst der weinend am Bette knienden Mutter zu sagen:

„Nicht betrübt sein ... dann!"

Und was war es, ganz zuletzt mitten in der Nacht, als wir alle schon glaubten, es sei vorüber, als Kämpfen und Leben erschöpft zu sein schien? Da richtete sich das Kind mit ungeahnter Kraft plötzlich jäh von selber in die Höhe, die Augen strahlten in einem Glanze, der sich nicht beschreiben läßt, und der liebe, kleine Mund sagte in unsagbar geheimnisvoller Weise:

„Der Heiland kommt!" …

Heute noch hege ich den Wunsch, daß alle, die nicht glauben können, daß es einen Gott gibt, der in den Schwachen mächtig ist, bei diesem Sterben hätten sein können.

Zwei Tage darauf, am Begräbnistage, stand unten an dem Haus ein Häuflein Kinder. Sie hatten schwarze Tüchlein umgebunden, und die Älteste weinte bitterlich in ihre Schürze. Fritz und Berta aber sahen mit großen Augen wie alles gemacht wurde, und die Kleine sagte:

„Guck auch, alle die schönen Blumen gehören jetzt dem Elle, und wenn sie in den Himmel kommt, gibt sie dem Wilhelmle und dem Kleinsten auch davon, weißt, die gibt einem von allem!"

Es war unter den vielen Blumenspenden auch ein ganz schlichtes, unscheinbares Sträußchen gewesen, ungefüge zusammengebunden. Das war den Tag vorher in einer bunten Pappschachtel angekommen, und mit großer Kinderhandschrift stand dabei auf einem Zettel:

„Blumen aus meinem Gärtchen für Elle!" Der kleine Karl hatte sein Versprechen nicht vergessen, aber wer hätte ahnen können, daß die Blümchen ein allerletzter Gruß sein sollten.

Meine Schwester versuchte treulich in heißem Ringen nicht „zu betrübt" zu sein, und wenn es ihr gelang, so gab ihr nächst Gott das Wort des Kindes die Kraft dazu. Die Wittmerschen Kinder aber waren ihr und mir ein Vermächtnis – mir vielleicht noch mehr, denn ich hatte alles miterlebt.

Isolde Kurz

Letzte Tage in der Heimat

Isolde Kurz ist die Tochter des schwäbischen Erzählers Hermann Kurz. Sie wurde am 21. Dezember 1853 in Stuttgart geboren. Nach dem Tode des Vaters schon früh auf sich selbst gestellt, lebte sie lange Jahre bei ihrem Bruder Edgar in Italien, insbesondere Florenz wurde ihr zur zweiten Heimat. Isolde Kurz gehört zu den bedeutendsten lyrischen Dichterinnen Deutschlands. Auch als Verfasserin von Novellen und Erzählungen erwarb sie sich bald einen Namen, wobei vor allem die

Schärfe der Beobachtung und die ausgereifte psychologische Darstellung überzeugen. Ihren seinerzeit sehr populären Vater hat Isolde Kurz – gemessen an der literarischen Bedeutung – weit hinter sich gelassen.

Ein Beispiel für den oft recht unkonventionellen Verlauf ihrer Kindheit und Jugendjahre liefern die folgenden Abschnitte aus Isolde Kurz' Biographie „Aus meinem Jugendland", die von dem Eigenwillen und der Eigenständigkeit schon der jungen Isolde Kurz zeugen.

Während meiner letzten Münchner Wochen rüstete sich Tübingen zur Vierhundertjahrfeier der Gründung seiner Universität durch den Herzog Eberhard von Württemberg, und die akademische Bürgerschaft plante einen großen historischen Festzug, bei dem von vornherein auf meine Teilnahme gerechnet war. Auf dem prunkvollsten der Wagen, der den Stifter der Universität samt seinen Räten trug, sollte ganz vorn die Muse als Lenkerin des Gespanns stehen, und dieser Teil des Festplans, der bei den steilen, holprigen Gassen Tübingens zu anderen Eignungen auch sportliche Sicherheit erforderte, war in der Tat ohne meine Mitwirkung nicht auszuführen. Meine Mutter übermittelte mir brieflich die Bitte der Professoren- und Studentenschaft, daß ich zu der Feier nach Tübingen komme und die Rolle der Muse übernehme. Ich verspürte zuerst wenig Neigung dazu, denn ich betrachtete meinen Abgang aus Tübingen infolge der mißlungenen Werbearbeit für das Damenschwimmen doch als eine Art Scherbengericht, und es wurde mir einigermaßen coriolanisch zumute, daß mich nun die Vaterschaft in der Not durch meine Volumnia zurückrief. Der plötzliche Entschluß, mit nach Italien zu übersiedeln, machte jedoch meine vorherige Rückkehr nach Hause notwendig. Und kaum war ich in Tübingen, so erschien im Auftrag des Ausschusses Professor Leibniz, der akademische Zeichenlehrer, der, wie ich glaube, die künstlerischen Entwürfe für den Festzug gemacht hatte, und stellte mir vor, daß ich doch nicht die Unschuldigen mit den Schuldigen bestrafen und um weniger Übelgesinnter willen den schönsten Teil des Festzuges zunichte machen dürfe, bis ich mich umstimmen ließ und Ja sagte. Die Gewandung lieferte das Stuttgarter Hoftheater, das auch an dem großen Tage eine Garderobiere herüberschickte, um mich anzukleiden. Ihre Auffassung von einem griechischen Gewand war allerdings von der meinigen so verschieden, daß mir die weiße Tunika noch am Leibe völlig aufgetrennt und umgeheftet werden mußte. Der breite Messinggürtel mit den künstlichen Edelsteinen hatte zu meinem bleichen Schrecken eine lange Schnebbe! Da blieb nichts übrig, als ihn umzukehren und die Schnebbe nach oben zu richten, was, wenn auch nicht einer antiken, doch allenfalls einer Renaissancemuse ähnlich sah. Das geschah unter dem Widerspruch der Garderobiere, die versicherte, alle Iphigenien trügen einen Schnebbenleib. Ein langer blauer Peplos, der an den Schultern befestigt wurde, verdeckte, was noch stilwidrig war, und die Haare schmückte ein Kranz von Lorbeer. So angetan, erstieg die Muse ihren Vorderplatz auf dem hochgetürmten Wagen und ergriff die Rosenzügel. Vier gewaltige Grauschimmel, von Pagen geführt, zogen das schwere Fuhrwerk. Auf dem Hochsitz hinter mir thronte der Fürst mit seinem Gefolge, eine jugendliche Schülergruppe kauerte zu meinen Füßen. Die Muse war die einzige, die völlig frei stand, und es bedurfte in der Tat aller Aufmerksamkeit, in der hügligen Stadt das Gleichgewicht zu bewahren, besonders als es die damals noch jäh abfallende Neckarstraße hinunterging. So kam es, daß ich am Ende von dem berühmten Festzug, an dem mir eine Hauptrolle zugefallen war, nichts gesehen hatte als die Rücken meiner Apfelschimmel und die herzoglichen Herolde und Bannerträger, die vor meinem Wagen ritten. Den Rest des Zuges mit der Gruppe der drei Flüsse Tübingens und mit all den geschichtlichen Persönlichkeiten, den Gelehrten, Schülern, Rittern, Pagen, Mönchen, Landleuten, Flößern und so weiter lernte ich erst später aus Beschreibungen und einer rohen Zeichnung kennen; Momentaufnahmen gab es damals noch keine. Auch mitten im Festjubel blieb das Philisterium sich selber gleich, denn kaum hatte ich den Fuß auf den Boden gesetzt, so beeilten sich schon geschäftige Zungen, mir neue Bosheiten zuzutragen. Aber am Nachmittag erschien die Ästhetik selbst in Gestalt

Fest zum 400jährigen Jubiläum der Universität Tübingen in Bebenhausen (1877)

Friedrich Vischers, um mir ihren warmen Glückwunsch und Beifall zu überbringen. Während draußen die Festfreude weiterlärmte, die gegen Abend in laute Trunkenheit ausartete, saß er bei Mutter und Tochter und erzählte als guter Kenner Italiens mit Begeisterung von den Dingen, die uns dort erwarteten.

An dieser Stelle sei es mir gestattet, den Manen

dieses außerordentlichen Mannes für das herzliche Wohlwollen zu danken, das er mir schon von meiner frühesten Jugend zuwandte. Was er seinen Deutschen war, braucht von mir nicht gesagt zu werden. Was er *mir* war, kann ich ohne Ruhmredigkeit aussprechen, denn es war seine Güte, nicht mein Verdienst, wenn er mich schon als Kind zu sich heranzog. Er lud mich als Zwölfjährige mit der Mutter zum Kaffee, den er selbst braute und einschenkte, ich mußte dann neben ihm auf dem Kanapee sitzen, er ließ sich meine Zöpfe aufflechten und erzählte mir Geschichten, unter andern das ganze Märchen von den Pfahlbauern, das er später dem „Auch Einer" einverleibt hat. Wäre er länger in Tübingen geblieben, so hätte ich im Heranwachsen gegen die Anfeindungen des Philistertums einen Halt und Trost gehabt. Aber ihn selber trieb die Kleinstädterei von dannen, und er zog den Lehrstuhl an der Stuttgarter Technischen Schule dem der Tübinger Universität vor, weil er dort freiere Menschen, die sich in der Welt umgesehen hatten, fand. – Als ich dann in den frühen achtziger Jahren zum erstenmal aus Italien wiederkam und ihn in Stuttgart besuchen wollte, stieß mir das peinliche Versehen zu, daß ich mir die Vormittagsstunde desjenigen Wochentags, wo er ganz ungestört bleiben wollte, um sein Kolleg vorzubereiten, in der Eile als die für Besuche willkommenste aufschrieb. Erst als ich die Klingel gezogen hatte und er selbt im Schlafrock mit einem Blatt Papier in der Hand mir öffnete, erkannte ich mit jähem Schrecken den Mißgriff. Er ließ mich aber durchaus nicht mehr entwischen, ich mußte sogar viel länger, als ich ursprünglich beabsichtigt hatte, in der bei solchem Ruhme wahrhaft ergreifenden Einfachheit seiner Gelehrtenstube ihm gegenübersitzen, und es schien ihn gar nichts zu stören als sein Schlafrock, der ihm nicht schön genug war, denn er klagte wiederholt, daß er einen viel schöneren bestellt habe und nun zu seinem Ärger vom Schneider im Stich gelassen sei, wo er ihn doch so nötig hätte, um „einen anständigen Eindruck zu machen". – Und jetzt reisen Sie ab, wo der neue Rock fertig ist? sagte er ein paar Tage später vorwurfsvoll. So rührend jugendlich im kleinsten wie im größten war und blieb er bis ans Ende. Ein paar Jahre später hielt ich mich abermals einige Winterwochen in Stuttgart auf, da ließ er sich in seiner ritterlichen Zuvorkommenheit nicht abhalten, mich fast täglich, trotz Wind und Wetter und trotz der nassen Füße, die der fast Achtzigjährige zu scheuen hatte, in meiner Pension zu besuchen. Wenn man die kleine, zarte, obschon zähe Gestalt sah, das geistig verfeinerte Gesicht mit der übermächtigen Stirn und dem abgeblaßten Veilchenblau der Augen, die noch gar nicht vertrocknete, fast rosige Haut, die sich fest um die abgezehrten Wangen legte, so mahnte das ganze Bild des Mannes ergreifend und beängstigend, daß dieses ausdauernde Gehäuse allmählich doch zu dünnwändig wurde für den Geist, der es bewohnte. Ich wurde schließlich so besorgt, daß ich ihm einen früheren Tag der Abreise nannte und mich selber um die mir noch zugedachte Zeit brachte, die nie mehr vergütet werden konnte, denn es war das letztemal, daß ich ihn mit Augen sah.

Er hatte den höchsten faustischen Lebensgipfel erstiegen, von dem aus sich die Verworrenheit der Dinge zu großen, übersichtlichen Gruppen gliederte. Dabei wehte aber keine eisige Altersluft um ihn her, es gab kein Versteifen ins Gewohnte, kein Wiederholen des längst Gedachten. Seine Gedanken entstanden im Augenblick, wo er sie aussprach, das Neueste war ihm ebenso lieb wie das Alte, wenn es einen tüchtigen Boden hatte. Vischer war ein wundervolles Beispiel des ganz großen Deutschen, der mit leidenschaftlicher Inbrunst an der Muttererde haftet und zugleich mit dem Geist durch alle Länder schreitet. Und da er alle Register in der Gewalt hatte, so quoll er auch bei den ernstesten Gegenständen von Anekdoten, Witzen, Schnurren nur so über. Seine feinhörige Sprachmeisterschaft fühlte man in jedem Wort. Er erklärte mir auch seinen dritten Teil Faust als aus dem unwiderstehlichen Zwang entstanden, in den hüpfenden, gleitenden Reimen des zweiten Teils weiterzuwirbeln; ein warnender Wink für solche, die den Urkeim eines Gedichts immer in der Idee suchen. Er wollte jedoch nicht nur geistreich sein, er wollte helfen, wirken. Er brachte Bücher, die er liebte, beriet in literarischen Angelegenheiten. Und war dabei so menschlich-ver-

Friedrich Theodor Vischer

traulich, als ob man ihm gar keine Ehrfurcht schulde.

Zu seinem achtzigsten Geburtstag sandte ich aus Florenz einen Lorbeerkranz und eine eben aufgegangene Magnolienblüte aus dem eigenen Garten, diese nach italienischer Sitte zusammengeschnürt, damit der Duft nicht vor der Zeit entweiche. In einigen begleitenden Strophen wurde der Kranz als Sinnbild der langen Ruhmesbahn, die Blume mit den stark strömenden und verströmenden Düften als Ausdruck des höchsten ausgeschöpften Augenblicks gedeutet. Er antwortete noch mit einem Gedicht, das kurz vor seinem Tode geschrieben wurde und jedenfalls zu seinen letzten gehört, wenn es nicht das allerletzte ist. Ich weiß nicht, was ich mehr darin bewundern soll, die edle, in unserer Zeit sagenhaft anmutende Bescheidenheit oder das Selbstgefühl des seltenen Mannes, der sich bewußt ist, noch am äußersten Lebensziel alle Möglichkeiten der Weiterentwicklung in sich zu tragen:

Zur Blume, die des Duftes feinste Geister
Im Kelche sammelt, spendend sie entläßt,
Zum Kranze, der, ein Schmuck für größre
  Meister,
Den Strebenden begrüßt am Greisesfest,
Läßt du aus Dichterworten mich ersehen,
In welche Tiefen deine Blicke gehen.

(Für den Druck schöner verändert: Wie ganz wir uns aus Lebensgrund verstehen.)

Die dumpfen Seelen, die gedankenschiefen,
Was wissen die von Ewigkeit und Zeit?
Den Zeitmoment zur Ewigkeit vertiefen,
Das ist es, ja, das gibt Unsterblichkeit.
Dazu ward Leben, das bringt Rat und Licht,
Bringt Reim ins ungereimte Weltgedicht.

Die letzte Zeile ist eine Anspielung auf den Schluß meines Gedichtes „Weltgericht“:

Das ungereimte Weltgedicht,
Nehmt's, wie es ist, und krittelt nicht.

Er hatte für dieses Gedicht eine besondere Vorliebe und pflegte es gleich nach seinem Erscheinen mit sich in der Tasche zu tragen und in Gesellschaften vorzulesen, wovon auch Ilse

Frapan in ihren warmherzigen Vischererinnerungen spricht. Er nahm es in Schutz gegen die heftigen Angriffe der Scheinfrommen, die nicht imstande waren, durch den Scherz hindurch die innere Pietät zu erkennen, und er schrieb mir damals nach Italien lange, launige Episteln im gleichen Versstil und mit spaßhaften Erfindungen im Geiste des „Auch Einer", die er mir als Zusätze vorschlug. Er sprach auch noch von einer italienischen Reise und dachte an ein Wiedersehen in Venedig, wo mir jetzt ein Bruder, der uns nachgezogene Alfred, lebte. Statt dessen kam so rasch nach dem Altersfeste die erschütternde Todesbotschaft. – Nach seinem Hingang schien die Welt um vieles kälter und leerer geworden, und ich mußte lange dem Rätsel nachstaunen, wohin diese gesammelte, sich immer ergießende und sich immer erneuernde Fülle und Wärme nun mit einem Male gekommen war.

Jetzt noch einmal ins alte Tübingen zurück, wo ich Mama und Josephine beim Packen und Ausräumen half. Alle leichtbewegliche Habe wie Bücher, Bilder, Wäsche usw. sollte uns nach Italien begleiten, die schweren Gegenstände blieben stehen, voran die wertvolle Biedermeiereinrichtung aus dem Brunnowschen Hause, um von den zurückbleibenden Brüdern Alfred und Erwin nach unserer Abreise versteigert zu werden. Meine Mutter trennte sich ohne Schmerz von den alten Erbstücken, weil kein äußerer Besitz ihr das geringste galt, mir aber war es ein Abschied von lieben, unvergeßlichen Freunden meiner Jugend. Die auch in ihren Beschädigungen noch köstliche Empirestanduhr mit dem schwarzen Adler, der einen mit Goldbienen besäten blauen Mantel über dem goldenen Zifferblatt mit dem Schnabel zusammenhielt, konnte ich nie ganz verschmerzen. Wer kann wissen, wohin sie geraten ist? Alles ging zu Schleuderpreisen weg, weil damals der Wert solcher Altertümer noch gar nicht verstanden wurde. Dagegen erzielte ein weggeworfener Hut meiner Mutter (wenn sie einen wegwarf, war wirklich nichts daran zu halten) einen Liebhaberpreis: er wurde von einem „Parteigenossen" erworben und als Andenken im Triumph davongetragen, wie die Brüder später launig nach Florenz berichteten.

Edgar war unterdessen erschienen, uns zu holen und von der Heimat Abschied zu nehmen. In diese letzten Wochen fällt, wenn ich mich recht erinnere, unser tolles Haschischabenteuer, an dem auch Berta Wilhelmi teilnahm. Sie war noch einmal zu Besuch nach Tübingen gekommen, jetzt ganz erwachsen und so bildschön, wie ihre Kindheit versprochen hatte. Sämtliche Brüder verliebten sich bis auf den kranken Jüngsten herunter, der sie in naivem Versgestammel feierte. Aber sie hielten durch Eifersucht einer den andern in Schach, so blieb es bei allseitiger guter Kameradschaft. Edgar war seit lange neugierig, die oft geschilderten Wirkungen des indischen Hanfs kennen zu lernen, und konnte sich als Arzt leicht eine Gabe Canabis indica verschreiben. Aber es war ein Mißstand dabei: man wußte nicht, wie gut oder schlecht das Präparat sich auf der langen Reise gehalten hatte, und davon hing doch die Wirksamkeit ab. Nach ein paar Fehlversuchen bezog er nun eine gewaltige Dosis frisch angekommenes Haschisch aus der Apotheke, und wir bestimmten die folgende Nacht zu unsrem Unternehmen. Edgar hatte ein Zimmer in dem gerade leerstehenden unteren Stockwerk inne. Berta und ich legten uns nur zum Schein schlafen; sobald alles stille war, schlichen wir zu Edgar hinunter. Ich bekam zwei Pillen, Berta eine, Alfred sollte nüchtern bleiben und die andern ärztlich überwachen; da er aber nicht ganz leer ausgehen wollte, schluckte er, was nur einem so jungen Menschen einfallen konnte, dafür eine Opiumpille, die zum Glück gar nicht wirkte. Edgar aber nahm, überkühn, wie er in allem war, die doppelte Höchstgabe Haschisch, um diesmal sicher zu gehen. Ich erwartete, auf dem Teppich hockend, in die Wunder von Tausendundeiner Nacht zu versinken, merkte aber nur, daß mein Denken sich sehr velangsamte, und dann stiegen mir ganz abstrakte jenseitige Vorstellungen auf, wofür die Sprache keinen Ausdruck hat. Plötzlich rüttelte mich Berta und flüsterte mir zu, daß sich Edgar in einem unheimlichen Zustand befinde. Ich erhob mich völlig gelassen, als ginge mich die Sache gar nichts an, und wunderte mich doch selber über diesen Gleichmut. Edgar blickte seltsam verändert, und auf meine Frage, wie er sich fühle, antwortete er: Ich bin transferiert. Dann ging er an den Tisch und machte auf dem großen Papierbogen, auf dem er seine Symptome verzeichnete, die Eintragung: Transferiert.

Jetzt kommt das Tragische, sagte er nach einer Weile mit hohler Stimme und ganz entgeisterter Miene. Keine persönliche Tragik, erklärte er, es ist das Tragische an sich, das Tragische im Abstrakten. – Sein Gesicht hatte einen bläulichen Schein, und seine braunen Haare bäumten sich über der Stirn, daß es ganz schauerlich anzusehen war. Er aber schrieb eifrig das neue Symptom nieder. Jählings wandelte sich sein Zustand aufs neue, und er rief triumphierend: Die Schwerkraft ist aufgehoben, ich kann mich ebenso leicht durch die Luft aufwärts wie abwärts bewegen. – Zur Bekräftigung sprang er auf einen Stuhl und machte seltsame Arm- und Schulterbewegungen, wie um sich durch Flügelkraft zu erheben. Als es aufwärts doch nicht ging, war er im nächsten Augenblick am offenen Fenster, das hoch auf den Marktplatz heruntersah, um es abwärts zu versuchen. Wir zwei Mädchen hingen uns an seinen einen Rockflügel, der kräftige Alfred an den andern, und als er Miene machte, sich des Rocks samt der Belastung zu entledigen, bemächtigten wir uns seiner Arme. Allmählich beruhigte er sich und bat, ihn freizulassen, da er auf der Straße Erfrischung zu finden hoffe. Alfred wurde ihm zur Begleitung aufgezwungen, der ihn nach einer peinlichen

Blick auf Tübingen von Süden

Stunde zurückbrachte; sie waren bis nach Lustnau gerannt. Ich machte inzwischen im oberen Stockwerk Mengen von Kaffee, indem ich die Kaffeemühle unter dicken Bettdecken drehte, um Mama und Balde nicht zu wecken. Haltet mich wach, laßt mich ja nicht einschlafen, war des Patienten wiederholte Mahnung; Schlaf könnte dem Hirn gefährlich werden. – Der Gang durch die Nachtluft hatte jetzt gut getan, ein Kaffee war fertig, der einen Toten erwecken konnte, wir hielten uns alle vier vollständig wach bis zum Morgen. Aber siehe da, nach einer kalten Waschung nahm Edgar seinen Hut und begab sich ohne weiteres ins Klinikum, wo ein merkwürdiger Fall zu beobachten war, während Alfred sich todmüde zum Schlafen niederwarf und auch wir beiden Mädchen uns zur Ruhe legten.

Bei diesem letzten Tübinger Abenteuer ging auch Berta zum letztenmal durch unser Leben. Unter den aufständischen Zuckungen, die damals durch Spanien liefen, geschah es bald danach, daß in Granada an Stelle des abgesetzten Gouverneurs das schönste Mädchen der Stadt bei einem großen Stiergefechte den Vorsitz führen sollte. Die Wahl fiel auf Berta. An diesem weithin sichtbaren Platze sah sie ein Angehöriger des ältesten andalusischen Adels und verliebte sich so, daß er augenblicklich um die junge Schönheit warb, die ihm denn auch die Hand zu einem freilich nicht sehr beglückenden Ehebund reichte. Ich besitze noch ihr Bild mit spanischem Schleier und Fächer, wie sie jenes Tages das Los ihres Lebens zog, das sie für immer an Spanien fesselte.

Die letzten Tage in Tübingen rannen mir unaufhaltsam durch die Finger. Die Stadt meiner Jugend war doch tiefer mit mir verwachsen, als ich selber wußte. Sie hatte auch für alle Zeit richtunggebend auf mein Stilgefühl eingewirkt. Noch heute, wenn ich mir eine ideale Stadt in Gedanken baue, mit solchen kühnen Terrassen, solchen überschneidenden Dächern, steinernen Treppen, Durchgängen, hängenden Gärten, steigt sie nach einem stillen Fluß hinunter. Einen schwingenderen Rhythmus als die Straßenzüge Tübingens habe ich nirgends gefunden. Dieses Anschwellen und Absinken der gepflasterten Straßen, für mich sind es die Hebungen und Senkungen und wunderbar gefühlte Zäsuren eines Gedichts. Wie in der Neckarstraße hoch über unseren Häuptern sich der Umgang der Stiftskirche, wo ihm der Raum zu eng wird, mit plötzlichem Entschlusse leicht und frei über die Straße herausschwingt, wie das schmale Mühlgäßchen sich zu jener Zeit noch mit steilem Gefäll zwischen die stürzende Ammer und die hohe, modrige Stadtmauer zwängte, während der Österberg seinen schön bebuschten Fuß bis in die Ammer herabstreckte und ein anderer stiller Garten oben von der Mauer zum Gegengruß heruntersah, das sind Züge, die nie im Geist verlöschen. Von der Mitte der unvergeßlichen alten Neckarbrücke führte eine steile Holzstiege auf den Wöhrd. An ihrem Fuße standen zwei mächtige Linden wie Schildwachen; sie gehörten mit zum Letzten, was ich an Freundschaft zurückließ, und ihnen galt mein letzter Abendgang. Wir hatten Heimlichkeiten miteinander, die sie zu hüten versprachen, bis ich wiederkäme. Leider konnten sie ihr Wort nicht halten, weil sie unterdessen gefällt worden sind. Unter ihrem Schirmdach stehend, schrieb ich in der zum Schlusse aufgestiegenen Wehmut noch ein paar Verse in mein Taschenbüchlein:

O Heimat, Heimat, vielgescholten,
Doch vielgeliebt und vielbeweint,
Seit heut die letzte Sonne golden
Für mich auf deine Hügel scheint.
Nie wollt' ich scheidend dich betrauern,

So hatt' ich trotzig oft geprahlt,
Wie nun der Schmerz die düstern Mauern
Schon mit der Sehnsucht Farben malt.

So laß uns denn in Frieden scheiden,
Von Groll bewahr' ich keine Spur.
Dein Bild soll ewig mich begleiten
Und wecke teure Schatten nur.
Und kehr' ich einst mit müdem Flügel,
Wenn meine Bahn ein Ende hat,
Dann gönne bei des Vaters Hügel
Der Tochter eine Ruhestatt.

Dann kam der Morgen, wo wir zu Fünfen in der Bahn saßen, Mama, Edgar, Balde, die treue Josephine, die uns nie verließ, und ich, um einem neuen, unbekannten Leben entgegenzufahren. Ich setzte mich rückwärts, und meine Augen saugten sich so lange wie möglich an dem wohlbekannten Stadtprofil fest. Der Kirchturm schwand als letzter um die Ecke. Die Jugendstadt versank, und die Weite der Welt, die langersehnte, tat sich auf.

Agnes Günther

Agnes Günther wurde vor allem durch ihren schwärmerischen Roman "Die Heilige und ihr Narr" bekannt. Ihr Leben war von einem schweren Lungenleiden geprägt, das sie immer wieder aufs Krankenlager zwang.

Agnes Günther wurde als Agnes Breuning am 21. Juli 1863 in Stuttgart geboren, wo sie auch ihre Kindheit und Jugend verbrachte.

Ihr Charakter, ihre Lebensart und ihre Sicht der Dinge und der Welt wird in den hier zusammengestellten Briefauszügen lebendig.

Am 31.1.1887 verlobt sich Agnes Breuning mit dem Theologen Rudolf Günther, der in Tübingen lehrte. Obwohl er seine Braut recht oft in Stuttgart besuchte, entwickelte sich ein reger Briefwechsel zwischen beiden. Die Briefe aus Agnes Günthers Brautzeit gehören zu den schönsten Erzeugnissen ihrer Feder.

„Es wird doch immer wahrer, daß wir zusammen sein werden, und daß ich dann alles, was ich tue, für Dich tun darf. Du glaubst nicht, wie wonnig mir der Gedanke ist, er verklärt die gewöhnliche Arbeit. Immer bei Dir zu sein, Dich mit Liebe und Sorgfalt umgeben zu dürfen, sicher zu sein, wie ich es bin, daß man einer Seele das Liebste ist, ein größeres und schöneres Glück kann es auf dieser Erde nicht geben. – Oh, wenn Du wüßtest, wie ich mich gesehnt habe nach einer Seele, der ich etwas sein könnte, und wie ich gefürchtet habe, es werde dies innige Verlangen ungestillt bleiben und müsse damit der bessere Teil meines Wesens erstickt werden von den Ranken der Selbstsucht, so würdest Du noch mehr begreifen, wie dankbar ich für mein großes Glück bin. Etwas zu sein einer Seele, das ist zu bescheiden ausgedrückt – Du weißt es, mein Gebieter, und ich sagte Dir's noch, ehe wir das letztemal voneinander schieden, daß mein Verlangen nach sehr hohen Gütern ausging – ganz im geheimen, im tiefsten Herzensgrunde habe ich mir gewünscht, einem Menschen einmal so viel zu sein, daß ich ihm das Liebste wäre, was es gibt. Dafür wollte ich mich dann aber auch ganz hergeben, dann, hoffte ich, würden die Kräfte zum Guten, die in mir liegen, frei, dann könnte wirklich etwas aus mir werden, um was es sich verlohnte, sich durch dieses Leben durchzukämpfen. Als ich letztes Frühjahr sah, daß es mit mir wieder heraufgehe ins Leben und in den Tag aus dem Halbdunkel und dem Schatten des großen Geheimnisses, den man wohl nie vergißt, wenn man ihn einmal gefühlt – da war es mir so schwer, öde wie nie und mein Leben so inhaltslos. Ich verzweifelte an mir selbst, ob es mir gelingen werde, mich später, wenn der Schatten sich wieder hereinsenken wird auf mich, – ob ich dann ebenso ruhig mich in die Hände Gottes legen könne. – Nun hat mein Leben seinen Inhalt bekommen, sein voller Wert geht mir auf, und Du, mein geliebter Rudolf, wirst mir helfen, durch alles durchzugehen, mit dem Blick gerichtet nach der oberen Heimat." (27. April.)

„Draußen wirbeln große weiße Flocken, das ganze Tal ist weiß zugedeckt, nur die schweren grauen Wolken ziehen sich langsam am Himmel dahin. Heute bleibe ich zu Hause und sehe mir die Welt durchs Fenster an und denke an meinen Schatz. Ach wäre nur Dein schwarzbraunes Mädel ein bißchen später oder ein bißchen früher zur Welt gekommen und es hätte zu einem Sonntagskind gereicht, so könnte ich wohl manches, was ich jetzt nicht kann und wohl möchte. Zum Beispiel mich ganz leicht und fein machen und mich auf eine große weiße Flocke setzen und zu dir fliegen und Dich, mein armer Schatz, ein bißchen trösten über die vielen, vielen Korrekturen. Ein wenig zaubern kann ich aber doch und meine Augen wirken auch in die Ferne, nicht wahr? Vielleicht könnte ich's doch versuchen und mich dem luftigen Fahrzeug anvertrauen und dahinfliegen über das stille Land und den dunkeln, rauschenden Fluß, bis ich dahin käme, wo das Kloster mit vielen Fensteraugen hinabsieht ins Tal. Wenn dann eine besonders große Flocke daherkäme, so würde mein Schatz wohl verwundert aufblicken, warum denn das Fenster plötzlich so dunkel wird. Aber die Arbeit eilt und bald ziehen sich wieder die gewissen gelehrten Falten über seine Stirne und er sieht mich nicht, wie ich leise absteige von meinem weißen Pferdchen und hereinhusche. Nun bin ich bei Dir und gehe durchs stille Zimmer und berühre die grünen Zweige an der Wand, daß sie anfangen zu flüstern und ein leises Rauschen durchs Gemach geht. Der blonde Schatz ist zu vertieft und merkt immer noch nichts. Da gehe ich weiter und stelle mich auf den Zehen vor den alten halbblinden Spiegel, da taucht ein Bild auf in seiner dämmerigen Tiefe, – wenn der Schatz es sehen könnte! Aber der schreibt und schreibt, und die Falten mehren sich auf seiner Stirne, da komme ich her zu ihm und berühre mit zarten Geisterhänden seine blonden Haare und küsse wie ein Hauch die Falten hinweg – da wird es ihm auf einmal zumute wie lauter Mai und er muß an sein liebes Kind denken. Und wie er aufsieht zu ihrem Bild, sieh, da fangen die roten Käfer vernehmlich an zu summen, eine Melodie, ein Lied vom Sonnenschein, und darüber gehen alle die kleinen Schlehenknöpfchen auf und duften so stark und süß wie die größte Hecke am Waldessaum" … (Unter dem Efeu zu lesen. 16. März.)

„Ich sehne mich sehr nach Dir und Deiner Liebe, die mich umgibt wie süße, weiche Frühlingsluft, wenn Du bei mir bist. Wenn ich allein sein muß, dann fühle ich erst, daß in der Welt draußen ein scharfer, kalter Nordwind weht – weißt Du, dann bin ich auch um so empfindlicher dagegen. Du verstehst es eben so herrlich, mich meiner innersten Natur, meinem tiefsten Wesen nach glücklich zu machen. Ein Glück, wie ich es nie gekannt und nach dem ich mich doch unbewußt gesehnt. Weißt Du, mein

Schatz, ich habe früher die Gewohnheit gehabt, bei allen rein mechanischen Geschäften mir Geschichten zu erzählen. Und da ist mir dann immer als Ideal vorgeschwebt, was ich nun wirklich besitze. Da habe ich mir in Gedanken mein eigenes Glück aufgebaut, weißt Du, ohne je mit einem Gedanken mich selbst hereinzubringen. Ich gab das Glück, das mir das idealste schien, irgendeinem herrlichen Wesen, das keine Spur von Ähnlichkeit mit mir hatte, und das alles besitzen mußte, was mir fehlte. In dieses Reich der Harmonie und des Schönen zog ich mich dann zurück, wenn mir's in der Welt zu gewöhnlich und niedrig zuging. Schatz, nicht auslachen!" (26. Mai.)

„Was wir noch an Trennungsweh zu leiden haben, muß uns ja nur zugute kommen. Unsere Liebe kann nur inniger und tiefer werden, und unser eigenes Herz können wir besser erkennen, und durch all diese Schatten wird der Sonnenschein nur goldener, der auf uns wartet. Wir haben ja einander so lieb, wie sich zwei Menschen nur haben können, – und unser höchstes Glück und unsere größte Freude ist, füreinander leben zu dürfen, alles zusammen zu tragen, jede kleine Freude, die uns entgegenlächelt, mit reinem Herzen genießen zu dürfen miteinander. Ja, wenn wir unserer Liebe leben und bleiben an der ewigen Liebe, dann wird unser Leben ein so reiches werden nach innen. Reich an Freuden, die andern vielleicht klein erscheinen mögen, die die feine Verbindung, die

Blaubeuren

oft zwischen dem Größten und dem Kleinsten liegt, nicht sehen können. Wenn die Seele ruhig ist und stille geworden, so kann sich das Walten Gottes in der Natur darin spiegeln. Da werden wohl die vielen kleinen Stimmen und Töne in der Natur laut, für die wir im Lärm des Tages sonst kein Ohr haben. Es ist so vieles da, uns zur Freude und zum Bilde von etwas Höherem, und wir beachten's nicht und gehen achtlos daran vorüber, weil uns der Staub des Tages auf dem Herzen und in den Augen liegt. Lieber Rudolf, wir wollen sehr, sehr glücklich werden, es liegt gewiß so viel allein an mir." (5. Juni.)

Am 26.9.1887 heirateten Agnes Breuning und Rudolf Günther in der Stuttgarter Stiftskirche. Neue Heimat des jungverheirateten Paares wurde das Städtchen Blaubeuren, hier wurde Günther zweiter

Pfarrer. 1889 wurde der Sohn Gerhard geboren. 1891 zog die Familie nach Langenburg im Jagstkreis. Agnes verwuchs mit der neuen Heimat, die auch in ihr Werk einfloß. 1891 bis 1906 lebte Agnes Günther hier, ihre Umgebung – vor allem die Geschichte Langenburgs – lieferte ihrer Dichtung reiche Nahrung.

Im Sommer 1901 bekam Agnes Günther einen schweren Lungenkatarrh, eine Badekur an der Riviera wurde notwendig. Aus Bordighera schrieb sie an ihren jüngeren Sohn Erich:

„Mein lieber Erich!

Für die schöne Wintergeschichte danke ich Dir sehr. Sie gefiel mir sehr gut, und wahr ist sie auch. Bei uns ist der Frühling wirklich schon so zu Hause, daß er gestern Parade abhielt und Manöver veranstaltete. Natürlich kann ein so holder Jüngling wie der Frühling nur mit den sanftesten Waffen kämpfen, und so wurde aus dem Manöver eine Blumenschlacht. Ich war auch dabei und deshalb kann ich Dir erzählen, wie es war. Zuerst wurden in den Straßen von den Italienern, die Du faul nennst, die es aber gar nicht sind, lange Masten aufgemacht und quer über die Straßen Schnüre gezogen, an denen immer Fahnen hängen, immer eine Schnur hinter der andern, so daß die Straße so bunt und lustig aussah wie nur möglich. Dann wurden Tribünen gebaut, daß man von ihnen aus die Schlacht mitansehen konnte. Ich war aber auf keiner Tribüne, ich war eingeladen. Unser

Fenster, zu dem wir hinaussehen wollten, hatten wir mit einer großen deutschen Fahne und mit schönen seidenen Tüchern geschmückt. Nun sahen wir die Leute, die sich auf dem Trottoir aufgestellt hatten und die alle auch sehr bunt und lustig anzusehen waren und Körbe trugen, die bis obenauf mit den schönsten Blumen gefüllt waren. Andere hatten Säcke voll winziger bunter Papierstückchen, ich lege Dir ein paar in diesen Brief hinein, das heißt man Confetti. Wieder andere hatten farbige Papierschlangen, die man werfen kann und die dann so lang werden, über die ganze Straße hinüber. Nun erst hörte man auch Musik. Da kam schon ein riesiger Wagen angefahren, aber wie sah der aus? Ganz wie ein Blumenhain, die Räder sahen aus wie große runde Veilchenkränze, die Zügel waren Veilchengirlanden, die Pferde hatten nickende Veilchenbündel auf dem Kopf, über dem Wagen war ein Baldachin aus Pfirsichblüten. Der Kutscher hatte einen weißen Anzug und einen Veilchenkranz statt seines Hutes auf dem Kopf. Im Wagen saßen lauter schöne junge Mädchen in weißen Kleidern. Und nun ging ein Werfen an von Blumen und Konfetti und Papierschlangen in den schönen Wagen hinein, und die Mädchen warfen auch jedermann Veilchensträuße zu, und nun hatte die Schlacht begonnen.

Immer neue Wagen kamen, der eine sah aus wie eine Laube von blühenden Kirschenzweigen, wieder ein anderer hatte ein kleines Strohdach, an dem Ketten von Nelken herunterhingen. Da kommt aber ein richtiges Ungetüm angewackelt. Es ist ein Riesenfisch, so lang, wie unser ganzes Haus breit ist, und auf seinem Rücken trägt er einen Luftballon, auf dem steht: Santos Dumont. Wahrscheinlich soll das bedeuten, daß, wenn Santos Dumont mit seinem lenkbaren Luftschiff wieder ins Wasser fällt, doch gewiß ein guter Walfisch da sein möge, der ihn auf seinen Rücken nimmt. Nun kommt ein Ponywagen, der aussieht wie ein riesiger Strauß Levkojen, aber schneeweiße, nur weiße, in dem sitzen zwei wunderschöne Kinder, ein Knabe und ein Mädchen in weißen Kleidern mit grünen Bändern. So schön sahen sie aus, als wären sie alle samt Pferdchen, Wagen, Kindern und alles aus dem Lande gekommen, wo der Frühling zu Hause ist. Das war ein Werfen von Blumen von einem Wagen zum andern, von der Straße in die Wagen, von bunten Confettis und flatternden Bändern, die Luft war voll von dem Duft der Blumen, eine solch strahlende Sonne dazu, all die Leute lachten, wenn sie einmal so eine ordentliche Ladung Blumen oder Confetti ins Gesicht bekamen. Wir natürlich warfen auch von unserem Fenster aus, und fielen unsere Blumen auf die Straße, so waren sie im Nu aufgehoben und weiter geworfen. Nicht wahr, das war eine rechte Frühlingsschlacht? Ich habe dies nur ganz einfach Dir erzählt, nun kannst Du eine Geschichte daraus machen, wenn du willst.

Sieh nur recht fleißig nach den Schlehenblüten aus. Wenn die heraus sind, so habt Ihr auch den richtigen Frühling, denn trotz der elf Schmetterlinge, die Du gesehen hast, ist es doch noch nicht warm genug für die arme Mama bei Euch ..."

Aus Genua schreibt sie:

„Ich war in einem Rausch des Entzückens. Dann die Straße der Paläste, in deren Hofräume ich hineinsah und in einen, der mir als der schönste erschien, mich auch hineinwagte. Es war der schönste Hof Genuas, vielleicht der ganzen Welt, der Hof der Universität mit seinen zwei riesigen Marmorlöwen auf der Treppe, mit seinen Säulengängen gegen den blauen Himmel. In noch fünf Kirchen war ich, in einer war gerade Messe, und zwar mit Musik. Ich war es schon lange müde, zu der Sorte Andächtler zu gehören, die mit dem Bädeker als Gebetbuch herumgehen, ich schämte mich immer vor den andächtigen Frauen, von denen ich mehr als eine habe wirklich beten sehen, und so setzte ich mich hinter eine Säule ... Man bezahlt in den Kirchen immer zehn Centesimi für den Stuhl, und als ich eben die einem der Mesner geben wollte, nahm dieser arme Ehrenmann sie nicht, sondern gab mir feierlich einen halben Soldo heraus. Das sei zuviel. War das nicht ein Ehrenmann? Ich blieb bei dem Gottesdienst, so lange es meine Zeit erlaubte, und sah die Priester in ihren Brokatgewändern aufziehen, hörte der Orgel und dem melancholischen Gesange zu und hielt meine Sonntagsandacht. Ach, was sind diese offenen Kirchen eine Wohltat. Hier hat doch jeder Mensch ein Plätzchen, wo er mit seiner Seele allein sein kann!

Wo gibt es für einen Großstadtarbeiter in Berlin einen solchen Ort? Muß nicht schon darum die Seele verschmachten, wenn nicht ein Augenblick des Lebens ihr die Möglichkeit gibt, dem Lärm der Welt zu entfliehen? Es ist ein Unrecht des Protestantismus, daß er dem armen Volk, das immer heimatloser wird, noch diese letzte Zuflucht raubt. Früher war ja das anders, als die Städte noch nicht so entsetzlich groß und die Heimatlosigkeit nicht so allgemein war. Aber heutzutage!

In Mailand brachte ich einige erhebende Stunden in der Brera zu. Das Sposalizio von Raffael sieht gar nicht aus wie ein gemaltes Bild, dies war ein geheimnisvoller Mensch, der dies malte! Das sind keine Farben und keine Leinwand und keine Pinselstriche. Da ist einfach ein kleines Guckloch geschnitten, und Du siehst in den Himmel hinein, wo alles ganz einfach ist, wie es sein sollte und wie es Gott gemeint hat mit Welt und Menschen. Man kann die schönsten Meisterwerke daneben sehen, sie sind ganz und gar anders, Du siehst Farben, Du siehst, wenn Du ein bißchen etwas von Malerei verstehst, doch immer den Pinselstrich, Licht und Schatten. Das siehst Du beim schärfsten Hinsehen nicht auf diesem Bild. Es ist einfach ein Fenster, wo Du durch einen goldenen Dunst hindurch in das Vollkommene hineinsiehst. Es ist auch alles so selbstverständlich auf dem Bild. Ein so unendlich gutes und freundliches Zucken um den Mund muß der Hohepriester haben, so schauen die seligen Augen der begleitenden Jungfrauen, die nie eine Träne geweint haben, heraus aus ihrem Himmelsfrieden, dieser blaue Himmel kann nie regnen, die sanften Jünglinge, die ihre Stäbe zerbrechen, neigen ihre Seelen vor dem Besseren, dem guten Manne ..."

Im Mai 1902 kam sie von der Riviera zurück.

In Langenburg reiften in Agnes Günther ihre dichterischen Pläne. Das Schauspiel „Die Hexe" wurde hier auf der Bühne des fürstlichen Theatersaals am 16. 2. 1906 aufgeführt. Über ihre dichterischen Visionen schrieb sie am 26. 1. 1908 an den Freund Eberhard Knapp:

„Es kommt von der eigentümlichen Art der Inspiration her, die mich von meinem dritten Jahr an, immer wieder, ich möchte sagen, überfallen hat. Ich sehe nämlich, wie ich manchmal meine, mit meinen Augen, vielleicht ein Bruchteil einer Sekunde, die allerseltsamsten Dinge sich vor mir ereignen. Alle Hauptszenen der ‚Hexe' habe ich so gesehen, ob ich es wollte oder nicht. Ich will nie, aber ich muß, es ist entsetzlich, nicht zu beschreiben, was ich leide, aber ich muß. Nun ist das Bild da, noch ohne Zusammenhang und Sinn. So kam ich darauf, daß ich es versuchte, was ich gesehen hatte, wirklich zu einem Bild zu machen. Es mag mein Malerauge wohl auch ein wenig damit in Beziehung stehen. Sehen Sie, ich traue Ihnen zu, daß Sie dieses

Bekenntnis nicht belächeln, obgleich es seltsam genug klingen mag, namentlich wenn es von jemand kommt, der beruhigt über all diese Dinge sein Lebtag hat schweigen können.

So war das, bis wir nach Langenburg kamen und ich den ersten Besuch in Schloß Schweigen machte. Ich habe das in der ‚Christlichen Welt' beschrieben, und natürlich muß man es eben für eine Einkleidung halten, was mir doch wirklich dort geschehen ist. Ich betrachtete die Sache wie in meiner Kindheit als mein eigentlichstes Geheimnis, das ich nicht durch Sprechen darüber profanieren durfte. An Schreiben dachte ich niemals, denn wen ging das eigentlich etwas an? Aber das Licht war wieder angezündet; in der Nacht, als ich von Schweigen zurückkehrte, hörte ich das Lied vom ewigen Brot, das ich in der ‚Christlichen Welt' wiederzugeben versucht habe. Nun wußte ich den ersten Faden zu finden zwischen einer Reihe von Bildern. Sie bedrängten mich. Aber so hätte ich es mein Lebtag für mich in der stillen, seligen Einsamkeit von Orplid betreiben können, ein vor manchen andern Menschen beglücktes Geschöpf Gottes, das nicht nur auf dieser buckligen Erde zu Hause ist, sondern seine geheimen Inseln irgendwo hat, wo es wohl stürmen und toben mag, aber alles von einem seltsamen Ewigkeitsernst umflossen ist. Dann bin ich selten mehr ganz und auf längere Zeit geistverlassen gewesen. Natürlich habe ich nicht nur die eine Bekanntschaft, sondern noch eine Menge anderer. Aber die Gisela ist meine erste Liebe gewesen, und sie scheint mir die übrigen Bekanntschaften auch vermittelt zu haben. Wenn es sich lohnte, die Bekanntschaft fortzusetzen – denn wie könnte ich, die ich ein reinliches Dasein liebe, mir eine solche Gesellschaft krankhafter, widerlicher, perverser, dekadenter Leute, wie sie ein moderner Romancier um sich hat, zu meinem intimsten Umgang auswählen.

Nun kommt die Schlange ins Paradies. Sieht natürlich, wie es bei diesem niederträchtigen Geschöpf immer ist, sehr ungefährlich und silbern aus. (NB. Schlangen gefallen mir unsäglich gut, natürlich wenn sie nicht in Menagerien elend und frierend herumliegen.) Ich hatte für Langenburg zwei Stücke geschrieben, die, so einfach sie waren, doch nicht ganz ohne Wirkung waren. Und nun dachte ich mir, wenn ich meine Bilder oder wenigstens ein paar von ihnen mit meinen Alltagsaugen sehen könnte. Und zuerst schien es, als hätten die Geister nur darauf gewartet. Nie hab' ich in meinem ganzen Leben so viel Umgang mit ihnen gehabt. Und ich war doch schon so alt! So etwas sollte doch nach allen Biographien der bewährtesten Leute in des Lebens Mai geschehen. Es wäre ja auch etwas Rechtes geworden, wenn nicht sehr bald die Geister sich den Kuckuck um meine Form gekümmert und ruhig oder unruhig ihren Faden weiter gesponnen hätten. Es wurde auch gleich zu viel, und ich mußte unterdrücken und beschnipfeln und unter den Tisch werfen ..."

Die Elisabethkirche zu Marburg

Weitergeführt wird der Stoff der Gisela in dem kleinen Buch „Von der Hexe, die eine Heilige war", das in der Form eines Zwiegesprächs gehalten ist.

Bedingt durch den Beruf des Mannes, verläßt die Familie Langenburg und zieht in die Universitätsstadt Marburg. Agnes Günther fällt die Umgewöhnung schwer, sie hat starkes Heimweh. Erst 1909 lebt der Drang zum Dichten wieder in ihr auf. Aber sie braucht dazu die alte Heimat. Im Hause des befreundeten Pfarrers Betz in Herrentierbach – zwei Stunden von Langenburg entfernt – findet sie gastliche Aufnahme.

Im Vorfrühling des Jahres 1910 bricht die alte Krankheit wieder aus. Agnes Günther muß nach Davos. Über die Reise berichtet sie:

„Von Zürich an war die Reise unsäglich schön. Wäre es nicht so überwältigend, so großartig, so himmlisch schön gewesen, so wäre ich vermutlich nicht so ganz als heulendes Elend hier angekommen. Aber der Wallensee! Und wenn ich meinen sicheren Tod in Landquart zu erwarten gehabt hätte, so hätte ich ihn doch angesehen! Er war zu schön im blauen Morgenglanz, vielleicht der schönste Schweizer See ... Ich stand und sah mir die Pracht und Herrlichkeit der schönen Welt an. Weniger als je sehnte ich mich nach himmlischen Gefilden, wenn ich nur diese schöne vollkommene Erde geistweis genießen durfte ... Waren wir bis jetzt im wundervollsten blauen Vorfrühling gefahren, so begann nun plötzlich mit dem Eintritt ins Tal der Winter ... Zuerst war noch auf einer Seite die liebe braune Erde mit kleinem gelben Huflattich und Gänseblümchen, dann von Klosters an verschwand sie und wir waren zwischen meterhohen Schneemauern."

Und aus Davos:

„Dieses Klima höhlt einen geistig dermaßen aus, daß mich von den hiesigen menschlichen Raupen schließlich nichts mehr wundert. ‚Raupen' sage ich deshalb, weil man ja nicht nur ein rein stoffliches Raupenleben führt, sondern auch weil man auf seinem Liegestuhl im Fußsack einen durchaus raupenähnlichen Eindruck macht, eine dicke, fette Raupe mit kleinem Kopf, die eben im Begriff ist, sich zu verpuppen ... Es weht seit zwei Tagen der Föhn, heult, gellt, pfeift, stöhnt, zwei-, dreistimmig und entsetzlich melancholisch. Er tut schrille Schmerzensschreie, als könne und könne er die Qual nimmer ertragen, daß man ganz zusammenfährt." Diese angreifende Witterung hält die Besserung auf. „Du weißt, daß, wenn ich allein bin, Langeweile mir unbekannt ist, ich habe auch hier stets die Laterna magica angezündet und lese so eifrig die auftauchende Schrift und besehe mir die Bilder, daß mir die Tage nur so hinfliegen. Aber hie und da muß man doch auch seine Zustände bedenken ... Damit Du nicht denkst, ich beschreibe Dir meinen Zustand zu kläglich, so will ich Dir nur zum Beispiel sagen, daß der Föhn die idealsten Beleuchtungen schafft, klarleuchtend, alle Lichter und Schatten in blauweiße Verklärtheit getaucht, und ich, deren Genußfähigkeit bis zu jeder möglichen Grenze Du kennst, ich liege auf meinem vom Arzt gestatteten Balkon, ich sehe nicht einmal hin auf die Herrlichkeit. So macht einen die Luft zur Raupe ... Ich lese gegenwärtig ein feines Buch von Sperl: Castell. Es ist etwas in usum Delphini geschrieben, aber den vielen, sehr vielen eingestreuten Familienbriefen und Chroniken schadet das ja nichts. Es ist ein interessantes Geschlecht, wenn auch wohl nicht so bedeutend wie die Hohenloher. Diese findet man auch häufig, einmal meinen alten Freund, den Grafen Krafft, mit sechsundzwanzig Gäulen bei einer Taufe. Die lieblichste Gestalt ist eine Eleonore Hohenlohe, von den Neuensteinern."

„Kürzlich sah ich aber Davos in märchenhafter Schönheit. Es war eine blaue Nacht, wie sie nur im Hochgebirge vorkommt. Der Nachthimmel lichtblau mit dem Vollmond, der eben über die Firne kam, das Tal in bläulichem Weiß, die vielen Lichter der Sanatorien reines Gold, das große Baseler Haus wie eine Schnur Goldperlen am schwarzen Berge. Alle Farben beschränkt auf ein dunkles, unendlich weiches, tiefes Schwarzblau an den Bergen. Das bläuliche weiße Tal, darüber die im Mond verklärten Firnen, auf denen der Mondschein breite, blaßgoldene Felder aus dem reinen Weiß hervorhob. Wie selige Gefilde da oben fern, unerreichbar in ihrem Gürtel von Eis und Schnee. Es war fast nicht, um ins Bett zu gehen, aufs sehnsüchtigste wünscht man ein Geist zu sein, dem diese himmlische Welt zugänglich ist, der über Spalten hinweghuscht und den keine leibliche Schwere hindert, über diese blassen Goldfelder hinwegzugleiten. –"

Nach ihrer Rückkehr gilt ihre Sorge vor allem der Vollendung ihres Werkes. Als es bis auf ein Kapitel fertiggestellt ist, zwingt die Krankheit sie erneut ins Bett. Am 16. Februar 1911 stirbt Agnes Günther.

Auguste Supper

Ehejahre

Die Erzählerin Auguste Supper, geborene Schmitz, gehört eigentlich nicht zu den „Frauen Württembergs“, denn sie wurde am 22. Januar 1867 in Pforzheim – also in Baden – geboren. Wenn sie dennoch hier aufgenommen ist, dann aus zwei Gründen: Zum einen verbrachte Auguste Supper ihre Jugend im württembergischen Calw und lebte auch später in Württemberg, nämlich in Korntal und Ludwigsburg (wo sie am 14. April 1951 starb), kann also von daher mit Fug und Recht als Württembergerin gelten. Zum anderen liegt ihre Geburtsstadt Pforzheim so nahe an der württembergischen Grenze, daß sich auch hier die Einflüsse von Baden und Württemberg vermischen.

Ich kam nun in das Alter – und allerlei Erfahrungen legten es mir nahe –, über Dinge wie Verlobung und Heirat nachzudenken.

Die Beziehungen der Geschlechter waren mir seither etwas Weitabliegendes oder Weitzurückgeschobenes gewesen, das mich wohl deshalb so wenig berührte oder beunruhigte, weil ich mit meiner geliebten Schreiberei ganz andere Sorgen hatte. (...)

Mit stillem Ergötzen denke ich noch an den Tag, da ich meiner hellauflachenden Mutter ernsthaft erklärte: „Ich habe mich jetzt doch entschlossen zu heiraten, damit ich mehr Zeit habe zum Schreiben."

„Wenn du sonst keinen Grund hast, kannst du's bleiben lassen", meinte sie und erkundigte sich dann, wer denn „das Opfer sein würde?" Auf diese beleidigende Form der Frage gab es natürlich keine Antwort.

Neunzehn Jahre war ich alt, als der Mann am Horizont auftauchte, der, um mit meiner spottenden Mutter zu reden, „das Opfer sein sollte". Aber es wäre eine große Lüge, wenn ich behaupten wollte, die ersehnte „Zeit zum Schreiben" habe bei der ganzen Angelegenheit irgendeine Rolle gespielt.

Es kamen nun zwei Jahre des Wartens, in denen sich meine Schreibwut in Briefen erschöpfte.

An meinem 21. Geburtstag, einem hellen stillen Wintertag, verlobte ich mich mit Otto Heinrich Supper, geboren in Göppingen am 14. Februar 1861. Im September darauf war Hochzeit. Unsern Wohnsitz hatten wir in Ulm, und die Entfernung vom Elternhaus kam mir grenzenlos vor.

Die unausweichliche Hochzeitsreise ging nach München, wo mein Mann studiert hatte.

Wie einst in Koblenz die Stätten der Soldatenzeit, so mußte ich jetzt in München die Stätten der Studentenzeit in erster Linie kennenlernen. Wo die Arminen gekneipt, gefochten, getanzt hatten, das war so wichtig, daß die übrigen Sehenswürdigkeiten der schönen Isarstadt kaum in Betracht kamen.

Das junge Ehepaar Supper

Ein Abend im Löwenbräukeller ist mir in schmerzlich-heiterer oder heiter-schmerzlicher Erinnerung.

Müde von langen Gängen durch die mir fremde Stadt saß ich halbbetäubt in dem Tohuwabohu der lärmenden Stimmen und der noch lärmenderen Musik, die mir gar nicht als solche vorkam, während mein sonst so zurückhaltender, oft für hochmütig gehaltener Gefährte sich eifrig mit seinem Nebensitzer unterhielt.

Das Glück – oder das Unglück – wollte, daß es sich um einen alten Herrn der Arminen, einen

Amtsgerichtsrat aus Berlin, handelte, wie die bald schon ausgetauschten Karten ergaben.

Von dem Augenblick an, da die Tatsache festgestellt war, daß auch dieser seither unbekannte Sterbliche genau wie mein Mann in München bei den Arminen Jura studiert hatte, war ich, die rechtmäßige, frisch angetraute Ehefrau, vergessen und saß verkauft und verraten neben den in ihre Erinnerungen vertieften Männern.

Ich kam mir nach kurzer Zeit so überflüssig, so gottverlassen, so schmählich betrogen vor, wie ich mich außerhalb des heiligen Ehestandes nie gefühlt hatte.

Ein bitterliches Heimweh nach Eltern und Schwestern und – nach dem treuen Hund Feldmann, dem Freund der vergangenen Jahre, überkam mich mit solcher Gewalt, daß die Tränen aufstiegen. Und als gar die Musik das ans Herz greifende: „Morgen muß ich fort von hier" spielte, da blieb es nicht beim Aufsteigen, da rann mir meuchlings das salzige Naß übers Gesicht, und ich hatte Mühe, es verstohlenerweise abzuwischen, ohne Aufsehen zu erregen.

Selbstverständlich merkten die beiden in selige Zeiten versunkenen Burschenschafter nichts von der Tragödie, die sich neben ihnen abspielte; aber als der Berliner gar noch eine Sitzung im Ratskeller vorschlug, der offenbar für die Arminia auch eine historische Stätte bedeutete, da mag ich aus Herzensgrund aufgeseufzt haben, denn es wurde von dem schönen Plan Abstand genommen.

Heimgekehrt in unsere hübsche, von den Eltern mit viel Liebe eingerichtete Vierzimmerwohnung in Ulm, befiel mich ein neuer Schrecken, als sich mein Eheherr zum erstenmal im Feierabendgewand seiner Studenten- und Junggesellenzeit präsentierte. Im Schlafrock und mit langer Pfeife spazierte er lachend durch die Zimmer und hatte keine Ahnung, wie verwandelt und fremd er mir vorkam in dieser mir so ungewohnten Aufmachung, an die ich mich auch nie so richtig gewöhnte.

Als Dienstmädchen hatte ich ein mir fast gleichaltriges „Luisle", das zuvor bei meinen Eltern gewesen war. In der ganz fremden Stadt und bei der so häufigen dienstlichen Abwesenheit meines Mannes war sie mir „unter Larven die einzige fühlende Brust". Ihre drolligen, meist nicht von übermäßigem Respekt oder von vollendeter Dressur zeugenden Aussprüche und Fragen erheiterten mir manche einsame Stunde.

Als ein Scherenschleifer im Hof um Arbeit fragte, rief sie ihm vom Küchenfenster aus zu: „Bei uns ist nix z'mache; wir sind erst vier Woche verheiratet."

Ein andermal erkundigte sie sich aufgeregt bei mir, ob denn eigentlich der Papst katholisch sei? Als ich dies notgedrungen bejahen mußte, erklärte sie aus tiefstem Herzensgrund: „Dees hätt' i net glaubt! Lieber e Jud als katholisch! " – Man sieht: wenn ihre protestantischen Gefühle nicht ganz geklärt waren, so waren sie doch kräftig.

Kam mein Mann später als vorgesehen vom

Dienst, so pflegte sie sich sehr entrüstet zu äußern: „O die Mannsleut! 's ischt halt kei' Verlaß!" –

Ihr schwächster Punkt war ihre große Furchtsamkeit. Sie ließ es sich viel Mühe kosten herauszubringen, ob im Haus oder gar in ihrem Stübchen schon jemand gestorben sei. Eine ihrer ersten Erklärungen mir gegenüber lautete: „Wenn sich auf der Bühne scho' einer g'hängt hot, bleib i' net im Haus."

Zum Glück hatte sich noch keiner gehängt; aber auch die Lebenden flößten ihr Ängste ein, wenn sie anders waren als die Typen, die sie kannte.

Als mich eine alte Dame besuchte, die – des Schwäbischen unkundig – in gutem Deutsch vor der Glastüre mit dem Luisle verhandelte, kam diese aufgeregt hereingestürzt und verkündigte: „'s ischt e G'späßige drauße – sie schwätzt badisch oder englisch." –

Wenn auch keine der späteren Hausgehilfinnen so originell, so keck-drollig war wie „das Luisle", so hatte ich doch immer wieder das Glück, treue Helferinnen zu finden, an die ich gern und dankbar zurückdenke. So grüße ich die Karoline, die Anna, die Marie, die Luise!

Daß es früher verpönt war, über Dienstboten zu reden, soll mich nicht abhalten, den guten, die ich gehabt, von Herzen ein Lob zu singen, denn sie vor allem ermöglichten mir, meiner Leidenschaft für Tinte zu frönen. Der Gedanke, daß der Haushalt durch mein Schreiben notleide, hätte mir sofort die Feder aus der Hand geschlagen;

denn das war mir vom ersten Tag der Ehe an bewußt, daß man von keiner Hausfrau verlangen kann, daß sie Bücher schreibe, wohl aber, daß sie den Haushalt in Ordnung halte; sie hätte sonst nicht heiraten sollen. Gegen diesen kategorischen Imperativ, der vielleicht mit dem Preußenblut in mir zusammenhing, gab es kein Auflehnen.

In jener ersten Ehezeit verdiente ich mir eines schönen Tages mit einem Gedicht, das ein Berliner Blatt druckte, das erste Honorar meines Lebens. Die früher gedruckten Prosastücke waren schnöderweise nicht honoriert worden, und die Ehre des Gedrucktwerdens mußte als ausreichende Entlohnung gelten. Zwei Mark und fünfzig Pfennige in bar übersandte mir die Berliner Schriftleitung.

Ich war stolz und beglückt und sah mich für alle Zukunft jeder Geldsorge enthoben.

Man hatte mir von seiten der Eltern und Schwestern nie viel Sinn für alles Geldliche zugetraut, und auch mein von diesem Mißtrauen infizierter Eheherr schlug in diese Kerbe und wollte mir die überwältigende Macht der Zahl bei jeder Gelegenheit beibringen.

Mir konnte das wenig Eindruck machen. Ich war der seligen Überzeugung, daß ich Geld haben werde, so oft ich welches brauchen würde, und daß z. B. eine Mark pro Tag schon eine ganz nette Lebensführung gestattete.

Von diesem Irrtum kam ich als verantwortliche Hausfrau zwar bald zurück; aber immerhin durfte ich, der ganzen Sippe zum Trotz, den Triumph erleben, daß meine Finanzen immer stimmten. Wie es zuging, weiß ich nicht. Vielleicht so wie einst bei dem berühmten Ölkrüglein, dessen Geheimnis keiner lüftet.

In diesem Zusammenhang fällt mir eine Episode ein.

Meine Schwester Marie, die sich an meinem Hochzeitstag verlobt hatte, kam zu Besuch, um sich den jungen Haushalt kritisch anzusehen.

Die strenge Inspektion verlief glimpflich, und wir verlebten vergnügte Tage; nur war das Wetter so, daß man kaum aus dem Haus gehen konnte.

Eines Abends schlug der Hausherr vor, ein Kartenspiel zu machen. Die nötigen Karten besaß er aus der Junggesellenzeit, und die Sache hätte beginnen können, wenn ich etwas vom Spiel verstanden hätte. Leider war das nicht der Fall, und die beiden klärten mich nun im Schnellverfahren über die Regeln auf mit dem Bemerken, wenn ich meine Geisteskräfte zusammennehme, würde es schon gehen.

Einsatz zehn Pfennig, da es als reizlos bezeichnet wurde, umsonst zu spielen.

Ich tat, was ich konnte, aber das schien nicht genug zu sein; denn es regnete ärgerliche Ermahnungen, sanften Tadel, empörte Vorwürfe, so daß ich immer kleiner und stiller wurde.

Als man endlich die Sache als hoffnungslos aufgab und Kasse machte, hatte ich eine Mark und vierzig Pfennig gewonnen!

Mein Mann redete verwirrt von einem Wunder, meine Schwester faßte ihre Meinung in den Satz zusammen: „Die Dummen haben Glück."

Ich träumte eine Nacht lang von Assen, Zehnern, Königen und rührte nie wieder eine Karte an.

Nur zehn Monate währte unser Aufenthalt in Ulm, dann wurde mein Mann auf „die Generaldirektion der kgl. württembergischen Staatseisenbahnen" einberufen.

Die schöne Sache gibt es in dieser Form jetzt nicht mehr, und niemand wäre mit der Änderung mehr einverstanden als der Mann, der damals schon immer von der kommenden Reichseisenbahn des geeinigten Deutschland träumte.

Die Versetzung nach Stuttgart war für uns beide eine Freude. Sie bedeutete für meinen Mann einen Schritt vorwärts, für mich hauptsächlich das Näherkommen zu den Eltern.

Als der einstige Jurist seiner Zeit in der Hoffnung auf eine raschere Laufbahn zum höheren Eisenbahndienst übergetreten war, hatte er damit seine Vorliebe für die Rechtswissenschaft keineswegs aufgegeben. Er hörte nicht auf, alle Arbeit auf diesem Gebiet eifrig zu verfolgen, und die Verbesserungsvorschläge, die er zu machen hatte, trug er mir auf manchem Spaziergang vor.

In unseren ersten gemeinsamen Jahren doktorierte er in Tübingen mit einer Abhandlung über „Das deutsche Eisenbahnstrafrecht".

Schreibmaschinen waren damals noch nicht Gemeingut, und es wurde meine Obliegenheit, die für andere Sterbliche unlesbaren Konzepte lesbar abzuschreiben.

Da mich die Materie nur mäßig interessierte, hatte ich in vorgeschrittener Nachtstunde oft Mühe, den andringenden Schlaf zu bekämpfen, und manchmal geschah es, daß meine Feder noch weiterkritzelte, wenn mein Bewußtsein schon weggewandert war.

Dann brachte mich wohl ein helles Lachen meines unermüdlichen Gefährten wieder zu mir, und mit neuem Mut ging es an die Arbeit.

Auch sonst wurde ich mit aller Beflissenheit in die Reize der Juristerei eingeführt, und heute noch, wenn ich z. B. einen Pflug oder eine Egge einsam auf weiter Flur stehen sehe, ist es mir tröstlich zu wissen, daß sie gut und sicher vom Rechtsschutz umhegt ist.

Um jeden Preis wollte mein Mann das Vorurteil in mir ausrotten, daß es sich in der Rechtswissenschaft um trockene und langweilige Dinge handle. Zum mindesten ging mir die Ahnung auf, daß ohne feste Rechtsordnung – und wenn ihre Normen in manchen Fällen noch so unzureichend sein mögen – kein erträglicher Aufbau der menschlichen Gesellschaft denkbar und möglich wäre.

Daß wir so gerne miteinander und voneinander lernten, ist mir als etwas vom Allerschönsten in unserer jungen Ehe im Gedächtnis. Die Interessen meines Mannes erschöpften sich so wenig in den Dingen seines Berufs oder der Juristerei wie die meinen im Haushalt.

Mit Vorliebe tasteten wir in entlegene Fernen. So war z. B. Astronomie meines Gefährten stille Leidenschaft, wenn auch die Beschäftigung damit höchst laienhaft bleiben mußte. In die klare Sternennacht hinauszublicken, die Veränderungen im Gang der Gestirne zu beobachten, die Mondgebirge zu betrachten, Vermutungen anzustellen, welche Geheimnisse und Herrlichkeiten, welche Schrecknisse und Katastrophen die kreisenden Welten bergen mochten – das war eine nie versiegene Quelle der Ehrfurcht und Freude. Dann zitierten wir wohl:

Solang die Sterne kreisen am Himmelszelt,
vernimmt das Ohr den leisen Gesang der Welt:
Dem ew'gen Nichts entstiegen, der sel'gen Ruh,
um ruhelos zu fliegen – wozu? wozu? – –

Von den fremden Welten auf den eigenen Stern zurückgekehrt, fanden wir auch hier unendliche Geheimnisse.

Hypothesen aufzustellen über das eigentliche, für uns Menschen nie erkennbare Wesen der Erde als eines bewußten „persönlichen" Individuums hoher himmlischer Art, dessen Bewußtsein bzw. Bewußtheit alles menschliche Bewußtsein überragt und einschließt – solche Spekulationen waren an der Tagesordnung, und besonders meinem Gefährten war dabei kein Bild, keine Behauptung, kein Vergleich drastisch genug, um seine Meinungen anschaulich zu machen.

Wie überrascht und ergriffen war ich, als ich kurz nach seinem Tod in den ihm und mir unbekannten Werken G. Th. Fechners so manche seiner von mir oft belachten Gedanken fast wörtlich ausgesprochen fand.

Aber auch was die empirischen Wissenschaften über die Erde und Erdgeschichte auszusagen haben, war unendlich wichtig. Erdgeschichten und Erdzeiten mußten auswendig gelernt werden, und etwa Diluvium und Tertiär oder Karbon und Silur durcheinanderzubringen war Todsünde.

In Erdkunde und besonders in Geschichte war mein Gefährte glänzend zu Hause, und nicht nur Namen und Daten hafteten mit absoluter Sicherheit in seinem Gedächtnis, sondern seine Vorliebe war, Zusammenhängen nachzugehen und Vermutungen anzustellen, was etwa geschehen wäre, wenn – oder wenn nicht. – –

Auch diese „konjunktivische" Geschichtsbetrachtung hat ihre Reize und kann manches aufhellen.

Familienkunde, deren Pflege damals noch nicht so allgemein war wie heute, war eine weitere Lieblingsbeschäftigung des allezeit beschäftigten Mannes, und manches Pfarramt hat er mit seinen Briefen behelligt, wobei er immer wieder die erschreckende Erfahrung machte, wieviel in deutschen Landen durch kriegerische Unruhen – besonders natürlich durch den Dreißigjährigen Krieg – vernichtet wurde.

Der Mann, der sich um das kleinste selbstverfertigte Geburtstagsverslein hoffnungslos mühte, hatte eine tiefe Liebe zur Dichtkunst. Immer wieder neu beglückte ihn das unsterbliche: „Füllest wieder Busch und Tal", oder „Du bist Orplid, mein Land, das ferne leuchtet". Den ersten Teil des Faust konnte er Wort für Wort auswendig, und wir haben nicht viele Waldspaziergänge oder sonst einsame Wege miteinander gemacht, ohne daß Faust – sehr oft mit verteilten Rollen – deklamiert worden wäre.

Auch musiziert wurde nach unseren bescheidenen Kräften, und was wir im Vierhändigspielen an Beethoven und Mozart, an Wagner und Bruckner sündigten, werden uns die Unsterblichen in alles verstehender Güte verzeihen, besonders da sie immerhin anerkennen müssen, daß wir nicht an falscher Bescheidenheit litten und uns gleich an Höchstes wagten.

Im Mai 1890 wurde unser erstes Kind, ein Töchterlein Elisabeth, geboren.

Immer schon hatte ich kleine Kinder bewundert und geliebt; aber doch mehr wie ein Spielzeug besonderer Art. Ein eigenes zu haben, ist etwas ganz anderes, weil da plötzlich eine Verantwortung auftaucht, die erschrecken kann.

Wie oft habe ich in die strahlenden, sprechenden und doch so unergründlichen Augen des kleinen Wesens geblickt und ihm das Geheimnis seiner Herkunft darin ablesen wollen! Denn nie war ich – auch nicht als wissende Frau – so töricht zu glauben, die Worte Zeugung und Geburt könnten das letzte Menschengeheimnis entschleiern. Daß wir, wenn uns so ein kleiner lieber Menschenkörper in die Wiege gelegt wird, noch etwas Unbekanntes, nicht aus uns Stammendes, mitbekommen – diese Ahnung konnte ich nie zurückweisen, und auch alle Blut- und Erbtheorien erschöpfen das Problem nicht bis aufs letzte, ja verhüllen es oft geradezu.

Meine Eltern konnten nicht erwarten, bis ich ihnen ihr erstes Enkelkind nach Calw brachte, und dort war Feldmann, der altgewordene, der treueste Wächter, der den Kinderwagen nicht aus den Augen ließ und sich daran aufrichtete, um das jüngste Familienglied liebevoll zu betrachten.

Im Oktober 1890 starb das Kind an einer raschverlaufenden Hirnhautentzündung.

Ich war wie vernichtet. Ein erbittertes Warum? zerfraß mir die wunde Seele, und die unsinnigsten Anklagen – auch Selbstanklagen – umschwirrten mich wie dunkle Dämonen.

Da – am Rand meiner Kraft – trat groß und in seliger Ruhe das Bild des göttlichsten der Menschen vor mich hin: Jesus, wie er sich zu den Kindern neigt. – –

Wie aus fernsten Weltentiefen strömte Trost zu mir her; ich konnte wieder atmen und war wie ein untersinkender Schwimmer, den eine Welle wieder hochträgt.

Eine Erfahrung, die ich noch oft in schweren Zeiten machen durfte, half mir dann vollends vorwärts und wieder ins Leben hinein: Ganz besonders stark, wie ein gebieterischer Zwang, regte sich der Drang zu schreiben, zu gestalten.

Als müsse sie das Vakuum, das durch des Kindes Fortgehen entstanden war, ausfüllen, drängte still und stark die Phantasiewelt heran, oder wie man das nennen will, was die Schaffenden bedrängt.

Ich begann mein erstes Buch zu schreiben und damit den Traum junger Jahre zu verwirklichen. Träume – wenn sie sich überhaupt verwirklichen – tun das ja erst, wenn man irgendeinen Berg mühselig erstiegen hat.

„Der Mönch von Hirsau“ hieß jenes erste Buch, und ich schrieb es auf ausdrücklichen Wunsch meines Mannes in Versen.

Die Vorstudien, mit denen ich es möglichst gewissenhaft nahm, ließen mich einmal wieder beklagen, kein Latein zu verstehen; denn manche wichtige Quelle blieb mir verschlossen. Immerhin fand ich einen Kern, um den sich mein Eigenes kristallisieren konnte. Ein prachtvoller Trost war mir dieses versunkene, hingegebene Schaffen, und oft schien mir, als ob der Rhythmus, den die gebundene Rede erforderte, etwas besonders Befreiendes und aus der Schwere des Tages Erlösendes habe.

Die Verleger, denen ich nachher das Manuskript anbot, schienen anders zu denken. Es hieß, Bücher in Versen seien so gut wie unverkäuflich. Es wurde mir der Vorschlag gemacht, den Stoff zu einem geschichtlichen Roman zu verarbeiten.

Dazu konnte ich mich nicht entschließen. Es

wäre mir vorgekommen, als wollte ich etwa einem blond zur Welt gekommenen Kind die Haare färben.

Aber eine gewisse Unsicherheit dem eigenen Geschöpf gegenüber befiel mich, und ich tat, was ich sonst ängstlich vermied: ich ließ das Manuskript jemand lesen, der nicht Verleger oder Buchhändler war und von dem ich deshalb größere Objektivität erwarten zu dürfen glaubte.

Dieser Jemand war der Missionar Johannes Hesse, der Vater von Hermann Hesse. Ich kannte den Mann nur von flüchtigen Begegnungen; aber ich hatte ein großes verehrungsvolles Vertrauen zu ihm. Sein später berühmt gewordener Sohn war damals ein Bürschlein von etwa dreizehn oder vierzehn Jahren, das vorläufig dabei war, sich im Verein mit gleichgestimmten Seelen dadurch einen Lokalruf zu verschaffen, daß er Taten verübte, die weder den Beifall der eigenen Väter, noch den der ruhigen Bürger überhaupt hatten. Mir ist er von damals erinnerlich, wie er mit geschulterter Angel am Bahnhof vorüber zum Fischen auszog, zu dem Sport, der auch mich schon als Kind und späterhin so begeisterte, daß ich mir beim Preisausschreiben eines Sportvereins mit einem Anglerlied den ersten Preis erwarb.

Der Antwortbrief, der von Vater Hesse auf meine Sendung eintraf, lautete so freundlich und gütig, daß mein ins Wanken gekommenes Selbstvertrauen wieder einigermaßen gefestigt wurde.

Mehr als vierzig Jahre später traf ich mit einer Frau zusammen, die als junges Mädchen bei der ihr verwandten Familie Hesse zu Besuch war, als mein Manuskript dort seine Gastrolle gab. Sie erzählte mir, daß sie es gewesen sei, die draußen in der Waldesstille dem Onkel Hesse die Dichtung vorlesen mußte.

Ein merkwürdiges Zusammentreffen, das uns beiden Freude machte und ferne Zeiten der Jugend heraufbeschwor. –

Als das Buch endlich gedruckt vorlag und mir die erste Besprechung in den längst eingegangenen „Literarischen Blättern" zu Gesicht kam, flüchtete ich herzklopfend mit der betreffenden Nummer in die Einsamkeit, um mein Urteil zu vernehmen. Es lautete gnädig; aber von der Pestepisode im Kloster Hirsau hieß es, die Schilderung könne nicht an das grausige anno pestis von Isolde Kurz heran.

Ein großes Erstaunen war in mir, daß man meine Arbeit überhaupt in Vergleich mit einem Werk der von mir hoch verehrten Dichterin stelle, und ich rief halb beglückt und halb empört laut in die Stille hinein: „Du Esel, das weiß ich selber!"

Ob es der betreffende Rezensent vernommen hat, wage ich nicht zu beurteilen.

Als weiteren Helfer über die leergewordenen Stunden hinüber brachte mir mein Mann einen jungen Pudel ins Haus.

„Zampa" schien zu spüren, was von ihm erwartet wurde. Er war so gelehrig und anschmiegsam, so drollig und fröhlich, daß mir seine Erziehung zur Freude wurde.

War ich still oder wortkarg, so daß er mich für traurig halten mußte, dann gab er unaufgefordert seine rasch und leicht erlernten Kunststücke zum besten, vom „Aufwarten" bis zum köstlichen „Totsein", bei dem der ganze kleine quicklebendige Kerl steif dalag, bis auf die leise wackelnde Schwanzspitze, die nie zur Ruhe kam.

Dabei gab es Zeiten, da man sich darüber stritt, ob Tiere eine Seele haben! Nun, den Frauen hat man es ja auch nicht besser gemacht!

Noch eines Tierchens möchte ich hier gedenken, das kurze Zeit eine Gastrolle bei uns gab.

Ein paar Wochen vor unseres Kindes Tod drängte sich auf der Straße ein junges Kätzchen an den Kinderwagen, das sich um keinen Preis mehr scheuchen ließ. Es folgte eigensinnig ins Haus, und ich mußte es in der Wohnung dulden. Sein anmutiges, spielerisches Wesen hätte mir Freude gemacht, wenn es nicht eine wahre Manie an den Tag gelegt hätte, zu dem Kind aufs Bettchen zu klettern, was natürlich nicht geduldet werden konnte.

Vom Todestag der kleinen Elisabeth an war das Kätzchen verschwunden und stellte sich nicht wieder ein.

Wie wenig wissen wir vom Innenleben der Tiere! –

Nach Arbeit heißhungrig, hatte ich begonnen, mein zweites Buch zu schreiben. „Unter dem

Jesuitenhut" hieß es zuerst, später „Der schwarze Doktor".

In die dunkelsten Zeiten des Bistums Würzburg führte der Roman, als das „Hexenbrennen" nahezu Volksbelustigung geworden war.

Diese furchtbare Welt trat mir in ihrer ganzen finsteren Rätselhaftigkeit entgegen, und es kam mir erschütternd zum Bewußtsein, daß auch scheinbar so tief verankerte Dinge wie Rechtsbegriffe und religiöse Überzeugungen von einer beelendenden Wandelbarkeit sind.

Es mochte etwas wie ein Rückstoß von dieser aufrüttelnden Erkenntnis sein, daß ich etwa um diese Zeit zu dem alten gelassenen und sicheren Ruhen im Überkommenen nicht mehr zurückfand. Eine Schale hatte sich leise gelockert, die seither fest gewesen war.

Auch dieses Buch verlangte ernsthafte Vorarbeiten, und diese führten mich weiter und weiter. Ich wurde mit vielen Umwegen, Irrwegen und Abstürzen bekannt, die der ruhelose Menschengeist schon hinter sich hat, und als mir später der Exjesuit Graf Hoensbroech sein Buch zusandte, das so tief in schwere Verirrungen hineinleuchtet, da war ich einigermaßen vorbereitet durch meine Studien.

Auch Agnes Günther, die frühverstorbene Verfasserin von „Die Heilige und ihr Narr", schrieb mir über das Buch, als es endlich nach Jahren ans Tageslicht kam. Sie hatte mir schon über meine Schwarzwaldgeschichten geschrieben, und kein Uneingeweihter, der die temperamentvollen Briefe gelesen hätte, wäre auf die Vermutung verfallen, daß sie von einer Sterbenden kommen könnten.

Ihr letzter Brief enthält eine Klage darüber, daß sie nun doch wieder gesund werden müsse, und das sei nicht schön, wenn man sich dem Drüben schon so nahe gefühlt und sich so darauf gefreut habe.

Ein gleichzeitiger Brief ihres Gatten belehrte mich, daß die Sterbende sich über ihren Zustand täusche; es könne nur noch Tage, vielleicht noch Stunden dauern.

Die Todesnachricht folgte umgehend.

Es ist verständlich, daß mich nachher ihr Buch, das sie als Schwerkranke und Sterbende geschrieben und vollendet hatte, sehr erschütterte. Klar und deutlich spürte ich, daß hier nicht ausschweifende Romantik am Werk gewesen war, sondern ein dem Drüben schon völlig aufgeschlossener, heimdrängender Geist, für den die Schwere und Dichte des Körperlichen und Irdischen aufgelockert und durchsichtig geworden war, so daß sich die sonst gebräuchlichen Perspektiven verschoben.

Erläuterungen

Tüchle, Elisabeth Achler
Tertiarin = Angehörige des Dritten Ordens
Begine = Angehörige einer halbklösterlichen Frauenvereinigung
Charisma = besondere Ausstrahlung
Stigmata = Wundmale

Sporhan-Krempel: Agatha Streicher
Jakob Böhme = protestantischer Mystiker (1575 - 1624), seine Lehre ist eine Verschmelzung von Naturphilosophie und deutscher Mystik.
medizinieren = praktizieren
Paracelsus = Beiname des Theophrastus Bombastus von Hohenheim (1493 - 1541), Arzt und Philosoph, Begründer einer neuen Heilkunde. Paracelsus ersetzte die Lehre von den Körpersäften durch eine chemische Biologie und Pathologie.
Kaiser Max II. = Maximilian II. (1527 - 1576), Sohn Kaiser Ferdinands, Kaiser von 1564 bis 1576.

Schott, Anna Barbara Künkelin
Kontribution = Kriegssteuer
Mélac = Ezéchiel Graf von M., frz. General, verwüstete 1689 die Pfalz
Kartaune = großes Geschütz
Frundsberg = Georg von F., kaiserlicher Feldhauptmann (1473 - 1528)
Alba = Fernando Alvarez de Toledo, Herzog von A., spanischer Feldherr und Staatsmann (1507 - 1582)
Turenne = Henri de Latour d'Auvergne, Vicomte de T., frz. Marschall (1611 - 1675)
Dublone = spanische Goldmünze
Submission = Unterwerfung
Kommissäre = Unterhändler

Vehse, Wilhelmine von Grävenitz
Remonstration = Einwendung
Revers = Erklärung, Verpflichtungsschein
Maintenon = Françoise d'Aubigné Marquise von Maintenon (1635 - 1719), Geliebte und 2. Gemahlin Ludwigs XIV. (heimliche Trauung 1684).

in effigie = als Bild (stellvertretend, ersatzweise für die nicht greifbare Person)
Konsistorium = oberste Verwaltungsbehörde mancher evangelischer Landeskirchen
Fasanerie = Fasanengehege
konfiszieren = beschlagnahmen
sympathetische Mittel = Geheimmittel
Serenissimus = Durchlaucht
causieren = verursachen

Schnee, Madame Kaulla
sephardisch = Bezeichnung für die orientalischen Juden
Präzeptor = Lehrer, Erzieher
Thora = die fünf Bücher Mosis, das mosaische Gesetz
Talmud = Sammlung der Gesetze und religiösen Überlieferungen des Judentums
Bachur = junger Mann, insbesondere Studierender des Talmud

Grieser, Käthchen en gros
Konkubine = Geliebte
Promotor = Manager
Rapportzettel = Meldezettel, Berichtzettel
Schultheiß = Bürgermeister
Physikus = Kreis-, Bezirksarzt

Franziska von Hohenheim
herden = hörten
prentz, prentzeß = Prinz, Prinzessin
Pordsches = Sänfte (Porte-Chaise)
blud ügels = Blutegel
Louisburg = Ludwigsburg
portzelan faworig = Porzellanmanufaktur
milider waisen haus = Militärwaisenhaus
Gemend = Schwäbisch Gmünd
alstan = alsdann
Membelgard = Mömpelgard, württembergische Exklave im Elsaß (heute: Montbéliard)
Briefe aus Halle = betrifft den Briefwechsel mit dem berühmten Theologen und Pädagogen A. H. Niemeyer aus Halle
reckders wahl = Rektorenwahl
frie gestickdt = gefrühstückt

Monamend = Monument, Denkmal, hier das russische Monument, das sich genau in der Mitte des Dörfles befand
laxieren = abführen
besses aug = böses, krankes Auge
orancherie haus = Orangerie
gudiert = goutiert, gut gegessen
von Steden = von Stetten, Markgräflich badischer Gesandter
nodification = Notifikation: Bekanntgabe, Benachrichtigung
Tod der Markgräfin = bezieht sich auf Prinzessin Karoline Luise, Gemahlin des Markgrafen Karl Friedrich von Baden-Durlach
retret = Retraîte, Rückzug
amerikanische Gewächse = der amerikanische Garten im Südwesten des Dörfles mit vielen ausländischen, meist nordamerikanischen Bäumen und Sträuchern
Solitidt = Solitude, Schloß bei Stuttgart
Frau von Deber = Frau Tepper aus Warschau
fich = Vieh
manifige = frz. magnifique: wundervoll, herrlich
scheß = Chaise, Kutsche
hohe Eich = Eiche zwischen Degerloch und Landhaus, östlich der Straße nach Echterdingen
bomerantzen = Pomeranzen, Bitterorangen
Känder = Kinder
Equibieren = ausrüsten
anzieg Zemer = Ankleidezimmer
Granadir à Schwall = Grenadiere zu Pferd (à cheval)
Hey = Heu
medicen = Medizin
Ein bar wegen = ein paar Wägen
verwiddibden pfarreren = verwitwete Pfarrersfrau
scheir = Scheuer, Scheune
heirads pagden = Ehevertrag
labben Jagen = Lappenjagen: Treibjagd, bei welcher Lappen in einiger Höhe über dem Boden hingezogen werden durch Befestigung an Bäumen, Sträuchern oder Stangen, um das Wild zurückzuschrecken oder am Durchbruch zu hindern
quadir = Quartier
abgereder massen = wie abgesprochen
couver = Gedeck
Conser = Konzert

Cobulacion = Kopulation, Trauung
invidirt = eingeladen (von frz. inviter: einladen)
Prentzeß von Holtzstein = Friederike Elisabeth Amalie Auguste, 2. Tochter des Prinzen Friedrich Eugen, verheiratet mit Prinz Peter Friedrich Ludwig von Holstein-Gottrop
ogsen = Ochsen
baget = Paket
hanen Dantz = Hahnentanz, eine ländliche Volksbelustigung
Gebeide = Gebäude
bier Kästen = Bücherkästen
Driset = Trisett- oder Tresettspiel, ein aus Italien stammendes Kartenspiel

Brunnemann, Therese Huber
Jugendgenossin Karoline = Karoline Schlegel-Schelling (1763–1809), Tochter des Göttinger Orientalisten Michalis, heiratete 1784 den Bergarzt Böhmer, nach dessen Tod (1788) 1796 A. W. Schlegel. Von diesem trennte sie sich 1803 und heiratete F. W. Schelling. Sie war die vielleicht genialste Frauengestalt der Romantik.
kompromittiert = bloßgestellt
Cotta = Johann Friedrich Cotta (1764–1832), Inhaber der J. G. Cotta'schen Buchhandlung in Tübingen, der damals bedeutendste Verleger des zeitgenössischen deutschen Schrifttums.
Rezension = kritische Besprechung
kapabel = dazu fähig, imstande

Ottilie Wildermuth
Frau Löfflerin = Verfasserin eines bekanntes Kochbuchs
Neuer Bau = das Martinsstift für Studenten in Tübingen

Pichler, Das Vaterhaus
Filial = Tochterkirche
Dota, Dote = schwäbisch für Patin

Anna von Helmholtz
Schlosser, Friedrich Christoph, 1776–1861, Historiker
Gervinus, Georg Gottfried, 1805–1871, Geschichtsforscher, Literaturhistoriker und Politiker
Fischer, Kuno, 1824–1907, Philosoph
Strauß, David Friedrich, 1808–1874, Philosoph und Theologe

Bunsen, Robert Wilhelm, 1811–1899, Chemiker, zusammen mit Kirchhoff Entdecker der Spektralanalyse
Kirchhoff, Robert, 1824–1887, Physiker
Ruperta Carola = Ruprecht-Karl-Universität in Heidelberg
medisant = schmähsüchtig
Dilthey, Wilhelm, 1833–1911, Philosoph
Tyndall, John, 1820–1893, irischer Physiker

Tony Schumacher
au revoir = auf Wiedersehen
mille remerciements = tausend Dank
Zuave = Angehöriger einer ehemals aus Berberstämmen rekrutierten frz. Kolonialtruppe

Kurz, Letzte Tage in der Heimat
coriolanisch = wie der römische Patrizier Coriolan. Coriolan wurde 491 verbannt, ging zu den Vosgern und zog gegen Rom, durch Bitten von Mutter und Gattin ließ er sich zur Umkehr bewegen.
Volumnia = Gattin des Coriolan
Schnebbe = schnabelförmige Spitze
Peplos = altgriechisches Frauengewand
Philisterium = Spießbürgerdasein
Friedrich Vischer: Professor für Ästhetik und deutsche Literatur, Dichter, 1807–1887
Manen = bei den Römern die Seelen der Toten
Epistel = Brief
Zäsur = Einschnitt

Agnes Günther
Brera = Palast in Mailand mit Gemäldegalerie
Sposalizio = (ital. Hochzeit) Bezeichnung für die Darstellung der Verlobung oder Vermählung Marias mit Joseph
Laterna magica = einfacher Projektionsapparat

Werke der hier vorgestellten Schriftstellerinnen

Ottilie Wildermuth
Bilder und Geschichten aus dem schwäbischen Leben (1852); Neue Bilder und Geschichten aus Schwaben (1854); Aus der Kinderwelt (1854); Aus dem Frauenleben (1855); Erzählungen und Märchen (1856); Auguste (1857); Die Heimat der Frau (1857); Sonntagnachmittage daheim (1860); Im Tageslichte (1861); Aus Schloß und Hütte (1861); Werke, 8 Bände (1862); Lebensrätsel, gelöste und ungelöste (1863); Dichtungen (1863); Perlen aus dem Sande (1867); Zur Dämmerstunde (1871); Jugendschriften, 14 Bändchen (1871 – 1874); Aus Nord und Süd (1874); Mein Liederbuch (1877); Gesammelte Werke, 10 Bände (1894); Briefe an einen Freund (1910); Schwäbische Pfarrhäuser (1910); Ausgewählte Erzählungen für die Jugend, 22 Bändchen (1910).

Luise Pichler
Der Kampf um den Hohentwiel unter Konrad Widerhold (1847); Friedrich von Hohenstaufen, der Einäugige, 3 Bände (1853); Der letzte Hohenstaufe, 3 Bände (1855); Heinrichs IV. Vermählung mit Bertha von Susa, 2 Bände (1856); Aus böser Zeit, 3 Bände (1859); Vergangene und vergessene Tage (1860); Die Kaiserbraut, 2 Bände (1864); Unter dem Lindenbaum (1864); Bei Lampen- und Sternenschein, 2 Bände (1866); Heinrichs I. Söhne (1873); Vaterländische Erzählungen aus alter und neuer Zeit, 8 Bände (1875 f.); Diadem und Myrte (1885); Die Brüder (1887); Das Vaterhaus (1894); Die letzten Grafen von Achalm (1899).

Tony Schumacher
Schulleben (1897); Vom Schulmädel zur Großmutter (1898); Was ich als Kind erlebt (1900); Das Veferl vom Eibsee (1901); Spaziergänge ins Alltagsleben (1902); Opfer der Schuld (1902); Überlegt's! (1903); Ein Wunderkind (1903); Heimatzauber (1904); Überall Sonnenschein (1905); Aus meiner Mappe (1905); Dummerchen (1906); Zirkuskinder (1907); Und doch glücklich (1908); Rigikinder (1909); Mütterchens Hilfstruppen (1909);

Marietta (1911); Hanneles Opfer (1913); Komteßchen und Zigeunerkind (1914); Mirjams Treue (1918); Die beiden Trotzköpfe (1919); Ein Kind aus Indien (1920); Um der Mutter willen (1921); Rechts oder links (1922); Aus früher Jugendzeit (1923); Mein Kindheitsparadies (1924); Was mein einst war (1925); Das Schloß Bärbele (1924); Heimat um Heimat (1926); Heut – beste Zeit! (1927); Was meine alten Möbel mir erzählen (1928).

Isolde Kurz
Gedichte (1889); Phantasien und Märchen (1890); Florentinische Novellen (1890); Italienische Erzählungen (1895); Von dazumal (1900); Unsere Carlotta (1901); Genesung (1901); Die Stadt des Lebens (1902); Neue Gedichte (1905); Im Zeichen des Steinbocks (1905); Hermann Kurz (1906); Lebensfluten (1907); Die Kinder der Lilith (1908); Florentinische Erinnerungen (1909); Wandertage in Hellas (1913); Cora (1915); Schwert aus der Scheide (1917); Aus meinem Jugendland (1918); Deutsche und Italiener (1919); Traumland (1920); Legenden (1921); Nächte von Fondi (1922); Der Despot (1925); Vom Strande (1925); Die Liebenden und der Narr (1925); Gesamtausgabe der Werke (1925); Gedichte 1. – 3. Folge (1925); Leuke (1925); Der Caliban (1926); Meine Mutter (1927); Die Stunde des Unsichtbaren (1927); Der Ruf des Pan (1929); Ein Genie der Liebe (1929); Vanadis (1931); Der Meister von San Francesco (1931); Die Nacht im Teppichsaal (1933); Gedichte (1933); Die Pilgerfahrt nach dem Unerreichlichen (1938); Das Haus des Atreus (1939).

Agnes Günther
Die Heilige und ihr Narr, 2 Bände (1913 f.); Von der Hexe, die eine Heilige war (1913).

Auguste Supper
Lehrzeit (1909); Holunderduft (1910); Herbstlaub (1912); Die Mühle im kalten Grund (1913); Am Wegesrand (1913); Der Mann im Zug (1914); Vom jungen Krieg (1916); Gottfried Fabers Weg (1916); Der Herrensohn (1916); Käuze (1917); Hermann Lohr (1917); Das Glockenspiel (1918); Der Weg nach Dingsda (1919); Der schwarze Doktor (1921); Der Mönch von Hirsau (1925); Muscheln (1927); Auf alten Wegen (1928); Der Gaukler (1929); Die Mädchen vom Marienhof (1931); Das Mädchen Peter und der Fremde (1936); Der stärkste Zauber

(1936); Aus halbvergangenen Tagen (1937); Die große Kraft der Eva Auerstein (Das hölzerne Schifflein) (1937); Der Krug des Brenda (1940).

Für die freundliche Erteilung der Genehmigung zum auszugsweisen Abdruck dürfen wir uns bedanken bei der Deutschen Verlagsanstalt, Stuttgart (für den Text von Isolde Kurz aus „Aus meinem Jugendland", Stuttgart 1918); beim Kohlhammer-Verlag, Stuttgart (für den Beitrag von Heinrich Schnee über Madame Kaulla, erschienen in „Lebensbilder aus Schwaben und Franken", Band 9, Stuttgart 1963, und den Beitrag von Lore Sporhan-Krempel über Agatha Streicher, erschienen in „Lebensbilder aus Schwaben und Franken", Band 7, Stuttgart 1960); bei der Verlagsgruppe Langen-Müller, München (für den Auszug aus Dietmar Griesers Text „Käthchen en gros" in seinem Buch „Piroschka, Sorbas & Co.", München 1978); der Mönch Verlagsgesellschaft mbH, Bonn (für den Auszug aus Auguste Suppers Buch „Aus halbvergangenen Tagen", erschienen 1937 im J. F. Lehmanns Verlag, München); dem Quell-Verlag, Stuttgart (für den Auszug aus Tony Schumachers Buch „Was mein einst war", Stuttgart 1925) und beim Stadtarchiv Bad Waldsee (für Hermann Tüchles Beitrag über Elisabeth Achler, erschienen in „Veröffentlichungen des Stadtarchivs Bad Waldsee, Reihe B (Darstellungen), Nr. 5", 1984). Der Text über Friederike Kerner entstammt dem in unserem Verlag 1983 erschienenen Buch „Friederike Kerner und ihr Justinus" von Utta Keppler.